캠버스 소방공무원 승진시험
소방교 모의고사

【시험 과목】

편철순서	제1과목	제2과목	제3과목
과 목 명	소방법령 I	소방법령 II	소방전술

목 차

제1회 모의고사 ·· 03
제2회 모의고사 ·· 15
제3회 모의고사 ·· 26
제4회 모의고사 ·· 38
제5회 모의고사 ·· 50

응시자 준수사항

☞ 시험이 시작되면 시험지의 "편철순서", "페이지 수량", "인쇄 상태"를 반드시 확인한 후에 문제를 주의 깊게 읽고, 문항의 취지에 가장 적합한 하나의 정답만을 고르십시오.

소방법령 I

1. 「소방공무원법」상 용어의 정의로 옳지 않은 것은?
   ① "임용"이란 신규채용·승진·전보·파견·강임·휴직·직위해제·정직·강등·복직·면직·해임 및 파면을 말한다.
   ② "전보"란 소방공무원의 같은 계급 및 자격 내에서의 근무기관이나 부서를 달리하는 임용을 말한다.
   ③ "강등"이란 동종의 직무 내에서 하위의 직위에 임명하는 것을 말한다.
   ④ "복직"이란 휴직·직위해제 또는 정직(강등에 따른 정직을 포함한다) 중에 있는 소방공무원을 직위에 복귀시키는 것을 말한다.

2. 「소방공무원법」상 소방공무원의 임용권에 대한 설명으로 옳지 않은 것은?
   ① 소방령 이상의 소방공무원은 소방청장의 제청으로 국무총리를 거쳐 대통령이 임용한다.
   ② 소방총감은 대통령이 임명하고, 소방령 이상 소방준감 이하의 소방공무원에 대한 전보, 휴직, 직위해제, 강임, 정직 및 복직은 소방청장이 한다.
   ③ 소방경 이하의 소방공무원은 소방청장이 임용한다.
   ④ 대통령은 임용권의 일부를 대통령령으로 정하는 바에 따라 소방청장 또는 시·도지사에게 위임할 수 있다.

3. 「소방공무원 임용령」상 소방공무원의 임용의 절차 등에 대한 설명으로 옳지 않은 것은?
   ① 임용권자는 소방공무원으로 신규채용되거나 승진되는 소방공무원에게 임명장을, 전보되는 소방공무원에게 임용장(인사발령 통지서로 갈음할 수 있다)을 수여한다. 이 경우 임명장 또는 임용장은 소속 소방기관의 장이 대리 수여할 수 없다.
   ② 임명장에는 임용권자의 직인을 날인한다. 대통령이 임용하는 공무원의 임명장에는 국새를 함께 날인한다.
   ③ 대통령이 소방청장 또는 시·도지사에게 임용권을 위임한 소방령 이상의 소방공무원의 임명장에는 임용권자의 직인을 갈음하여 대통령의 직인과 국새를 날인한다.
   ④ 임용권자는 신규채용, 승진 및 전보 외의 모든 임용과 승급 기타 각종 인사발령을 할 때에는 해당 소방공무원에게 인사발령 통지서를 준다. 다만, 국내외 훈련·국내외 출장·휴가명령 및 승급은 회보로 통지할 수 있다.

4. 채용후보자명부의 등재순위에 불구하고 우선 임용할 수 있는 경우에 대한 설명으로 옳지 않은 것은?
   ① 임용권자는 채용후보자명부의 등재순위에 의하여 임용하여야 한다. 다만 채용후보자가 임용되기 전에 임용과 관련하여 소방공무원 교육훈련기관에서 교육훈련을 받은 경우에는 그 교육훈련성적 순위에 따라 임용하여야 한다.
   ② 3개월 이상 소방공무원으로 근무한 경력이 있거나 임용예정직위에 관련된 특별한 자격이 있는 사람을 임용하는 경우에는 우선 임용할 수 있다.
   ③ 직무수행과 관련한 실무수습 중 사망한 시보임용예정자를 소급하여 임용하는 경우에는 우선 임용할 수 있다.
   ④ 채용후보자의 피부양가족이 거주하고 있는 지역에 근무할 채용후보자를 임용하는 경우 채용후보자명부의 등재순위에 불구하고 우선 임용할 수 있다.

5. 「소방공무원임용령」상 시험공동관리위원회에 대한 설명으로 옳지 않은 것은?
   ① 소방청장은 소방공무원 신규채용시험의 효율적이고 공정한 운영·관리를 위하여 필요한 경우 시험공동관리위원회를 구성·운영할 수 있다.
   ② 시험공동관리위원회는 소방청 및 시·도의 소방공무원 신규채용 계획 수립에 관한 사항과 소방공무원 신규채용시험의 운영·관리 등에 관한 사항 등을 심의·조정한다.
   ③ 시험공동관리위원회는 위원장 1명을 포함한 30명 이내의 위원으로 구성하며, 위원장은 소방청 기획조정관이 된다.
   ④ 민간전문가를 위원으로 위촉할 경우 민간 위원의 임기는 2년으로 한다.

6. 소방공무원 공개경쟁채용시험에 대한 설명으로 옳지 않은 것은?
   ① 시험 구분의 단계에 따라 순차적으로 실시하되, 소방사의 경우에는 제2차 시험을 실시하지 아니한다.
   ② 면접시험은 문제해결 능력, 의사소통 능력, 소방공무원으로서의 적성, 협업 능력, 침착성 및 책임감에 대해 평정한다.
   ③ 면접시험의 합격자 결정은 평정요소에 대한 시험위원의 점수를 합산하여 총점의 50퍼센트 이상을 득점한 사람으로 한다.
   ④ 최종 합격자 결정은 면접시험의 합격자 중에서 필기시험성적 50퍼센트, 체력시험성적 25퍼센트 및 면접시험성적 25퍼센트의 비율로 합산한 성적에 의한다.

7. 소방공무원의 경력경쟁채용의 요건으로 옳지 않은 것은?
   ① 「국가공무원법」에 따라 직위가 없어지거나 과원이 되어 퇴직한 소방공무원을 퇴직한 날부터 2년 이내에 퇴직 시에 재직하였던 계급으로 재임용할 수 있다.
   ② 소방에 관한 전문기술교육을 받고 박사학위를 소지한 사람은 소방경 이하로 임용할 수 있다.
   ③ 경위 이하의 경찰공무원으로서 최근 5년 이내에 화재감식 또는 범죄 수사업무에 종사한 경력 2년 이상인 사람을 그 계급에 상응하는 소방공무원으로 임용하는 경우에는 소방위 이하의 계급으로 임용할 수 있다.
   ④ 임용예정직무에 관련된 자격증 소지자를 소방령 이하의 소방공무원으로 임용하는 경우 행정안전부령으로 정하는 채용예정계급에 해당하는 자격증을 소지한 후 해당 분야에서 2년 이상 종사한 경력이 있어야 한다.

8. 소방공무원의 시보임용에 대한 설명으로 옳지 않은 것은?
   ① 소방공무원을 신규채용할 때에는 소방장 이하는 6개월, 소방위 이상은 1년 기간 동안 시보로 임용하되, 시보임용기간이 만료된 날에 정규소방공무원으로 임용한다.
   ② 휴직기간, 직위해제기간, 징계에 의한 정직 또는 감봉처분의 기간은 시보임용 기간에 포함하지 아니 한다.
   ③ 소방공무원으로 임용되기 전에 그 임용과 관련하여 소방공무원 교육훈련기관에서 교육훈련을 받은 기간은 시보임용기간에 포함한다.
   ④ 임용권자 등은 시보소방공무원이 경징계 사유에 해당하는 비위를 2회 이상 저지른 경우에는 임용심사위원회의 의결을 거쳐 면직시키거나 면직을 제청할 수 있다.

9. 소방공무원의 보직관리에 대한 설명으로 옳지 않은 것은?
   ① 소방공무원을 보직할 때 해당 소방공무원의 전공분야·교육훈련·근무경력·적성 등을 고려하여 능력을 적절히 발전시킬 수 있도록 하여야 한다.
   ② 임용권자는 결원보충이 승인된 파견자 중 6개월 이상의 장기 국외훈련을 위한 파견준비를 위해 필요한 경우 2주 이내의 기간동안 보직 없이 근무하게 할 수 있다.
   ③ 상위계급의 직위에 하위계급자를 보직하는 경우에는 해당 기관에 상위계급의 결원이 있고, 「소방공무원 승진임용규정」에 따른 승진임용후보자가 없는 경우에 한정한다.
   ④ 특별한 사정이 없으면 배우자 또는 직계존속이 거주하는 지역을 고려하여 보직해야 한다.

10. 소방공무원의 필수보직기간 및 전보의 제한에 관한 설명으로 옳지 않은 것은?
    ① 소방공무원의 필수보직기간은 1년으로 한다. 다만 직제상 최저단위 보조기관 내에서 전보하거나 징계처분을 받은 경우 등에는 그렇지 아니하다.
    ② 중앙소방학교 및 지방소방학교 교수요원의 필수보직기간은 3년으로 한다.
    ③ 승진임용일이나 기구의 개편, 직제 또는 정원의 변경으로 담당직무 변경 없이 소속·직위 또는 직급의 명칭만 변경하여 재발령되는 경우 그 임용일은 필수보직기간을 계산할 때 해당 직위에 임용된 날로 보지 아니한다.
    ④ 위탁교육훈련을 1년 이상 받고 관련 직위에 보직된 경우에는 3년 이내 다른 직위로 전보할 수 없다.

11. 「소방공무원임용령」상 소방공무원의 파견에 대한 설명으로 옳지 않은 것은?
    ① 공무원교육훈련기관의 교수요원으로 선발되는 경우 파견기간은 1년 이내로 하며, 총 파견기간이 2년을 초과하지 않는 범위에서 파견기간을 연장할 수 있다.
    ② 다른 기관의 업무폭주로 인한 행정지원의 경우 파견기간은 2년 이내로 하며, 총 파견기간이 5년을 초과하지 않는 범위에서 파견기간을 연장할 수 있다.
    ③ 관련 기관간의 긴밀한 협조가 필요한 특수업무를 공동수행하기 위하여 직제상 파견하는 경우 파견기간은 2년을 초과할 수 있고, 총 파견기간은 5년을 초과하여 연장할 수 있다.
    ④ 교육훈련을 위하여 소속 소방공무원(시·도지사가 임용권을 행사하는 소방공무원을 제외)을 파견하는 경우 인사혁신처장과 협의하여야 한다.

12. 소방공무원의 인사기록에 관한 설명 중 옳지 않은 것은?
    ① 신규 채용된 소방공무원의 인사기록은 임용권자가 작성하여야 한다.
    ② 위탁교육훈련을 받고 관련 직위에 보직된 자에 대하여는 전보제한사유를 인사기록카드의 경력란에 기재하여야 한다.
    ③ 인사기록은 오기한 것으로 판명되거나 본인의 정당한 요구가 있는 때를 제외하고는 수정하여서는 아니 된다.
    ④ 중앙소방학교장 및 지방소방학교장은 교육훈련을 받은 자의 교육훈련성적을 교육훈련을 마친 날로부터 10일 이내에 인사기록관리자에게 보고 또는 통보하여야 한다.

13. 소방공무원의 임용에 대한 설명으로 적절하지 못한 것은?
   ① 채용후보자로서 품위를 크게 손상하는 행위를 함으로써 소방공무원으로서의 직무를 수행하기 곤란하다고 인정되어 채용후보자 자격상실 여부를 결정하려는 경우에는 임용심사위원회의 심사를 거쳐야 한다.
   ② 임용권자는 시보소방공무원의 근무성적이 매우 불량하여 성실한 근무수행을 기대하기 어렵다고 인정되거나 감봉 등의 징계사유에 해당하는 경우에는 면직시킬 수 있다.
   ③ 시보임용소방공무원을 정규소방공무원으로 임용하거나 면직하려는 경우 그 적부를 심사하게 하기 위하여 임용권자 소속으로 임용심사위원회를 둔다.
   ④ 임용심사위원회는 위원장 1명을 포함하여 5명 이상 8명 이하의 위원으로 구성하며, 회의는 재적위원 3분의 2 이상 출석과 출석위원 과반수 찬성으로 의결한다.

14. 승진소요최저근무연수의 산정방법으로 옳지 않은 것은?
   ① 휴직 기간, 직위해제 기간, 징계처분 기간 및 승진임용 제한기간은 승진소요최저근무연수에 포함하지 아니하며, 노동조합 전임자로 종사하게 되어 휴직한 기간 등은 승진소요최저근무연수에 포함한다.
   ② 다른 법령에 따라 공무원으로 재직하던 사람이 소방장 이상으로 임용된 경우 종전의 신분으로 재직한 기간은 재임용일부터 10년 이내 경력의 50퍼센트를 승진소요최저근무연수에 포함한다.
   ③ 강등되거나 강임된 사람이 강등되거나 강임된 계급 이상의 계급에서 재직한 기간은 강등되거나 강임된 계급에서 재직한 연수에 포함한다.
   ④ 통상적인 근무시간보다 짧게 근무하는 경우 해당 계급에서 시간선택제전환소방공무원으로 근무한 1년 이하의 기간은 그 기간 전부를 승진소요최저근무연수에 포함한다.

15. 다음 소방공무원 경력평정대상의 기간에 포함되는 것을 모두 고르면?

   ㉠ 징계에 의한 감봉처분기간
   ㉡ 승진임용제한기간
   ㉢ 공무상 질병 또는 부상으로 인한 휴직기간
   ㉣ 소방공무원으로 신규임용될 사람이 받은 교육훈련기간

   ① ㉠, ㉢　　　　　　　　② ㉠, ㉡, ㉣
   ③ ㉡, ㉢, ㉣　　　　　　④ ㉠, ㉡, ㉢, ㉣

16. 「소방공무원 승진임용규정」상 승진대상자명부의 조정사유로 옳지 않은 것은?
   ① 전출자나 전입자가 있는 경우
   ② 승진임용되거나 승진후보자로 확정된 사람이 있는 경우
   ③ 경력평정 또는 교육훈련성적평정을 한 후에 평정사실과 다른 사실이 발견되는 등의 사유로 재평정을 한 사람이 있는 경우
   ④ 근무성적평정의 가점사유가 발생하거나 소멸한 자가 있는 경우

17. 「소방공무원 승진임용규정」상 승진대상자명부의 작성 시 동점자의 순위를 결정하는 순서로 옳은 것은?

   ㉠ 근무성적평정점이 높은 사람
   ㉡ 해당 계급에서 장기근무한 사람
   ㉢ 해당 계급 바로 하위계급에서 장기근무한 사람
   ㉣ 소방공무원으로 장기근무한 사람

   ① ㉠, ㉡, ㉢, ㉣　　　　② ㉡, ㉢, ㉣, ㉠
   ③ ㉠, ㉣, ㉡, ㉢　　　　④ ㉡, ㉠, ㉣, ㉢

18. 「소방공무원법」 및 「소방공무원 승진임용규정」상 특별승진에 대한 설명으로 옳지 않은 것은?
   ① 소방위 이하의 소방공무원으로서 모든 소방공무원의 귀감이 되는 공을 세우고 순직한 사람에 대하여는 2계급 특별승진시킬 수 있다.
   ② 창안등급에서 동상 이상을 받은 사람으로서 소방행정발전에 기여한 실적이 뚜렷한 사람은 소방령 이하의 계급으로 승진시킬 수 있으며, 해당 계급에서 이룩한 공적에 한정하지 않는다.
   ③ 인사혁신처장이 정하는 국무총리 표창 이상의 포상을 받은 사람을 특별승진임용할 때에는 계급별 정원을 초과하여 임용할 수 있다.
   ④ 명예퇴직 공로자를 특별승진임용을 할 때에는 소방정감 이하 계급으로의 승진이 가능하며, 해당 소방공무원이 재직기간 중 중징계 처분 또는 성폭력 등의 사유로 경징계 처분을 받은 사실이 없어야 한다.

19. 소방공무원의 승진심사위원회의 관할로 옳지 않은 것은?
   ① 중앙승진심사위원회 - 소방청과 소속기관 소방공무원의 소방준감으로의 승진심사
   ② 소방청 보통승진심사위원회 - 소방청과 소속기관 소방공무원의 소방정 이하 계급으로의 승진심사
   ③ 국립소방연구원 보통승진심사위원회 - 소속 소방공무원의 소방경 이하 계급으로의 승진심사
   ④ 시·도 보통승진심사위원회 - 시·도지사가 임용권을 행사하는 소방공무원의 승진심사(소방준감으로의 승진심사 포함)

20. 소방공무원의 특별위로금에 대한 설명으로 옳지 않은 것은?
   ① 특별위로금은 「소방기본법」에 따른 소방활동, 소방지원활동 및 생활안전활동으로 인하여 질병에 걸리거나 부상을 입어 요양급여비의 지급대상자로 결정된 소방공무원에게 지급한다.
   ② 소방공무원의 교육·훈련으로 인하여 질병에 걸리거나 부상을 입은 경우에도 지급대상이다.
   ③ 위로금은 공무상요양으로 소방공무원이 요양하면서 출근하지 아니한 기간에 대하여 지급하되, 24개월을 넘지 아니하는 범위에서 지급한다.
   ④ 업무에 복귀한 날부터 6개월 이내에 소방기관의 장에게 신청하여야 한다.

21. 다음 소방공무원의 정년에 관한 설명 중 옳은 것은?
   ① 소방공무원의 연령정년은 60세이며, 계급정년은 소방감 4년, 소방준감 6년이다.
   ② 소방청장은 전시·사변, 그 밖에 이에 준하는 비상사태에서는 2년의 범위 내에서 계급정년과 연령정년을 연장할 수 있다.
   ③ 계급정년을 연장하는 경우 소방령 이상의 소방공무원에 대해서는 소방청장의 제청으로 국무총리를 거쳐 대통령의 승인을 받아야 한다.
   ④ 정년이 되는 날이 6월 30일인 경우에는 12월 31일에 당연히 퇴직한다.

22. 소방공무원의 복무규정에 대한 설명으로 옳지 않은 것은?
   ① 소방공무원은 휴무일이나 근무시간 외에 공무가 아닌 사유로 3시간 이내에 직무에 복귀하기 어려운 지역으로 여행하려는 경우에는 소속 소방기관의 장에게 신고하여야 한다.
   ② 소방기관의 장은 비상사태에 대처하기 위하여 필요하다고 인정할 때에는 소속 소방공무원을 긴급히 소집하여 일정한 장소에 대기 또는 특수한 근무를 하게 할 수 있다.
   ③ 소방 활동 중의 안전사고를 방지하기 위하여 필요한 사항은 행정안전부령으로 정한다.
   ④ 소방기관의 장은 소속 소방공무원이 국가기관에 소환되거나 승진시험·전직시험에 응시할 때에는 이에 직접 필요한 기간을 공가를 승인해야 한다.

23. 소방공무원교육훈련규정에 대한 설명으로 옳지 않은 것은?
   ① 소방청장은 소방공무원의 교육훈련 정책 및 발전과 관련한 사항을 심의·조정하기 위하여 필요한 경우 소방교육훈련정책위원회를 구성·운영할 수 있으며, 위원회는 위원장 1명을 포함하여 50명 이내의 위원으로 구성한다.
   ② 소방교육훈련정책위원회는 교육훈련 정책의 목표 및 추진방향, 장·단기 교육훈련 발전 및 제도 개선과 교육훈련 관련 시설·장비의 개선 및 예산확보에 관한 사항 등을 심의한다.
   ③ 담당할 분야와 관련된 석사학위 이상 학위를 소지하거나 담당할 분야와 관련된 실무·연구 또는 강의경력이 2년 이상인 사람은 교수요원의 자격이 있다.
   ④ 신임교육을 받고 임용된 사람은 그 교육기간에 해당하는 기간 이상을 소방공무원으로 복무해야 한다.

24. 위원장을 포함한 징계위원 7명이 출석한 징계위원회에서 의견이 나뉘어 정직 3월 3명, 정직 1월 1명, 감봉 2월 1명, 견책 2명의 의견이 있을 경우의 징계의결은?
   ① 정직 3월
   ② 정직 1월
   ③ 감봉 2월
   ④ 견책

25. 징계의 심문과 진술권 등에 대한 설명으로 옳지 않은 것은?
   ① 징계위원회는 징계등 혐의자에게 진술할 수 있는 기회를 충분히 주어야 하며, 징계등 혐의자는 증인의 심문을 신청할 수 있다.
   ② 중징계 또는 중징계 관련 징계부가금 요구사건의 경우 징계의결등을 요구한 자는 특별한 사유가 없는 한 징계위원회에 출석하여 의견을 진술해야 한다.
   ③ 징계위원회는 원격영상회의 방식으로 심의·의결할 수 있으며, 징계의결등의 기한 연기에 관한 사항에 대해서는 서면으로 의결할 수 없다.
   ④ 징계의결등을 요구한 자는 감사원이 중징계처분을 요구한 사건에 대해서는 징계위원회의 개최 일시·장소 등을 감사원에 통보해야 한다.

소방법령 II

1. 「소방기본법」상 용어의 정의로 옳지 않은 것은?

    ① "소방대상물"이란 건축물, 차량, 선박(「선박법」 제1조의2 제1항에 따른 선박으로서 항구에 매어둔 선박은 제외한다), 선박 건조 구조물, 산림, 그 밖의 인공 구조물 또는 물건을 말한다.
    ② "관계지역"이란 소방대상물이 있는 장소 및 그 이웃지역으로서 화재의 예방·경계·진압, 구조·구급 등의 활동에 필요한 지역을 말한다.
    ③ "소방본부장"이란 특별시·광역시·특별자치시·도 또는 특별자치도에서 화재의 예방·경계·진압·조사 및 구조·구급 등의 업무를 담당하는 부서의 장을 말한다.
    ④ "소방대"란 화재를 진압하고 화재, 재난·재해, 그 밖의 위급한 상황에서 구조·구급 활동 등을 하기 위하여 소방공무원, 의무소방원, 의용소방대원으로 구성된 조직체를 말한다.

2. 「소방기본법 시행규칙」상 국고보조의 대상이 되는 소방활동장비의 종류와 규격으로 옳지 않은 것은?

    ① 펌프차 중형 : 170마력 이상 240마력 이하
    ② 소방정 : 100톤급 이상, 50톤급
    ③ 배연차 : 170마력 이상
    ④ 소방헬리콥터 : 5~15인승

3. 「소방기본법 시행규칙」상 소방용수시설 및 비상소화장치의 설치기준으로 옳지 않은 것은?

    ① 지하에 설치하는 소화전 또는 저수조의 경우 소방용수표지의 맨홀 뚜껑은 지름 648밀리미터 이상의 것으로 하며, 맨홀 뚜껑 부근에는 노란색 반사도료로 폭 15센티미터의 선을 그 둘레를 따라 칠하여야 한다.
    ② 비상소화장치의 설치기준은 행정안전부령으로 정하며, 세부기준은 소방청장이 정한다.
    ③ 비상소화장치는 화재예방강화지구 또는 소방청장이 필요하다는 인정하는 지역에 설치하며, 비상소화장치함, 소화전, 소방호스, 관창을 포함하여 구성하여야 한다.
    ④ 소방호스 및 관창은 소방시설 설치 및 관리에 관한 법률 제37조 제5항에 따라 소방청장이 정하여 고시하는 형식승인 및 제품검사의 기술기준에 적합한 것으로 설치한다.

4. 「소방기본법 시행규칙」상 소방용수시설 및 지리조사에 관한 내용으로 옳은 것은?

    ① 지리조사는 소방대상물에 인접한 도로의 폭·교통상황, 도로주변의 토지의 고저·건축물의 개황 등 소방활동에 필요한 사항을 조사한다.
    ② 소방본부장 또는 소방서장은 원활한 소방활동을 위하여 소방용수시설 및 지리조사를 연 1회 이상 실시하여야 한다.
    ③ 조사결과는 전자적 처리가 불가능한 특별한 사유가 없으면 전자적 처리가 가능한 방법으로 작성·관리할 수 있다.
    ④ 소방용수시설 및 지리조사는 소방용수조사부 및 지리조사부 서식에 의하되, 그 조사결과를 1년간 보관하여야 한다.

5. 「소방기본법」상 화재로 오인할 만한 우려가 있는 불을 피우거나 연막(煙幕) 소독을 하려는 자가 시·도의 조례로 정하는 바에 따라 관할 소방본부장 또는 소방서장에게 신고해야 하는 지역으로 옳지 않은 것은? (단, 각 시·도에서 별도로 정하는 지역은 제외한다.)

    ① 시·도의 조례로 정하는 지역 또는 장소
    ② 노후·불량 건축물이 밀집한 지역
    ③ 위험물의 저장 및 처리시설이 밀집한 지역
    ④ 석유화학제품을 생산하는 공장이 있는 지역

6. 「소방기본법」상 소방자동차 교통안전분석 시스템 구축·운영에 대한 설명으로 옳지 않은 것은?

    ① 소방청장 또는 소방본부장은 대통령령으로 정하는 소방펌프차, 소방물탱크차, 소방화학차, 소방고가차, 무인방수차 등에 행정안전부령으로 정하는 기준에 적합한 운행기록장치를 장착하고 운용하여야 한다.
    ② 소방청장은 소방자동차의 안전한 운행 및 교통사고 예방을 위하여 운행기록장치 데이터의 수집·저장·통합·분석 등의 업무를 전자적으로 처리하기 위한 시스템을 구축·운영할 수 있다.
    ③ 소방청장, 소방본부장 및 소방서장은 운행기록장치 데이터 중 과속, 급감속, 급출발 등의 운행기록을 점검·분석해야 한다.
    ④ 소방청장, 소방본부장 및 소방서장은 소방자동차 운행기록장치에 기록된 데이터를 6개월 동안 저장·관리해야 한다.

7. 「소방기본법」상 한국소방안전원의 업무에 관한 내용으로 옳지 않은 것은?

   ① 소방안전에 관한 국제협력
   ② 소방기술과 안전관리에 관한 각종 간행물 발간
   ③ 화재 예방과 안전관리의식 고취를 위한 대국민 홍보
   ④ 소방기술과 소방산업의 국외시장 개척에 관한 사업추진

8. 「소방기본법」 및 같은 법 시행령상 과태료 부과기준으로 옳은 것은?

   ① 정당한 사유 없이 관계인의 소방활동 등에 따른 법을 위반하여 화재, 재난·재해, 그 밖의 위급한 상황을 소방본부, 소방서 또는 관계 행정기관에 알리지 아니한 관계인에게는 200만원 이하의 과태료를 부과한다.
   ② 소방자동차 전용구역에 차를 주차하거나 전용구역의 진입을 가로막는 등의 방해행위를 한 자에게는 100만원 이하의 과태료를 부과한다.
   ③ 위반행위의 횟수에 따른 과태료의 가중된 부과기준은 최근 2년간 같은 위반행위로 과태료 부과처분을 받은 경우에 적용한다.
   ④ 위반행위자가 법 위반상태를 시정하거나 해소하기 위하여 노력한 사실이 인정되는 경우, 부과권자는 개별기준에 따른 과태료의 3분의 1 범위에서 그 금액을 줄여 부과할 수 있다.

9. 「소방시설 설치 및 관리에 관한 법률」상 무창층의 개구부 요건을 설명한 것으로 옳지 않은 것은?

   ① 크기는 지름 60센티미터 이상의 원이 통과할 수 있어야 한다.
   ② 해당 층의 바닥면으로부터 개구부 밑부분까지의 높이가 1.2미터 이내여야 한다.
   ③ 도로 또는 차량이 진입할 수 있는 빈터를 향해야 한다.
   ④ 화재 시 건축물로부터 쉽게 피난할 수 있도록 창살이나 그 밖의 장애물이 설치되지 않아야 하며, 내부 또는 외부에서 쉽게 부수거나 열 수 있어야 한다.

10. 「소방시설 설치 및 관리에 관한 법률 시행령」상 건축허가등의 동의 대상물에 해당하지 않는 것은?

    ① 층수가 6층인 건축물
    ② 특정소방대상물 중 정신의료기관 및 장애인 의료재활시설로서 연면적 300제곱미터인 건축물
    ③ 차고·주차장 또는 주차 용도로 사용되는 시설로서 차고·주차장으로 사용되는 바닥면적이 150제곱미터 이상인 층이 있는 건축물이나 주차시설
    ④ 지하층 또는 무창층이 있는 건축물로서 바닥면적이 150제곱미터(공연장의 경우에는 100제곱미터) 이상인 층이 있는 것

11. 특정소방대상물의 바닥면적이 다음과 같을 때 「소방시설 설치 및 관리에 관한 법률 시행령」에 따른 수용인원은 총 몇 명인가? (단, 바닥면적을 산정할 때에는 복도, 계단 및 화장실을 포함하지 않으며, 계산 결과 소수점 이하의 수는 반올림한다.)

    - 관람석이 없는 강당 1개, 바닥면적 460㎡
    - 강의실 10개, 각 바닥면적 38㎡
    - 휴게실 1개, 바닥면적 95㎡

    ① 350
    ② 393
    ③ 482
    ④ 492

12. 「소방시설 설치 및 관리에 관한 법률 시행령」상 스프링클러설비를 설치해야 하는 특정소방대상물에 해당하는 것만을 아래에서 고른 것은?

    ㄱ. 수련시설 내에 있는 학생 수용을 위한 기숙사로서 연면적 3천㎡인 경우
    ㄴ. 근린생활시설 중 산후조리원으로 연면적 500㎡인 경우
    ㄷ. 숙박시설로 사용되는 바닥면적 합계가 600㎡인 경우
    ㄹ. 영화상영관으로 쓰는 지하층의 바닥면적이 500㎡인 경우

    ① ㄱ, ㄴ
    ② ㄱ, ㄷ
    ③ ㄴ, ㄷ
    ④ ㄷ, ㄹ

13. 「소방시설 설치 및 관리에 관한 법률」 및 같은 법 시행령상 간이스프링클러설비를 설치해야 하는 특정소방대상물의 기준으로 옳은 것은?
   ① 숙박시설로 사용되는 바닥면적의 합계가 300제곱미터 이상 600제곱미터 미만인 시설
   ② 교육연구시설 내에 합숙소로서 연면적이 50제곱미터 이상인 경우에는 모든 층
   ③ 근린생활시설 중 조산원 및 산후조리원으로서 연면적 660제곱미터 미만인 시설
   ④ 의료시설 중 정신의료기관 또는 의료재활시설로 사용되는 바닥면적의 합계가 200제곱미터 이상 600제곱미터인 시설

14. 「소방시설 설치 및 관리에 관한 법률 시행령」상 특정소방대상물의 간이스프링클러설비 설치면제 기준이다. ( ) 안에 들어갈 설비에 해당하지 않는 것은?

   > 간이스프링클러설비를 설치해야 하는 특정소방대상물에 ( ), ( ) 또는 ( )를 화재안전기준에 적합하게 설치한 경우에는 그 설비의 유효범위에서 설치가 면제된다.

   ① 스프링클러설비
   ② 옥내소화전설비
   ③ 물분무소화설비
   ④ 미분무소화설비

15. 「소방시설 설치 및 관리에 관한 법률」상 중앙소방기술심의위원회의 심의사항으로 옳지 않은 것은?
   ① 새로운 소방용품 등의 도입 여부에 관한 사항
   ② 소방시설의 설계 및 공사감리의 방법에 관한 사항
   ③ 소방시설에 하자가 있는지의 판단에 관한 사항
   ④ 소방시설의 구조 및 원리 등에서 공법이 특수한 설계 및 시공에 관한 사항

16. 「소방시설 설치 및 관리에 관한 법률 시행령」상 소화펌프 고장 등 대통령령으로 정하는 중대위반사항으로 옳지 않은 것은?
   ① 화재수신기의 고장으로 화재경보음이 자동으로 울리지 않거나 화재수신기와 연동된 소방시설의 작동이 불가능한 경우
   ② 소화배관 등이 폐쇄·차단되어 소화수(消火水) 또는 소화약제가 자동 방출되지 않는 경우
   ③ 방화문 또는 자동방화셔터가 훼손되거나 철거되어 본래의 기능을 못 하는 경우
   ④ 소화용수설비 주변 불법 주정차로 인하여 화재를 진압하는데 필요한 물을 공급하기 어려운 경우

17. 「소방시설 설치 및 관리에 관한 법률 시행규칙」상 행정처분의 기준에 대한 설명으로 옳지 않은 것은?
   ① 처분권자는 위반행위의 동기·내용·횟수 및 위반 정도 등의 사유를 고려하여 그 처분을 가중하거나 감경할 수 있다.
   ② 위반행위가 사소한 부주의나 오류 등 과실로 인한 것으로 인정되거나 위반의 내용·정도가 경미하여 관계인에게 미치는 피해가 적다고 인정되는 경우에는 처분기준의 2분의 1의 범위에서 감경할 수 있다.
   ③ 처음 해당 위반행위를 한 경우로서 3년 이상 소방시설관리업 등을 모범적으로 해 온 사실이 인정되는 경우 처분기준의 2분의 1의 범위에서 감경할 수 있다.
   ④ 처분권자는 고의 또는 중과실이 없는 소상공인인 경우에는 처분기준의 100분의 70 범위에서 감경할 수 있고, 처분이 등록취소인 경우 3개월의 영업정지 처분으로 감경할 수 있다.

18. 「화재의 예방 및 안전관리에 관한 법률」상 용어의 정의로 옳지 않은 것은?
   ① "예방"이란 화재의 위험으로부터 사람의 생명·신체 및 재산을 보호하기 위하여 화재발생을 사전에 제거하거나 방지하기 위한 모든 활동을 말한다.
   ② "안전관리"란 화재로 인한 피해를 최소화하기 위한 예방, 대비, 대응 등의 활동을 말한다.
   ③ "화재예방안전진단"이란 화재가 발생할 경우 사회·경제적으로 피해 규모가 클 것으로 예상되는 소방대상물에 대하여 화재위험요인을 조사하고 그 위험성을 평가하여 개선대책을 수립하는 것을 말한다.
   ④ "화재안전조사"란 소방청장, 소방본부장 또는 소방서장이 화재원인, 피해상황, 대응활동 등을 파악하기 위하여 자료의 수집, 관계인등에 대한 질문, 현장 확인, 감식, 감정 및 실험 등을 하는 일련의 행위를 말한다.

19. 「화재의 예방 및 안전관리에 관한 법률 시행령」상 불을 사용하는 설비의 관리기준에 관한 내용으로 옳은 것은?

① 경유·등유 등 액체 연료탱크는 보일러 본체로부터 수평거리 0.5미터 이상의 간격을 두어 설치한다.
② 화목(火木) 등 고체연료를 사용하는 연통의 배출구는 보일러 본체보다 2미터 이상 높게 설치한다.
③ 음식조리를 위하여 설치하는 설비의 경우, 열을 발생하는 조리기구로부터 0.5미터 이내의 거리에 있는 가연성 주요 구조부는 단열성이 있는 불연재료로 덮어 씌운다.
④ 대통령령에서 규정한 사항 외에 화재 발생 우려가 있는 설비 또는 기구의 종류, 해당 설비 또는 기구의 위치·구조 및 관리와 화재 예방을 위하여 불을 사용할 때 지켜야 하는 사항은 행정안전부령으로 정한다.

20. 「화재의 예방 및 안전관리에 관한 법률」 및 같은 법 시행규칙상 소방안전관리대상물의 관계인이 소방안전관리자를 선임한 경우 소방안전관리대상물의 출입자가 쉽게 알 수 있도록 게시해야 하는 사항으로 옳지 않은 것은?

① 소방안전관리대상물의 용도 및 수용인원
② 소방안전관리자의 성명 및 선임일자
③ 소방안전관리대상물의 명칭 및 등급
④ 소방안전관리자의 근무 위치(화재수신기 또는 종합방재실을 말한다.)

21. 「화재의 예방 및 안전관리에 관한 법률」상 건설현장 소방안전관리대상물의 대상에 대한 설명이다. ( )에 들어갈 내용으로 옳은 것은?

- 신축·증축·개축·재축·이전·용도변경 또는 대수선을 하려는 부분의 연면적의 합계가 (ㄱ) 이상인 것
- 신축·증축·개축·재축·이전·용도변경 또는 대수선을 하려는 부분의 연면적이 (ㄴ) 이상인 것으로서 다음 각 목의 어느 하나에 해당하는 것
  가. 지하층의 층수가 2개 층 이상인 것
  나. 지상층의 층수가 (ㄷ) 이상인 것
  다. 냉동창고, 냉장창고 또는 냉동·냉장창고

	ㄱ	ㄴ	ㄷ
①	1만5천 제곱미터	5천 제곱미터	6층
②	1만5천 제곱미터	5천 제곱미터	10층
③	1만5천 제곱미터	5천 제곱미터	11층
④	1만 제곱미터	1만 제곱미터	6층

22. 「화재의 예방 및 안전관리에 관한 법률」 및 같은 법 시행령, 시행규칙상 소방안전관리대상물 근무자 및 거주자 등에 대한 소방훈련 등에 관한 내용으로 옳지 않은 것은?

① 소방안전관리대상물의 관계인은 소방훈련과 교육을 연 1회 이상 실시해야 한다. 다만, 소방본부장 또는 소방서장이 화재예방을 위하여 필요하다고 인정하여 2회의 범위에서 추가로 실시할 것을 요청하는 경우에는 소방훈련과 교육을 추가로 실시해야 한다.
② 특급 또는 1급 소방안전관리대상물의 관계인은 소방훈련 및 교육을 한 날부터 20일 이내에 소방훈련 및 교육 결과를 행정안전부령으로 정하는 바에 따라 소방본부장 또는 소방서장에게 제출해야 한다.
③ 소방본부장 또는 소방서장은 특급 또는 1급 소방안전관리대상물의 관계인으로 하여금 소방훈련과 교육을 소방기관과 합동으로 실시하게 할 수 있다.
④ 소방안전관리대상물의 관계인은 소방훈련과 교육을 실시했을 때에는 그 실시 결과를 소방훈련·교육 실시 결과 기록부에 기록하고, 이를 소방훈련 및 교육을 실시한 날부터 2년간 보관해야 한다.

23. 「화재의 예방 및 안전관리에 관한 법률」 및 같은 법 시행령상 불특정다수인이 이용하는 특정소방대상물의 근무자에게 불시에 소방훈련과 교육을 실시할 수 있는 소방안전관리대상물을 〈보기〉에서 고른 것은?(단, 소방본부장 또는 소방서장이 소방훈련·교육이 필요하다고 인정하는 특정소방대상물은 제외한다.)

ㄱ. 「소방시설 설치 및 관리에 관한 법률 시행령」에 따른 의료시설 중 한방병원
ㄴ. 「소방시설 설치 및 관리에 관한 법률 시행령」에 따른 수련시설 중 유스호스텔
ㄷ. 「소방시설 설치 및 관리에 관한 법률 시행령」에 따른 교육연구시설 중 특수학교
ㄹ. 「소방시설 설치 및 관리에 관한 법률 시행령」에 따른 교정시설 및 군사시설 중 중 교도소

① ㄱ, ㄷ
② ㄱ, ㄹ
③ ㄴ, ㄷ
④ ㄴ, ㄹ

24. 「화재의 예방 및 안전관리에 관한 법률」상 화재예방안전진단의 범위에 해당하는 것만을 모두 고른 것은?

    ㄱ. 화재위험요인 조사 및 화재 위험성 평가에 관한 사항
    ㄴ. 소방시설등의 유지·관리에 관한 사항
    ㄷ. 비상대응조직 및 교육훈련에 관한 사항
    ㄹ. 화재예방안전진단을 위하여 행정안전부령으로 정하는 사항

    ① ㄱ
    ② ㄱ, ㄴ
    ③ ㄱ, ㄴ, ㄷ
    ④ ㄱ, ㄴ, ㄷ, ㄹ

25. 「화재의 예방 및 안전관리에 관한 법률」에 따른 벌칙으로 틀린 것은?

    ㉠ 화재예방 조치명령을 정당한 사유 없이 따르지 아니하거나 방해한 자
    ㉡ 법을 위반하여 진단기관으로부터 화재예방안전진단을 받지 아니한 자
    ㉢ 화재안전조사를 정당한 사유 없이 거부·방해 또는 기피한 자
    ㉣ 피난유도 안내정보를 제공하지 아니한 자

    ① ㉠ - 3년 이하의 징역 또는 3천만원 이하의 벌금
    ② ㉡ - 1년 이하의 징역 또는 1천만원 이하의 벌금
    ③ ㉢ - 300만원 이하의 벌금
    ④ ㉣ - 300만원 이하의 과태료

소방전술

1. 기상조건별 관창배치 우선순위에서 "풍속 3m/sec 초과"일 때의 조치요령은?
   ① 방사량이 큰 쪽이 연소위험이 있으므로 그 방향을 중심으로 관창을 배치한다.
   ② 풍하측을 중점적으로 관창을 배치한다.
   ③ 풍하측에 비화경계관창을 배치한다.
   ④ 풍횡측에 대구경 관창을 배치하여 협공한다.

2. 다음 중 3D주수기법의 펄싱기법에서 그 시간이 옳지 않은 것은?
   ① 숏펄싱은 1초 이내로 짧게 끊어서 주수한다.
   ② 미디움펄싱은 1~2초 간격으로 방어와 공격의 형태로 적용한다.
   ③ 롱펄싱은 주어진 상황에 따라서 3~5초의 간격으로 다양하게 적용한다.
   ④ 롱펄싱 관창의 개폐조작은 5~10초 이내로 끊어서 조작하며 상층부에 주수한다.

3. 방화조 건물 화재 시 관창배치 요령으로 옳은 것은?
   ① 뒷면 - 측면 - 2층 및 1층
   ② 측면 - 뒷면 - 2층 및 1층
   ③ 2층 및 1층 - 측면 - 뒷면
   ④ 1층 및 2층 - 측면 - 뒷면

4. 급기구측에서 분무주수하여 기류를 이용하는 방법에서 옳지 않은 것은?
   ① 관창압력은 0.6Mpa 이상 분무주수를 한다.
   ② 개구부가 넓은 경우에는 2구 이상의 분무주수로 실시한다.
   ③ 배기구측에 진입대가 있을 때는 서로 연락을 취해 안전을 배려하면서 주수한다.
   ④ 관창 전개각도 30도 정도로 급기구를 완전히 덮을 수 있는 거리를 주수 위치로 선정한다.

5. 화재 진압시스템 분석의 기본 틀(14가지 요소)에서 "자원"에 해당하는 내용은?
   ① 장비   ② 기상
   ③ 크기   ④ 시간

6. 건물의 붕괴위험성 평가에서 그 내용이 가장 옳지 않은 것은?
   ① 내화구조(안전도 1등급 건물) - 콘크리트 바닥 층의 강도
   ② 준 내화구조(안전도 2등급 건물) - 철재구조의 지붕 붕괴의 취약성
   ③ 조적조(안전도 3등급 건물) - 벽 붕괴(내부 → 외부로)
   ④ 중량 목구조(안전도 5등급 건물) - 벽 붕괴(진압대원 매몰 가능성)

7. 적재하기가 쉽고 적재함에서 손쉽게 꺼내 운반할 수 있는 장점이 있으나 소방호스가 강하게 접히는 부분이 많은 단점이 있는 적재는?
   ① 혼합형 적재   ② 말굽형 적재
   ③ 평면형 적재   ④ 아코디언형 적재

8. 구조대상자 운반법에서 "장거리 이동"이 적합한 것은?
   ① 소방식 운반 구출
   ② 안아 올려 운반 구출
   ③ 양쪽겨드랑이 잡아 당겨 구출
   ④ 등에 업고 포복 구출

9. 다음 중 내부에서의 화점확인방법에 대한 내용으로 옳지 않은 것은?
   ① 화점층 확인방법은 연기가 있는 최하층을 확인한다.
   ② 옥내외 연기가 있는 경우는 공조설비 등을 즉시 정지시킨다.
   ③ 문 개방시 벽이나 상층 바닥에 온도변화를 확인할 때는 바닥에 손을 접촉한다.
   ④ 연기는 화점에서 가까울수록 농도는 진하고 유동은 크고 빠르다.(계단, 덕트를 포함)

10. 열의 이동이 전자파(전파, 광파, 엑스레이) 형태에 의한 에너지의 전달인 것은?
    ① 전도   ② 대류
    ③ 복사   ④ 환류

11. 다음 중 저속분무 주수요령에 관한 설명으로 옳지 않은 것은?
    ① 간접공격법에 가장 적합한 주수방법이다.
    ② 주수위치는 개구부 정면을 피하고, 분출하는 증기에 견딜 수 있도록 한다.
    ③ 연소가 활발한 구역에서는 공간 내의 고열이 있는 천장을 향해 주수한다.
    ④ 분출하는 연기가 흑색에서 백색으로 변하고 분출속도가 약해진 때에는 일시 정지하여 내부의 상황을 확인하면서 잔화를 소화한다.

12. 다음 중 화재의 진행단계의 내용이 옳지 않은 것은?
    ① 발화기 - 연소의 4요소들이 서로 결합하여 연소가 시작될 때의 시기이다.
    ② 성장기 - 벽 근처에 있는 가연물들은 비교적 많은 공기를 흡수하고, 구석에 있는 가연물들은 더욱 더 적은 공기를 흡수한다.
    ③ 플래시오버 - 성장기와 최성기 간의 과도기적 시기이다.
    ④ 최성기 - 구획실 내에서 연소하는 가연물은 최대의 열량을 발산하고, 많은 양의 연소생성가스를 생성한다.

13. 다음 중 구조출동 지령을 통하여 확인할 사항으로 옳지 않은 것은?
    ① 사고발생 장소
    ② 사고의 종류 및 개요
    ③ 도로의 상황과 건물상황
    ④ 구조자의 숫자와 상태

14. 구조장비 활용에서 장비선택 시 유의사항으로 옳지 않은 것은?
    ① 현장상황을 고려하여 선택한다.
    ② 구조 활동에 적합한 장비를 선택한다.
    ③ 동등의 효과가 얻어지는 경우는 조작이 세밀한 것을 선택한다.
    ④ 위험이 적은 안전한 장비를 선택하며 다른 기관과의 활용을 적극적으로 검토한다.

15. 다음 내용에 해당하는 매듭법으로 옳은 것은?

    로프 끝에 두 개의 고리를 만들어 활용하는 매듭이다. 수직 맨홀 등 좁은 공간으로 진입하거나 구조대상자를 구출하는 경우 유용하게 활용한다.

    ① 두겹고정매듭   ② 앉아매기
    ③ 세겹고정매듭   ④ 감아매기

16. 엔진동력 장비의 경우 엔진오일의 점검에 주의사항으로 옳지 않은 것은?
    ① 4행정기관(유압펌프, 이동식 펌프 등)은 엔진오일을 별도로 주입한다.
    ② 2행정기관(체인톱, 발전기, 동력절단기 등)은 전용엔진오일 사용하지 않는다.
    ③ 오일의 혼합량이 너무 많으면 시동이 잘 걸리지 않고 시동 후 매연이 심하다.
    ④ 오일의 양이 적으면 엔진에 손상을 입어 기기의 수명이 단축될 수 있다.

17. 산악구조용 장비 중에서 다음의 장비는 무엇에 해당되는가?

    도르래와 쥬마를 결합한 형태의 장비로 도르래의 역회전을 방지할 수 있어 안전하게 작업이 가능하고 힘의 소모를 막을 수 있다. 도르래 부분만 사용할 수도 있고 쥬마, 베이직의 대체장비로도 사용이 가능하다.

    ① 퀵드로(QUICK DRAW)
    ② 수평2단 도르래(TANDEM)
    ③ 정지형 도르래(WALL HAULER)
    ④ 로프꼬임방지기(SWIVEL)

18. 구조이론에서 다층 중 "고층빌딩" 화재현장의 검색 요령으로 옳은 것은?
    ① 최상층 → 불이 난 층 → 바로 위층 → 이후 다른 층
    ② 바로 위층 → 최상층 → 불이 난 층 → 이후 다른 층
    ③ 바로 위층 → 불이 난 층 → 최상층 → 이후 다른 층
    ④ 불이 난 층 → 바로 위층 → 최상층 → 이후 다른 층

【제1회】 전술

19. 누출물질의 처리방법에서 화학적 방법이 아닌 것은?
    ① 흡수
    ② 유화처리
    ③ 희석
    ④ 응고

20. 다음 중 인체 혈관계의 내용으로 옳지 않은 것은?
    ① 동맥은 탄력 있는 수의근으로 두꺼운 벽을 갖고 있다.
    ② 동맥은 오른심실에서 허파로 혈액을 이동시키는 허파동맥을 제외하고 모든 동맥은 산소가 풍부한 혈액으로 되어 있다.
    ③ 정맥은 심장으로 혈액을 다시 이동시키는 역할을 하고 있으며 왼심방으로 혈액을 공급하는 허파정맥을 제외하고는 산소교환이 필요한 혈액을 이동시킨다.
    ④ 정맥은 낮은 압력을 받으며 얇은 벽으로 구성되어 있으며 낮은 압력으로 인해 혈액의 역류를 막는 판막을 가지고 있다.

21. START 분류법에서의 환자에 대한 의식, 호흡, 맥박에 대하여 옳지 않은 것은?
    ① 긴급 환자 : 의식 장애, 호흡수 30회/분 초과, 말초맥박 촉진 불가능
    ② 응급 환자 : 의식 명료, 호흡수 30회/분 이하, 말초맥박 촉진 불가능
    ③ 비응급 환자 : 의식 명료, 호흡수 12~20회/분 이상, 말초맥박 촉진 가능
    ④ 지연 환자 : 기도 개방 후에도 무호흡, 무맥

22. 인체해부생리학 중 근골격계에 대한 내용으로 가장 옳은 것은?
    ① 골반은 엉덩뼈와 궁둥뼈, 칼돌기로 이루어져 있다.
    ② 복장뼈는 복장뼈자루, 복장뼈체, 두덩뼈로 구성되어 있다.
    ③ 다리는 정강뼈와 가쪽에 종아리뼈로 이루어져 있다. 종아리뼈의 먼쪽에는 안쪽복사뼈가 있고 정강뼈 먼쪽에는 가쪽복사뼈가 있다.
    ④ 몸은 206개의 뼈로 구성되어 있으며 성인 척추는 26(소아 32~34)개의 척추골로 구성되어 있고 5부분[목뼈(7개), 등뼈(12개), 허리뼈(5개), 엉치뼈, 꼬리뼈]으로 나눌 수 있다.

23. 다음 중 10년마다 예방접종이 필요한 것은?
    ① 인플루엔자
    ② 볼거리
    ③ 홍역
    ④ 파상풍

24. 다음 중 입인두 기도기에 대한 내용으로 옳지 않은 것은?
    ① 무의식 환자의 기도유지를 위해 사용한다.
    ② 환자의 입을 수지교차법으로 연다.
    ③ 크기 선정은 입 중심에서부터 하악각까지이다.
    ④ 입 가장자리에서 입안으로 넣은 후 120° 회전 시키는 방법이 있다.

25. 다음 중 부목에 대한 내용으로 옳지 않은 것은?
    ① 패드(성형)부목 - X-ray 촬영이 가능하다.
    ② 공기부목 - 온도와 압력의 변화에 예민한 편이다.
    ③ 철사부목 - 신체에 적합하도록 변형은 가능하지 않다.
    ④ 긴척추고정판 - 척추손상이 의심되는 환자를 고정하는 전신용 부목이다.

소방법령 I

1. 「소방공무원임용령」상 임용권의 위임에 관한 내용으로 옳은 것은?
   ① 소방청장은 중앙소방학교 소속 소방령에 대한 강등에 관한 권한을 중앙소방학교장에게 위임한다.
   ② 소방청장은 시·도 소속 소방령 이상 소방준감 이하의 강임에 관한 권한을 시·도지사에게 위임한다.
   ③ 소방청장은 소방정인 지방소방학교장에 대한 전보에 관한 권한을 시·도지사에게 위임한다.
   ④ 중앙119구조본부장은 119특수구조대 소속 소방경 이하에 대한 해당 119특수구조대 안에서의 전보권을 해당 119특수구조대장에게 다시 위임한다.

2. 소방공무원임용령에 대한 설명 중 바르지 못한 것은?
   ① 임용권자가 소방공무원을 임용할 때에는 공무원임용서로 하며, 신규채용·승진 또는 전보할 때에는 임용조사서를 첨부해야 한다.
   ② 임용제청권자가 소방공무원을 임용제청할 때에는 공무원임용제청서로써 한다.
   ③ 소방청장은 소방공무원의 인사에 관한 통계보고의 제도를 정하여 시·도지사, 중앙소방학교장, 중앙119구조본부장 및 국립소방연구원장으로부터 정기 또는 수시로 필요한 보고를 받을 수 있다.
   ④ 소방청장은 소방공무원의 임용, 인사교류, 교육훈련 등 인사에 관한 중요 사항을 시·도와 협의하기 위하여 소방공무원 인사협의회를 구성·운영할 수 있다.

3. 「소방공무원임용령 시행규칙」상 소방공무원 채용시험의 신체조건으로 옳지 않은 것은?
   ① 체격은 시험실시권자가 지정한 기관에서 실시한 소방공무원 채용시험 신체검사의 결과 건강상태가 양호하고, 직무에 적합한 신체를 가져야 한다.
   ② 두 눈의 시력(교정시력을 포함한다)이 각각 0.5 이상이어야 한다.
   ③ 색맹 또는 적색약(赤色弱)(약도를 제외한다)이 아니어야 한다.
   ④ 두 귀의 청력(교정청력을 포함한다)이 각각 적어도 40데시벨(dB) 이하의 소리를 들을 수 있어야 한다.

4. 소방공무원법령상 경력경쟁채용시험을 통해 소방공무원으로 채용할 수 있는 경우로 옳지 않은 것은?
   ① 외국어에 능통한 사람을 소방위 이하 계급의 소방공무원으로 임용하는 경우
   ② 채용예정계급에 해당하는 자격증을 소지한 후 해당 분야에서 2년 이상 종사한 경력이 있는 사람을 소방령 이하의 소방공무원으로 임용하는 경우
   ③ 국가기관·지방자치단체에서 임용예정직위에 관련 있는 직무분야의 근무경력이 2년 이상으로서 해당 임용예정계급에 상응하는 근무경력이 1년 이상인 사람을 소방령 이하의 소방공무원으로 임용하는 경우
   ④ 5급 공무원 공개경쟁채용시험이나 변호사시험에 합격한 사람을 소방령 이하의 소방공무원으로 임용하는 경우

5. 소방공무원의 시험의 실시기관 등에 대한 설명으로 옳지 않은 것은?
   ① 소방공무원 신규채용시험 및 승진시험과 소방간부후보생 선발시험은 소방청장이 실시한다.
   ② 시·도 소속 소방경 이하 소방공무원의 신규채용시험과 시·도 소속 소방장 이하 소방공무원의 승진시험은 시·도지사가 실시한다.
   ③ 시·도지사는 신규채용시험을 실시하는 경우 시험의 문제 출제를 중앙소방학교장에게 의뢰할 수 있다.
   ④ 시험실시권자가 소방공무원 채용시험의 시험위원을 임명 또는 위촉할 경우에는 필기시험위원, 면접시험 및 실기시험위원은 각각 2명 이상으로 한다.

6. 「소방공무원임용령 시행규칙」상 소방공무원을 신규채용함에 있어서 시험성적이 같을 경우에 채용후보자명부의 작성 순서가 바르게 연결된 것은?
   ① 취업보호대상자 - 면접시험 성적 우수자 - 연령이 많은 사람
   ② 학력이 높은 사람 - 취업보호대상자 - 면접시험 성적 우수자
   ③ 연령이 많은 사람 - 취업보호대상자 - 필기시험 성적 우수자
   ④ 취업보호대상자 - 필기시험 성적 우수자 - 연령이 많은 사람

7. 「소방공무원임용령」상 채용후보자의 자격상실 사유로 옳지 않은 것은?

① 채용후보자가 임용 또는 임용제청에 응하지 않은 경우
② 6월 이상 장기요양을 요하는 질병이 있는 경우
③ 채용후보자로서 교육훈련을 받는 중 질병, 병역 복무 또는 그 밖에 교육훈련을 계속할 수 없는 불가피한 사정 외의 사유로 퇴교처분을 받은 경우
④ 채용후보자로서 품위를 크게 손상하는 행위를 함으로써 소방공무원으로서의 직무를 수행하기 곤란하다고 인정되는 경우

8. 소방공무원의 보직관리에 대한 설명으로 옳지 않은 것은?

① 결원보충이 승인된 파견자 중 공무원인재개발법에 따른 6개월 이상 위탁교육훈련을 위한 파견준비를 위하거나 기관의 신설 준비 등을 위한 경우에는 2주 이내의 기간 동안 소속 소방공무원을 보직 없이 근무하게 할 수 있다.
② 임용권자 또는 임용제청권자는 법령이 정하는 보직관리기준 외에 소방공무원의 보직에 관하여 필요한 세부기준(전보의 기준을 포함한다)을 정하여 실시하여야 한다.
③ 특수한 자격증을 소지한 사람은 특별한 사정이 없으면 그 자격증과 관련되는 직위에 보직하여야 한다.
④ 임용권자 또는 임용제청권자는 소방공무원을 보직하는 경우에는 특별한 사정이 없으면 배우자 또는 직계존속이 거주하는 지역을 고려하여 보직해야 한다.

9. 「공무원보수규정」에 관한 내용으로 옳지 않은 것은?

① 강임된 사람에게는 강임된 봉급이 강임되기 전보다 많아지게 될 때까지는 강임되기 전의 봉급에 해당하는 금액을 지급한다.
② 보수는 다른 법령에 특별한 규정이 있는 경우를 제외하고는 현금 또는 요구불예금으로 지급한다. 보수는 본인에게 직접 지급하되, 출장, 항해, 그 밖의 부득이한 사유로 본인에게 직접 지급할 수 없을 때에는 본인이 지정하는 자에게 지급할 수 있다.
③ 면직된 사람이 사무인계를 위하여 계속 근무한 경우에는 15일을 초과하지 아니하는 범위에서 실제 근무일에 따라 면직 당시의 보수를 일할 계산하여 지급할 수 있다.
④ 직무수행능력이 부족하거나 근무성적이 극히 나쁜 사유로 직위해제된 사람은 봉급의 70퍼센트를 지급하며, 중징계 의결이 요구 중인 사유로 직위해제된 사람은 봉급의 50퍼센트를 지급한다.

10. 「소방공무원임용령」상 소방공무원의 파견기간이 2년 이내의 것으로 옳은 것은?

㉠ 다른 기관의 업무폭주로 인한 행정지원의 경우
㉡ 다른 국가기관 또는 지방자치단체나 그 외의 기관·단체에서의 국가적 사업의 수행을 위하여 특히 필요한 경우
㉢ 관련 기관간의 긴밀한 협조가 필요한 특수업무를 공동수행하기 위하여 필요한 경우
㉣ 국제기구, 외국 정부 또는 연구기관에서 업무수행 및 능력개발을 위해 필요한 경우

① ㉠, ㉡
② ㉠, ㉡, ㉢
③ ㉡, ㉢
④ ㉡, ㉢, ㉣

11. 「소방공무원임용령 시행규칙」상 소방공무원의 인사기록에 관한 설명으로 옳지 않은 것은?

① 인사기록관리자는 인사기록을 작성·유지·관리해야 하며, 인사기록의 관리를 위하여 인사기록관리담당자를 지정하여야 한다.
② 신규채용된 소방공무원의 인사기록은 초임보직 소방기관의 장이 작성하여야 한다.
③ 소방공무원은 성명·주소 기타 인사기록의 기록내용을 변경하여야 할 정당한 사유가 있는 때에는 그 사유가 발생한 날부터 30일 이내에 소속 인사기록관리자에게 신고해야 한다.
④ 중앙소방학교장 및 지방소방학교장은 교육훈련을 받은 자의 교육훈련성적을 교육훈련을 마친 날로부터 7일 이내에 인사기록관리자에게 보고 또는 통보하여야 한다.

12. 다음 중 소방공무원의 가점평정에 대한 설명으로 옳지 않은 것은?

① 가점평정을 하는 경우 가점합계는 5점 이내로 한다.
② 학위취득 및 언어능력 가점은 각각 0.5점 이내로 하며 총 1.0점을 초과할 수 없다.
③ 격무·기피부서 근무경력 가점은 2.0점을 초과할 수 없으며, 소방공무원이 해당 계급에서 격무·기피부서에 근무한 때에는 근무한 날부터 가점평정한다.
④ 소방업무 관련 자격증과 전산관련 자격증의 가점은 총 0.5점을 초과할 수 없으며, 전산관련 자격증 가점평정은 소방경 이하에 한한다.

13. 「소방공무원 승진임용 규정」상 승진소요최저근무연수의 산정에 포함하는 것은?

    ㉠ 노동조합 전임자로 종사한 전임기간
    ㉡ 공무상 질병 또는 부상으로 인한 휴직기간
    ㉢ 승진임용 제한기간
    ㉣ 직위해제기간 및 징계처분 기간

    ① ㉠, ㉡
    ② ㉡, ㉢
    ③ ㉢, ㉣
    ④ ㉠, ㉣

14. 다음 중 소방공무원의 교육훈련성적평정에 대한 설명으로 옳지 않은 것은?

    ① 소방공무원 교육훈련규정에 따른 수료요건 또는 졸업요건을 갖추지 못한 사람에 대한 교육훈련성적은 평정하지 않는다.
    ② 시보임용이 예정된 사람 또는 시보임용된 사람이 「소방공무원 교육훈련규정」에 따른 신임교육과정을 졸업한 경우에는 이를 임용예정 계급에서 받은 전문교육훈련성적으로 보아 평정한다.
    ③ 소방령 계급의 직장훈련성적은 명부작성 기준일부터 최근 3년 이내에 해당 계급에서 6회 평정한 평정점의 평균으로 산정한다.
    ④ 명부작성 기준일부터 가장 오래된 평정단위기간의 직장훈련성적평정점이 없는 경우 그 직후에 평정한 평정단위기간 평정점 + 2.67점을 2로 나누어 산정한 평정점으로 한다.

15. 「소방공무원 승진임용 규정」 및 「소방공무원 승진임용 규정 시행규칙」상 소방공무원의 경력평정에 대한 설명으로 옳지 않은 것은?

    ① 소방공무원의 경력평정은 평정일 현재 승진소요최저근무연수가 경과된 소방정 이하의 소방공무원을 대상으로 한다.
    ② 휴직기간, 직위해제기간, 징계처분기간 및 승진임용제한기간은 경력평정에서 제외한다.
    ③ 소방공무원으로 신규임용될 사람이 받은 교육훈련기간은 경력평정대상기간에 포함한다.
    ④ 소방사 및 소방교 계급의 경우에는 기본경력은 최근 1년 6개월, 초과경력은 기본경력 전 6개월간, 총 2년간 경력평정을 한다.

16. 승진대상자명부의 작성에 대한 설명으로 옳지 않은 것은?

    ① 승진에 필요한 요건을 갖춘 소방정 이하 계급의 소방공무원에 대해 계급별로 승진대상자명부를 작성해야 한다.
    ② 소방정은 근무성적평정점 70퍼센트, 경력평정점 20퍼센트 및 교육훈련성적평정점 10퍼센트의 비율로 승진대상자명부를 작성해야 한다.
    ③ 승진대상자명부의 작성권자와 관할 승진심사위원회가 설치된 기관의 장이 다를 때에는 관할 승진심사위원회가 설치된 기관의 장이 승진대상자통합명부를 작성한다.
    ④ 승진대상자명부 및 승진대상자통합명부는 매년 1월 1일과 7월 1일을 기준으로 하여 작성한다.

17. 소방공무원의 승진심사대상에 대한 설명으로 옳지 않은 것은?

    ① 승진심사위원회는 계급별 승진심사대상자명부의 선순위자 순으로 승진임용하려는 결원의 5배수의 범위에서 승진후보자를 심사·선발한다.
    ② 승진임용예정 인원수가 10명인 경우 승진심사대상은 명부순위가 1순위부터 50순위인 사람까지이다.
    ③ 승진임용예정 인원수가 11명 이상의 승진심사대상은 승진임용예정 인원수 10명을 초과하는 1명당 3배수 + 30명이다.
    ④ 「소방공무원승진임용규정」에 따른 승진임용의 제한자 및 시험부정행위로 승진시험에 응시할 수 없는 자는 승진심사대상에서 제외한다.

18. 소방공무원의 승진시험에 대한 설명으로 옳지 않은 것은?

    ① 제1차 시험 실시일 현재 소방공무원 승진임용규정에 따른 승진소요최저근무연수에 도달하여야 하며, 승진임용의 제한을 받는 사람이 아니어야 한다.
    ② 시·도지사는 시·도 소속 소방공무원의 소방경 이하 계급으로의 승진시험을 실시한다.
    ③ 소방공무원의 승진시험은 시험실시권자가 정하는 날에 실시하되, 제1차 시험 50퍼센트, 제2차 시험성적 10퍼센트의 비율로 반영한다.
    ④ 최종합격자를 결정할 때 시험승진임용예정인원수를 초과하여 동점자가 있는 경우에는 승진대상자명부의 순위가 높은 순서에 따라 최종합격자를 결정한다.

19. 명예퇴직 공적자의 특별승진에 대한 설명으로 옳지 않은 것은?
   ① 10년 이상 근속하고 정년퇴직일 전 1년 이상의 기간 중 자진하여 퇴직하는 사람으로서 재직 중 특별한 공적이 있다고 인정되는 사람을 대상으로 한다.
   ② 소방정감 이하 계급으로의 승진이 가능하며, 해당 계급에서 행한 공적에 한정하지 않는다.
   ③ 재직기간 중 중징계 처분 또는 성희롱, 음주운전 등의 사유로 경징계처분을 받은 사실이 없어야 한다.
   ④ 명예퇴직자로 특별승진임용된 사람이 수뢰 관련 죄를 범하여 금고 이상의 형의 선고유예를 받아 명예퇴직수당을 환수하는 경우 특별승진임용을 취소해야 한다.

20. 「소방공무원복무규정」상 복무점검으로 옳지 않은 것은?
   ① 소방기관의 장은 근무기강을 확립하기 위하여 소속 소방공무원의 복무를 점검하고, 의무 위반행위의 조사·방지 등의 조치를 해야 한다.
   ② 소방청장은 소방기관(소방청을 포함한다)에 대하여 복무점검 또는 조치의 적정성을 확인하기 위해 필요한 자료의 제출을 요구할 수 있다. 다만, 소방청장은 필요하다고 인정되는 경우에는 직접 복무점검을 하거나 의무 위반행위를 조사할 수 있다.
   ③ 소방청장은 복무점검을 하거나 의무 위반행위를 조사한 경우에는 그 결과를 해당 소방기관의 장에게 통보해야 한다.
   ④ 소방청장은 제출받은 자료를 검토한 결과 또는 복무점검이나 의무 위반행위를 조사한 결과, 시정·보완 등이 필요하다고 인정되는 경우에는 그 시정 또는 보완 등 필요한 조치를 요구할 수 있다.

21. 「공무원고충처리규정」상 소방공무원 고충심사위원회의 민간위원으로 위촉할 수 없는 사람은?
   ① 법관·변호사 또는 공인노무사로 5년 근무한 사람
   ② 소방공무원으로 20년 근무하고 퇴직한 사람
   ③ 의료법에 따른 의료인
   ④ 대학에서 법학 담당 조교수 이상으로 재직 중인 사람

22. 「소방공무원 교육훈련규정」상 직장훈련계획을 수립할 때 포함할 사항으로 옳지 않은 것은?
   ① 공직가치 확립 및 정부 시책에 대한 교육
   ② 직장훈련 시간 총량 목표 및 관리에 관한 사항
   ③ 팀 단위 소방전술훈련 및 개인 직무 전문기술훈련
   ④ 직장훈련 결과에 대한 평가 및 확인

23. 「소방공무원법」의 정년에 관한 규정에서 ( ) 안에 들어갈 내용으로 옳은 것은?

   ( )은 전시, 사변, 그 밖에 이에 준하는 비상사태에서는 2년의 범위에서 ( )을 연장할 수 있다. 이 경우 ( ) 이상의 소방공무원에 대해서는 ( )의 제청으로 국무총리를 거쳐 대통령의 승인을 받아야 한다.

   ① 소방청장 - 연령정년 - 소방령 - 소방청장
   ② 소방청장 - 계급정년 - 소방령 - 행정안전부장관
   ③ 시·도지사 - 연령정년 - 소방정 - 소방청장
   ④ 소방청장 또는 시·도지사 - 계급정년 - 소방령 - 행정안전부장관

24. 소방공무원 징계령에 대한 설명으로 옳지 않은 것은?
   ① 소방공무원의 징계 등의 정도에 관한 기준은 소방청장이 정한다. 징계위원회는 징계등 사건을 의결할 때에는 징계등 혐의자의 혐의 당시 계급, 징계등 요구의 내용, 평소 행실, 공적, 뉘우치는 정도 등을 고려하여야 한다.
   ② 징계의결등 요구권자는 신속한 징계절차 진행이 필요하다고 판단되는 징계등 사건에 대하여 관할 징계위원회에 우선심사를 신청할 수 있다.
   ③ 징계의결등 요구권자는 정년(계급정년을 포함한다)이나 근무기간 만료 등으로 징계등 혐의자의 퇴직 예정일이 1개월 이내에 있는 징계등 사건에 대해서는 관할 징계위원회에 우선심사를 신청해야 한다.
   ④ 징계등 혐의자는 혐의사실을 모두 인정하는 경우 관할 징계위원회에 우선심사를 신청할 수 있다.

25. 「소방공무원 징계령」상 소방공무원 징계위원회의 구성 및 회의에 대한 설명으로 옳지 않은 것은?
   ① 소방청 징계위원회는 위원장 1명 포함 17명 이상 33명 이하의 위원으로 구성하며, 기타 징계위원회는 위원장 1명 포함 9명 이상 15명 이하의 위원으로 구성한다.
   ② 위원장은 해당 징계위원회가 설치된 기관의 장의 차순위 계급자가 된다. 다만 시·도 소방공무원 징계위원회가 설치된 기관의 장은 해당 징계위원회의 위원장을 소방준감 이상의 소방공무원 중에서 임명할 수 있다.
   ③ 회의는 위원장과 위원장이 회의마다 지정하는 4명 이상 6명 이하의 위원으로 구성하며, 민간위원이 위원장을 포함한 위원 수의 2분의 1 이상 포함되어야 한다.
   ④ 징계 사유가 성폭력범죄나 성희롱에 해당하는 징계 사건의 경우에는 피해자와 같은 성별의 위원이 위원장을 제외한 위원 수의 3분의 1 이상 포함되어야 한다.

소방법령 II

1. 「소방기본법 시행규칙」상 종합상황실 실장이 재난상황 발생시 상급기관의 종합상황실에 보고하여야 하는 사항으로 옳은 것은?
   ① 사망자가 4인이고 부상자가 6인 발생한 화재
   ② 재산피해액이 10억 원 발생한 화재
   ③ 지정수량의 2,500배인 위험물 제조소에서 발생한 화재
   ④ 항구에 매어둔 총 톤수가 950톤 선박에서 발생한 화재

2. 「소방기본법」 및 「소방기본법 시행규칙」상 소방정보통신망의 구축·운영에 대한 설명으로 옳지 않은 것은?
   ① 소방청장 및 시·도지사는 119종합상황실 등의 효율적 운영을 위하여 소방정보통신망을 구축·운영할 수 있다.
   ② 소방정보통신망의 안정적 운영을 위하여 소방정보통신망의 회선을 이중화할 수 있다. 이 경우 이중화된 각 회선은 다른 사업자로부터 제공받아야 한다.
   ③ 소방정보통신망은 회선 수, 구간별 용도 및 속도 등을 고려하여 설계·구축해야 하며, 회선을 이중화한 경우 하나의 회선에 장애가 발생하면 다른 회선으로 즉시 전환되도록 구축·운영해야 한다.
   ④ 소방청장 및 시·도지사는 소방정보통신망이 안정적으로 운영될 수 있도록 분기별 1회 이상 소방정보통신망을 주기적으로 점검·관리해야 한다.

3. 소방기본법의 소방력의 기준 및 국고보조에 관한 설명으로 옳지 않은 것은?
   ① 소방기관이 소방업무를 수행하는 데에 필요한 인력과 장비 등에 관한 기준은 행정안전부령으로 정한다.
   ② 시·도 소방본부장은 소방력의 기준에 따라 관할구역 안의 소방력 확충을 위하여 필요한 계획을 수립하여 시행하여야 한다.
   ③ 소방자동차 등 소방장비의 분류·표준화와 그 관리 등에 필요한 사항은 따로 법률로 정한다.
   ④ 국가는 소방장비의 구입 등 시·도의 소방업무에 필요한 경비의 일부를 보조한다.

4. 「소방기본법 시행규칙」상 소방용수시설별 설치기준에 대한 내용으로 옳지 않은 것은?
   ① 소화전은 상수도와 연결하여 지하식 또는 지상식의 구조로 하고, 소방용 호스와 연결하는 소화전의 연결금속구의 구경은 65밀리미터로 할 것
   ② 급수탑의 급수배관의 구경은 100밀리미터 이상으로 하고, 개폐밸브는 지상에서 1.5미터 이상 1.7미터 이하의 위치에 설치할 것
   ③ 저수조의 흡수관의 투입구가 사각형의 경우에는 한 변의 길이가 65센티미터 이상, 원형의 경우에는 지름이 65센티미터 이상일 것
   ④ 국토의 계획 및 이용에 관한 법률의 규정에 의한 주거지역·상업지역 및 공업지역에 설치하는 경우 소방대상물과의 수평거리를 100미터 이하가 되도록 할 것

5. 「소방기본법」상 자체소방대의 설치·운영 등에 대한 설명으로 옳지 않은 것은?
   ① 관계인은 화재를 진압하거나 구조·구급 활동을 하기 위하여 상설 조직체(위험물안전관리법에 따라 설치된 자체소방대를 포함한다)를 설치·운영할 수 있다.
   ② 자체소방대는 소방대가 현장에 도착한 경우 소방본부장 또는 소방서장의 지휘·통제에 따라야 한다.
   ③ 소방청장, 소방본부장 또는 소방서장은 자체소방대의 역량 향상을 위하여 행정안전부령으로 정하는 교육·훈련 등을 지원할 수 있다.
   ④ 소방청장, 소방본부장 또는 소방서장은 자체소방대에서 수립하는 교육·훈련의 계획의 지도·자문과 소방기관에서 실시하는 자체소방대의 현장실습에 관한 지원을 할 수 있다.

6. 소방신호의 종류와 방법에 대한 설명으로 옳지 않은 것은?
   ① 화재예방, 소방활동 또는 소방훈련을 위하여 사용되는 소방신호의 종류와 방법은 행정안전부령으로 정한다.
   ② 소방신호의 종류는 경계신호, 발화신호, 해제신호 및 훈련신호가 있으며, 소방신호의 방법은 그 전부 또는 일부를 함께 사용할 수 있다.
   ③ 경계신호는 화재위험경보 시 또는 소방대의 비상소집 시 발령한다.
   ④ 경계신호는 타종으로는 1타와 연2타를 반복하며, 사이렌으로는 5초 간격을 두고 30초씩 3회 발령한다.

7. 「소방기본법」 및 같은 법 시행령상 소방활동구역에 관한 내용으로 옳지 않은 것은?

① 소방활동구역의 설정권자는 소방대장이다.
② 소방활동구역 안에 있는 소방대상물의 소유자·관리자 또는 점유자와 소방대장이 소방활동을 위하여 출입을 허가한 사람은 소방활동구역에 출입할 수 있다.
③ 전기·가스·수도·통신·교통의 업무에 종사하는 사람으로서 원활한 소방활동을 위하여 필요한 사람은 소방활동구역에 출입할 수 있다.
④ 경찰공무원은 소방대가 소방활동구역에 있지 아니하거나 관할 소방서장의 요청이 있는 때에는 소방활동구역의 출입을 제한하는 조치를 할 수 있다.

8. 「소방기본법」상 벌칙에서 과태료 부과기준이 다른 것은?

① 제44조의3을 위반하여 한국소방안전원 또는 이와 유사한 명칭을 사용한 자
② 제21조 제2항을 위반하여 전용구역에 차를 주차하거나 전용구역에의 진입을 가로막는 등의 방해행위를 한 자
③ 제21조 제3항을 위반하여 소방자동차의 출동에 지장을 준 자
④ 제23조 제1항을 위반하여 소방활동구역을 출입한 사람

9. 「소방시설 설치 및 관리에 관한 법률」의 용어 정의에 대한 설명으로 옳지 않은 것은?

① "소방시설 등"이란 소화설비, 경보설비, 피난구조설비, 소화용수설비, 소화활동설비로 대통령령으로 정하는 것을 말한다.
② "화재안전성능"이란 화재를 예방하고 화재발생 시 피해를 최소화하기 위하여 소방대상물의 재료, 공간 및 설비 등에 요구되는 안전성능을 말한다.
③ "화재안전기준"에서 성능기준이란 화재안전 확보를 위하여 재료, 공간 및 설비 등에 요구되는 안전성능으로서 소방청장이 고시로 정하는 기준을 말한다.
④ "특정소방대상물"이란 건축물 등의 규모·용도 및 수용인원 등을 고려하여 소방시설을 설치하여야 하는 소방대상물로서 대통령령으로 정하는 것을 말한다.

10. 「소방시설 설치 및 관리에 관한 법률 시행령」상 특정소방대상물 중 지하구에 관한 설명이다. ( ) 안에 들어갈 내용으로 옳은 것은?

전력·통신용의 전선이나 가스·냉난방용의 배관 또는 이와 비슷한 것을 집합 수용하기 위하여 설치한 지하 인공구조물로서 사람이 점검 또는 보수를 하기 위하여 출입이 가능한 것 중 다음의 어느 하나에 해당하는 것

1) 전력 또는 통신사업용 지하 인공구조물로서 전력구(케이블 접속부가 없는 경우는 제외) 또는 통신구 방식으로 설치된 것
2) 1) 외의 지하 인공구조물로서 폭이 (ㄱ)m 이상이고 높이가 (ㄴ)m 이상이며 길이가 (ㄷ)m 이상인 것

	ㄱ	ㄴ	ㄷ
①	1.2	1.5	50
②	1.2	1.5	100
③	1.8	2	50
④	1.8	2	100

11. 「소방시설 설치 및 관리에 관한 법률 시행령」상 신축 건축물로서 성능위주설계를 해야 할 특정소방대상물의 범위로 옳지 않은 것은?

① 연면적 3만제곱미터 이상인 특정소방대상물로서 철도 및 도시철도 시설, 공항시설
② 연면적 10만제곱미터 이상인 특정소방대상물(아파트등은 제외한다)
③ 창고시설 중 연면적 10만제곱미터 이상인 것 또는 지하층의 층수가 2개 층 이상이고 지하층의 바닥면적의 합계가 3만제곱미터 이상인 것
④ 별표 2 제27호의 터널 중 수저(水底)터널 또는 길이가 5천미터 이상인 것

12. 「소방시설 설치 및 관리에 관한 법률」 및 같은 법 시행규칙상 차량용 소화기의 설치 또는 비치기준으로 옳지 않은 것은?

① 대형 이상의 특수자동차는 능력단위 2 이상인 소화기 1개 이상 또는 능력단위 1 이상인 소화기 2개 이상을 사용하기 쉬운 곳에 설치한다.
② 중형 이하의 특수자동차는 능력단위 1 이상인 소화기 1개 이상을 사용하기 쉬운 곳에 설치한다.
③ 승차정원 36인 이상 승합자동차는 능력단위 3 이상인 소화기 1개 이상 또는 능력단위 2 이상인 소화기 1개 이상을 설치한다.
④ 승용자동차와 경형승용자동차는 능력단위 1 이상의 소화기 1개 이상을 사용하기 쉬운 곳에 설치 또는 비치한다.

[제2회] 법령 II

13. 「소방시설 설치 및 관리에 관한 법령」에서 연소우려가 있는 건축물의 구조에 대한 설명으로 ( )에 들어갈 말은?

> 연소(延燒) 우려가 있는 구조란 ( )의 건축물 현황도에 표시된 대지경계선 안에 ( )이상의 건축물이 있는 경우로서 각각의 건축물이 다른 건축물의 ( )으로부터 수평거리가 1층의 경우에는 ( )미터 이하, 2층 이상의 층의 경우에는 ( )미터 이하이고 개구부가 다른 건축물을 향하여 설치되어 있는 구조를 말한다.

① 등기부등본, 둘 기둥, 10, 6
② 등기부등본, 셋, 내벽, 10, 6
③ 건축물대장, 둘, 외벽, 6, 10
④ 건축물대장, 셋, 외벽, 6, 10

14. 다음 중 임시소방시설을 설치하여야 하는 공사와 임시소방시설의 설치기준으로 옳은 것은?

① 관계인은 특정소방대상물의 신축·증축 등을 위한 공사 현장에서 화재위험작업을 하기 전에 설치 및 철거가 쉬운 화재대비시설을 설치하고 관리하여야 한다.
② 옥내소화전이 설치된 특정소방대상물의 용도변경을 위한 내부 인테리어 변경공사를 시공하는 자는 간이소화장치를 설치해야만 한다.
③ 지하층 또는 무창층으로서 바닥면적 100㎡의 증축 작업현장에는 비상경보장치, 가스누설경보기, 간이피난유도선 및 비상조명등을 설치해야 한다.
④ 간이소화장치, 비상경보장치 및 간이피난유도선은 소방청장이 정하는 성능을 갖추어야 한다.

15. 「소방시설 설치 및 관리에 관한 법률 시행규칙」상 소방시설등의 자체점검에서 점검인력의 배치기준으로 옳은 것은?

① 소방안전관리자로 선임된 소방시설관리사 및 소방기술사가 점검하는 경우 주된 점검인력인 소방시설관리사 또는 소방기술사 중 1명과 보조 점검인력 2명을 점검인력 1단위로 하되, 점검인력 1단위에 2명 이내의 보조점검인력을 추가할 수 있다.
② 점검인력 1단위가 하루 동안 점검할 수 있는 특정소방대상물의 연면적(점검한도 면적)은 종합점검은 10,000㎡, 작동점검은 12,000㎡이다.
③ 점검인력 1단위에 보조 기술인력을 1명씩 추가할 때마다 종합점검의 경우에는 3,000㎡, 작동점검의 경우에는 3,500㎡씩을 점검한도 면적에 더한다.
④ 점검인력 1단위가 하루 동안 점검할 수 있는 아파트등의 세대수(점검한도 세대수)는 종합점검 및 작동점검에 관계없이 300세대이다.

16. 「소방시설 설치 및 관리에 관한 법률」상 시·도지사는 관리업자에 대하여 영업정지처분을 갈음하여 과징금을 부과할 수 있다. 다음 중 소방시설관리업자에 대하여 과징금을 부과할 수 없는 경우는?

① 점검능력을 평가받지 않고 자체점검한 행위로 1차 위반
② 관리업의 등록기준에 미달한 경우 1차 위반
③ 소방시설의 자체검검을 거짓으로 한 행위로 2차 위반
④ 소방시설의 자체점검을 하지 아니한 행위로 2차 위반

17. 「소방시설 설치 및 관리에 관한 법률」에서 과태료 부과 대상으로 옳지 않은 것은?

① 제16조 제1항을 위반하여 피난시설, 방화구획 또는 방화시설의 폐쇄·훼손·변경 등의 행위를 한 자
② 제24조제1항을 위반하여 점검기록표를 기록하지 아니하거나 특정소방대상물의 출입자가 쉽게 볼 수 있는 장소에 게시하지 아니한 관계인
③ 제52조 제1항에 따른 명령을 위반하여 보고 또는 자료제출을 하지 아니하거나 정당한 사유 없이 관계 공무원의 출입 또는 검사를 거부·방해 또는 기피한 자
④ 제23조 제1항 및 제2항을 위반하여 자체점검 결과 필요한 조치를 하지 아니한 관계인

18. 화재의 예방 및 안전관리 기본계획 등에 대한 설명으로 옳지 않은 것은?

① 소방청장은 화재의 예방 및 안전관리에 관한 기본계획을 계획 시행 전년도 8월 31일까지 관계 중앙행정기관의 장과 협의한 후 계획 시행 전년도 9월 30일까지 수립해야 한다.
② 소방청장은 시행계획을 시행 전년도 10월 31일까지 수립하여야 하며, 기본계획 및 시행계획을 계획 시행 전년도 11월 30일까지 관계 중앙행정관의 장과 시·도지사에 통보해야 한다.
③ 관계 중앙행정기관의 장 및 시·도지사는 세부시행계획을 수립하여 계획 시행 전년도 12월 31일까지 소방청장에게 통보해야 한다.
④ 화재의 예방 및 안전관리에 관한 기본계획, 시행계획 및 세부 시행계획 등의 수립·시행에 관하여 필요한 사항은 대통령령으로 정한다.

19. 화재예방법령상 화재안전조사에 대한 설명으로 옳지 않은 것은?
   ① 화재가 자주 발생한 곳에 대한 조사가 필요하거나 자체점검 또는 화재예방안전진단이 불성실하거나 불완전하다고 인정되는 경우 화재안전조사를 실시할 수 있다.
   ② 개인의 주거(실제 주거용도로 사용되는 경우에 한정)에 대한 화재안전조사는 관계인의 승낙이 있거나 화재발생의 우려가 뚜렷하여 긴급한 필요가 있는 때에 한정한다.
   ③ 화재안전조사의 항목에는 화재의 예방조치 상황, 소방시설 등의 관리 상황 및 소방대상물의 화재 등의 발생 위험과 관련된 사항이 포함되어야 한다.
   ④ 소방관서장은 화재안전조사를 실시하려는 경우 사전에 관계인에게 조사대상 등을 서면으로 통지하여야 한다.

20. 「화재의 예방 및 안전관리에 관한 법령」에서 불을 사용하는 설비의 설치 및 관리기준에 대한 설명으로 옳지 않은 것은?
   ① 고체연료 보일러의 경우 고체연료는 보일러 본체와 수평거리 1미터 이상 간격을 두어 보관하거나 불연재료로 된 별도의 구획된 공간에 보관하여야 한다.
   ② 보일러, 난로, 건조설비, 불꽃을 사용하는 용접·용단기구 및 노·화덕설비가 설치된 장소에는 소화기 1개 이상을 갖추어 두어야 한다.
   ③ 노 또는 화덕의 주위에는 녹는 물질이 확산되지 아니하도록 높이 0.1미터 이상의 턱을 설치해야 한다.
   ④ 용접 또는 용단 작업장 주변 반경 5미터 이내에 소화기를 갖추어 두어야 한다.

21. 「화재의 예방 및 안전관리에 관한 법률」상 화재예방강화지구의 지정에 대한 설명으로 옳지 않은 것은?
   ① 시·도지사는 노후·불량건축물이 밀집한 지역과 물류단지를 화재예방강화지구로 지정하여 관리할 수 있다.
   ② 시·도지사가 화재예방강화지구로 지정할 필요가 있는 지역을 화재예방강화지구로 지정하지 아니하는 경우 소방관서장은 해당 시·도지사에게 해당 지역의 화재예방강화지구 지정을 요청할 수 있다.
   ③ 소방관서장은 화재예방지구 안의 소방대상물의 위치·구조 및 설비 등에 대하여 연 1회 이상 화재안전조사를 하여야 한다.
   ④ 소방관서장은 화재안전조사를 한 결과 화재의 예방강화를 위하여 필요하다고 인정할 때에는 관계인에게 소방설비의 설치(보수, 보강 포함)를 명할 수 있다.

22. 「화재의 예방 및 안전관리에 관한 법률」및 같은 법 시행령상 소방안전관리업무의 전담이 필요한 소방안전관리대상물에 해당하지 않은 것은?(단, 다른 법령에 특별한 규정이 있는 경우는 제외)
   ① 지상 60층인 아파트
   ② 지하 3층, 지상 12층인 백화점
   ③ 연면적 11만 제곱미터인 국제공항
   ④ 가연성 가스 1백톤을 저장·취급하는 공장

23. 소방안전관리대상물에 대한 설명으로 옳지 않은 것은?
   ① 지하층 포함 50층 이상이거나 지상으로부터 높이가 200미터 이상인 아파트는 특급 소방안전관리대상물이다.
   ② 소방공무원으로 9년간 근무한 경력이 있는 사람은 가연성 가스를 1천톤 이상 저장·취급하는 시설의 소방안전관리자가 될 수 있다.
   ③ 특급 및 1급 소방안전관리대상물은 동·식물원, 철강 등 불연성 물품을 저장·취급하는 창고, 위험물제조소 등과 지하구를 제외한다.
   ④ 옥내소화전설비, 스프링클러설비 또는 물분무등소화설비를 설치하는 특정소방대상물은 2급 소방안전관리대상물이다.

24. 「화재의 예방 및 안전관리에 관한 법률 시행규칙」상 소방안전관리자 실무교육 등에 대한 설명으로 옳지 않은 것은?
   ① 소방청장은 강습·실무교육의 대상·일정·횟수 등을 포함한 교육의 실시 계획을 매년 수립·시행해야 한다.
   ② 소방청장은 강습교육을 실시하려는 경우에는 교육 실시 20일 전까지 일시·장소, 교육 실시에 필요한 사항을 인터넷 홈페이지에 공고해야 한다.
   ③ 소방안전관리자는 그 선임된 날부터 3개월 이내에 실무교육을 받아야 하며, 그 후에는 2년마다 1회 이상 실무교육을 받아야 한다.
   ④ 소방청장은 해당 연도의 실무교육이 끝난 날부터 30일 이내에 그 결과를 소방본부장 또는 소방서장에게 통보해야 한다.

25. 「화재의 예방 및 안전관리에 관한 법률」상 소방안전 특별관리를 하여야 하는 소방안전 특별관리시설물이 아닌 것은?
   ① 지하구 중 공동구
   ② 「영화 및 비디오물의 진흥에 관한 법률」제2조제10호의 영화상영관 중 수용인원 1천명 이상인 영화상영관
   ③ 「물류시설의 개발 및 운영에 관한 법률」제2조제5호의2에 따른 물류창고로서 연면적 10만제곱미터 이상인 것
   ④ 「문화유산의 보존 및 활용에 관한 법률」제2조제3항의 지정문화유산 및 「자연유산의 보존 및 활용에 관한 법률」제2조제5호에 따른 천연기념물등인 시설

소방전술

1. 다음 중 사다리를 활용한 주수요령으로 옳지 않은 것은?
   ① 사다리 설치각도는 75도 이하로 한다.
   ② 방수자세는 한쪽 발을 2단 밑의 가로대에 걸어 양손을 사용할 수 있도록 한다.
   ③ 어깨거는 방법은 전개형 분무관창의 직사주수로 0.25Mpa가 한도지만 허리대는 방법은 관창을 로프로 창틀, 사다리 끝(선단)에 결속하면 0.5~1Mpa까지 방수할 수 있다.
   ④ 배기구의 경우는 직사주수로, 급기구의 경우는 직사주수 또는 분무주수를 한다.

2. 클러치와 변속기(밋션) 중간에 설치되어 엔진 동력을 인출하여 펌프 등에 전달하는 장치는?
   ① 차동기어장치
   ② 역류방지밸브
   ③ 솔레노이드밸브
   ④ 동력인출장치(P.T.O)

3. 철근콘크리트조의 벽 파괴에 대한 내용으로 옳지 않은 것은?
   ① 파괴하고자 하는 벽체에 착암기로 구멍을 여러 개 뚫는다.
   ② 굵기 6mm 이하의 철근은 동력절단기, 가스절단기로 절단한다.
   ③ 관통시킨 구멍과 중간을 해머로 강타하여 구멍을 크게 확보한다.
   ④ 철근이 노출되어 있거나 해머를 유효하게 사용할 수 있는 경우는 착암기 또는 정을 병행하여 구멍을 크게 확보한다.

4. RI(방사성 동위원소)시설 화재 시 내용으로 옳지 않은 것은?
   ① 배치위치는 풍상, 높은 장소로 한다.
   ② 활동은 필요최소한도로, 위험구역 내의 진입시간을 차단한다.
   ③ 소방활동은 인명구조 및 대원 개개의 피폭방지를 최우선으로 실시한다.
   ④ 시설 관계자를 확보하고, RI장비를 구비한 중앙119구조본부를 활용한다.

5. 재해예방대책에서 대책선정의 원칙 중 관리적 대책에 해당되지 않은 것은?
   ① 적합한 기준 설정
   ② 전 작업자의 기준이해
   ③ 설비의 개선, 행정의 개선
   ④ 관리자 및 지휘자의 솔선수범

6. 다음 중 연결송수관설비 송수요령에 대하여 옳지 않은 것은?
   ① 수량이 풍부한 소방용수에 펌프차가 부서한 다음 송수구로 송수한다.
   ② 송수는 단독 펌프차대의 2구 송수로 하고 소방용수가 먼 경우에는 중계대형으로 한다.
   ③ 송수계통이 2 이상일 때는 연합송수가 되므로 송수구 부분의 송수압력이 같아지도록 펌프를 운용한다.
   ④ 뒤에서 송수하는 펌프차대는 약 10% 정도 높은 압력으로 송수한다.

7. 방사선 외부피복 방호의 3대 원칙으로 옳은 것은?
   ① 격리 ② 거리 ③ 희석 ④ 차단

8. 현장도착 소방용수 배치에서 소화전 이외의 소방용수로부터 흡수하는 방법으로 옳지 않은 것은?
   ① 흡수관은 저수조의 경우 최저부까지 넣는다.
   ② 연못 등에서는 흡수관의 스트레이너는 적당한 길이로 투입한다.
   ③ 수심이 얕은 흐르는 물의 경우 스트레이너를 물이 흐르는 방향으로 투입한다.
   ④ 수심이 얕은 경우는 물의 흐름을 막아 수심을 확보하고 스트레이너가 떠오르지 않도록 유의한다.

9. 화재의 특수현상과 대처법에서 백드래프트 대응전술의 내용으로 옳지 않은 것은?
   ① 배연작업 전에 창문이나 문을 통한 배연 또는 진입을 시도해서는 안 된다.
   ② 출입구 개방 즉시 방수함으로써 폭발 직전의 기류를 급냉시키는 방법이 있다.
   ③ 적절한 내부 공격시점은 지붕에 개구부를 만들어 배연작업 전에 이루어져야 한다.
   ④ 하지만 불가피하게 개방을 해야 한다면 최대한 서서히 개방하도록 하고 급속한 연소현상에 대비하여 낮은 자세를 유지한다.

10. 다음 중 출동로 선정원칙으로 옳지 않은 것은?
    ① 주행하기 쉬운 도로일 것
    ② 출동순로 가까운 곳에 소방용수가 있을 것
    ③ 화재현장까지 가장 가까운 도로일 것
    ④ 배치 위치는 선착대에 장해가 되지 않는 위치로 할 것

11. 문제 상황에 효과적으로 대응하기 위한 기본방침(계획)으로 주로 최상위 현장조직(또는 지휘관)단위에서 적용되는 전략의 유형으로 옳지 않은 것은?
    ① 공격적 작전
    ② 한계적 작전
    ③ 중점적 작전
    ④ 방어적 작전

12. 다음 중 항공기 화재의 특성에 대한 내용으로 옳지 않은 것은?
    ① 연료탱크가 주날개 안에 있으나 꼬리날개 부근이 화재의 중심이 된다.
    ② 화재 후 단시간에 알루미늄합금 등이 연소하여 외판 등의 금속부분이 녹는다.
    ③ 시가지에 추락해 출화한 경우는 지상건물로의 연소확대도 생기고 대재해로 변한다.
    ④ 연료탱크에 손상이 없고 액체의 일부가 연소 시 비교적 완만하고 연소속도도 느리다.

13. 다음 중 지휘대 요청사항으로 옳지 않은 것은?
    ① 경계구역 설정이 필요하다고 판단되는 경우
    ② 구급대를 1대 이상 필요로 하는 경우
    ③ 사고양상이 특이하고 고도의 판단을 필요로 하는 경우
    ④ 사고양상이 2개대 이상의 구조대의 대처를 필요로 하는 경우

14. 구조활동 초기대응 절차(LAST)로써 그 순서가 옳은 것은?
    ① 접근 - 현장확인 - 상황의 안정화 - 후송 순
    ② 현장확인 - 접근 - 상황의 안정화 - 후송 순
    ③ 상황의 안정화 - 현장확인 - 접근 - 후송 순
    ④ 현장확인 - 상황의 안정화 - 접근 - 후송 순

15. 다음 중 구조활동 상황기록 작성으로 옳은 것은?
    ① 구조차에 설치되어 있는 이동단말기로 구조활동일지를 작성할 수 있다.
    ② 구조활동 상황기록은 소속 소방관서에 2년간 보관하여야 한다.
    ③ 구조대원의 근무 중에 감염성 질병에 걸린 구조대상자와 접촉한 경우에는 그 사실을 안 때부터 24시간 이내에 소방청장 등에게 보고하여야 한다.
    ④ '감염성 질병·유해물질 등 접촉보고서' 및 유해물질 등 접촉관련 '진료 기록부' 등은 소속 소방관서에 2년간 보관하여야 한다.

16. 건물에 가해지는 충격에 의하여 한쪽 벽판이나 지붕 조립부분이 무너져 내리고 다른 한 쪽은 원형을 그대로 유지하고 있는 형태의 붕괴는?
    ① 경사형 붕괴
    ② 캔틸레버형 붕괴
    ③ V자형 붕괴
    ④ 팬케이크형 붕괴

17. 다음 중 엘리베이터 구조에서 '승강로'에 해당하지 않은 것은?
    ① 레일   ② 위치표시기   ③ 균형추   ④ 이동케이블

18. 시야가 좋고 탐색면적이 넓을 때 줄을 이용한 수중탐색 방법은?
   ① U자 탐색
   ② 소용돌이 탐색
   ③ 왕복 탐색
   ④ 등고선 탐색

19. 자동차 사고 시 구조차량 주차와 관련하여 직선도로인 경우 제한속도 90km/h인 도로에서 사고가 발생한 경우 사고지점의 후방 ( ) 정도에 구조차량이 주차하고 후방으로 ( ) 이상 유도표지를 설치한다. ( )안에 내용으로 옳은 것은?
   ① 10m, 50m
   ② 10m, 80m
   ③ 15m, 90m
   ④ 15m, 100m

20. 다음 중 구급대원이 환자에게 고시되어야 할 중요한 내용으로 옳지 않은 것은?
   ① 응급검사 및 응급처치의 내용
   ② 환자에게 발생하거나 발생 가능한 진단명
   ③ 응급의료를 받을 경우의 예상결과 또는 예후
   ④ 기타 응급환자가 설명을 요구하는 사항 등

21. 다음 중 잠복기가 2~6주에 해당하는 것은?
   ① 결핵
   ② 수두
   ③ 풍진
   ④ 뇌수막염(세균성)

22. 다음 중 호흡기계 생리학 내용으로 옳지 않은 것은?
   ① 호흡의 주요 근육은 가로막, 갈비사이근육으로 되어 있다.
   ② 들숨은 능동적 과정으로 가로막과 갈비사이근의 수축으로 이루어진다. 두 근육이 수축하면 가로막은 아래로 내려가고 갈비뼈는 위와 밖으로 팽창한다.
   ③ 날숨은 수동적인 과정으로 가로막과 갈비사이근의 이완으로 나타난다. 두 근육이 이완되면 가로막은 올라가고 갈비뼈는 아래로 내려오면서 팽창한다.
   ④ 허파꽈리와 주위 모세혈관 사이에서는 가스교환이 이루어진다.

23. 다음 중 자동심장충격기 사용법으로 가장 옳은 것은?
   ① 환자의 무의식, 무호흡 및 무맥박을 확인한다.(도움요청 제외)
   ② 제세동 시행한 후 5분간 심폐소생술 실시한다.
   ③ 5분마다 제세동이 재분석 한다.
   ④ 심실세동 및 무맥성 심실빈맥 외에는 제세동하지 않도록 도안된 장비이다.

24. 비응급이동에서 척추손상이 없는 환자에게만 할 수 있는 이동방법은?
   ① 시트 끌기
   ② 직접들어올리기
   ③ 앙와위 환자이동
   ④ 간접들어올리기

25. 위험물질에 대한 처치 단계에서 "최초반응자" 처치방법으로 옳은 것은?
   ① 위험물의 위험성을 인지하고 알리며 필요하다면 지원을 요청한다.
   ② 위험물로부터 사람과 재산을 보호한다.
   ③ 위험물로부터 안전한 거리에 위치한다.
   ④ 위험물의 유출을 막거나 봉합, 정지시킨다.

소방법령 I

1. 「소방공무원 임용령」상 임용권의 위임에 관한 내용에서 옳지 않은 것은?
   ① 시·도지사는 소속 소방령 이하의 해당 기관 안에서의 전보권을 서울소방학교·경기소방학교 및 서울종합방재센터의 장에게 위임한다.
   ② 시·도지사는 소속 소방경 이하의 해당 기관 안에서의 전보권을 서울 및 경기소방학교 외 소방학교장·소방서장·119특수대응단장·소방체험관장에게 위임한다.
   ③ 시·도지사는 소속 소방위 이하 소방공무원에 대한 휴직·직위해제·정직 및 복직에 관한 권한을 소속기관의 장에게 위임한다.
   ④ 소방청장은 시·도 소속 소방경 이하 소방공무원에 대한 임용권을 시·도지사에게 위임한다. 다만 인사행정 운영상 필요한 때에는 임용권을 직접 행사할 수 있다.

2. 「소방공무원 임용령」상 소방공무원의 임용시기에 대한 설명 중 옳지 않은 것은?
   ① 소방공무원은 임용장 또는 임용통지서에 기재된 일자에 임용된 것으로 본다.
   ② 사망으로 인한 면직은 사망일의 전날에 면직된 것으로 본다.
   ③ 임용일자는 그 임용장 또는 임용통지서가 피임용자에게 송달되는 기간 및 사무인계에 필요한 기간을 참작하여 정하여야 한다.
   ④ 순직자 특별승진에서 퇴직 후 사망한 경우에는 퇴직일의 전날을 임용일자로 하여 임용한다.

3. 소방공무원인사위원회에 대한 설명으로 옳지 않은 것은?
   ① 인사위원회는 위원장을 포함한 5명 이상 7명 이하의 위원으로 구성한다.
   ② 위원장은 소방청에 있어서는 소방청 차장이, 시·도에 있어서는 소방본부장이 되며, 위원은 소속 소방정 이상의 소방공무원 중에서 임명한다.
   ③ 인사위원회가 설치된 기관의 장이 회의를 소집하며, 회의는 재적 위원 3분의 2 이상의 출석과 출석위원의 과반수의 찬성으로 의결한다.
   ④ 임용령에 규정된 것 외에 위원회의 운영에 관하여 필요한 사항은 위원회의 의결을 거쳐 위원장이 정한다.

4. 「소방공무원 임용령」상 소방공무원의 채용시험에 대한 설명으로 옳지 않은 것은?
   ① 시험실시권자는 소방공무원 공개경쟁채용시험을 실시하고자 할 때에는 임용예정계급, 응시자격, 시험과목에 관한 사항을 시험실시 20일 전까지 공고해야 한다.
   ② 소방위 채용시험의 출제수준은 전문적 능력·지식을 검정할 수 있는 정도로 한다.
   ③ 공개경쟁채용시험의 합격자를 결정할 때 선발예정인원을 초과하여 동점자가 있는 경우에는 그 선발예정인원에 불구하고 모두 합격자로 한다.
   ④ 종전의 재직기관에서 감봉 이상의 징계처분을 받은 사람(처분의 기록이 말소된 사람은 제외한다)은 경력경쟁채용 등을 할 수 없다.

5. 소방업무에 경험이 있는 의용소방대원을 경력경쟁채용하기 위한 요건으로 적절하지 못한 것은?
   ① 해당 지역에서 이미 5년 이상 의용소방대원으로 계속하여 근무하고 있어야 한다.
   ② 소방서·119지역대 또는 119안전센터가 처음 설치된 날로부터 1년 이내에 그 지역의 소방사 계급의 소방공무원으로 임용하는 경우로 한정한다.
   ③ 경력경쟁채용 등을 할 수 있는 인원은 처음으로 설치되는 소방서·119지역대 또는 119안전센터의 공무원의 정원 중 소방사 정원의 3분의 1 이내로 한다.
   ④ 시험방법으로 신체검사와 서류전형·종합적성검사, 면접시험, 체력시험을 실시하며 필기시험은 제외한다.

6. 「소방공무원 임용령」상 경력경쟁채용시험의 최종합격자 결정에서 시험별 반영비율로 옳지 않은 것은?
   ① 체력시험과 면접시험을 실시하는 경우 : 체력시험성적 15퍼센트 및 면접시험성적 85퍼센트의 비율로 합산한 성적
   ② 필기시험과 면접시험을 실시하는 경우 : 필기시험성적 75퍼센트, 면접시험성적 25퍼센트의 비율로 합산한 성적
   ③ 필기시험·체력시험 및 면접시험을 실시하는 경우 : 필기시험성적 50퍼센트, 체력시험성적 25퍼센트 및 면접시험성적 25퍼센트의 비율로 합산한 성적
   ④ 필기·체력·실기 및 면접시험을 실시하는 경우 : 필기시험성적 30퍼센트, 체력시험성적 15퍼센트, 실기시험성적 30퍼센트 및 면접시험성적 25퍼센트의 비율로 합산한 성적

7. 「소방공무원법」 및 「소방공무원 임용령」상 시보임용에 대한 설명으로 옳지 않은 것은?
   ① 휴직기간·직위해제기간 및 징계에 의한 정직처분 또는 감봉처분기간은 시보임용기간에 포함하지 않는다.
   ② 소방공무원으로서 상위계급에의 승진에 필요한 자격요건을 갖춘 자가 승진예정계급에 해당하는 계급의 공개경쟁채용시험에 합격하여 임용되는 경우에는 시보임용을 면제한다.
   ③ 정규의 소방공무원이었던 자가 퇴직 당시의 계급보다 상위계급으로 임용되는 경우에는 시보임용을 면제한다.
   ④ 교육을 받은 시보임용예정자에 대하여는 예산의 범위 안에서 임용예정계급의 1호봉에 해당하는 봉급의 80퍼센트에 상당하는 금액 등을 지급할 수 있다.

8. 「소방공무원 임용령」상 초임소방공무원의 보직관리의 원칙과 거리가 먼 것은?
   ① 신규채용을 통해 소방사로 임용된 사람은 최하급 소방기관의 외근부서에 보직하여야 한다.
   ② 소방간부후보생을 소방위로 임용할 때에는 최하급 소방기관에 보직하여야 한다.
   ③ 경력경쟁채용시험등을 통하여 채용된 소방공무원을 처음 임용하는 경우에는 시험실시 당시의 임용예정 직위 외의 직위에 임용할 수 없다.
   ④ 위탁교육훈련을 받은 소방공무원의 최초 보직은 소방공무원 교육훈련기관의 교수요원으로 보직하여야 한다. 다만, 교수요원으로 보직할 수 없거나 곤란한 경우에는 그 교육훈련내용과 관련되는 직위에 보직하여야 한다.

9. 「소방공무원 임용령」상 소방공무원을 파견할 때 파견 받을 기관장의 요청이 필요 없는 것은?
   ① 다른 기관의 업무폭주로 인한 행정지원의 경우
   ② 공무원교육훈련기관의 교수요원으로 선발되거나 교육훈련 관련 업무수행을 위하여 필요한 경우
   ③ 관련기관간의 긴밀한 협조가 필요한 특수업무를 공동수행하기 위하여 필요한 경우
   ④ 국제기구, 외국의 정부 또는 연구기관에서의 업무수행 및 능력개발을 위하여 필요한 경우

10. 「소방공무원 임용령」상 소방공무원의 별도정원이 인정되는 경우가 아닌 것은?
    ① 1년 이상 소방공무원이 파견되는 경우
    ② 시·도지사가 소속 소방령 이하의 소방공무원을 대상으로 훈련기간이 6개월 이상인 국내 위탁교육훈련을 수립·시행에 따라 결원보충이 필요한 경우
    ③ 정년 잔여기간이 1년 이내에 있는 자의 사회적응능력배양을 위한 연수(계급정년해당자는 본인의 신청이 있는 경우에 한한다)
    ④ 출산휴가와 연속되는 육아휴직을 명하는 경우로서 육아휴직을 명한 이후의 출산휴가기간과 육아휴직기간을 합하여 6개월 이상인 경우

11. 소방공무원의 인사교류에 대한 설명으로 옳은 것은?
    ① 인사교류의 인원(연고지배치 인원은 제외)은 필요한 최소한으로 하되, 소방청장이 시·도 간 교류인원을 정할 때에는 미리 해당 시·도지사의 의견을 들어야 한다.
    ② 소방청장이 인사교류계획 수립시 시·도지사로부터 교류대상자의 추천이 있거나 해당 시·도로 전입요청이 있는 경우 이를 최대한 반영하여야 한다.
    ③ 소방청장 또는 시·도지사는 소방인력 관리를 위하여 필요한 경우에는 소방청과 시·도 간 및 시·도 상호 간의 인사교류를 제한할 수 있다.
    ④ 소방청과 시·도 간 및 시·도 상호간에 인사교류를 하는 경우에는 인사교류 대상자 본인의 동의나 신청이 있어야 한다.

12. 「소방공무원 임용령 시행규칙」상 인사기록의 보관과 이관에 대한 설명으로 옳지 않은 것은?
    ① 초임보직 소방기관이 소방청 또는 소방청의 소속기관인 경우 소방청장 또는 소방청 소속기관의 장이 인사기록을 보관한다.
    ② 초임보직 소방기관이 지방소방학교인 경우 지방소방학교장이 인사기록을 보관한다.
    ③ 인사기록을 이관할 때 소방공무원 인사기록카드는 표준인사관리시스템을 통해 송부해야 한다.
    ④ 최근 3년간(소방위 이하의 소방공무원인 경우에는 최근 2년간)의 근무성적평정표 및 경력·교육훈련성적·가점 평정표 사본(전자문서를 포함한다)을 신소속 인사기록관리자에게 지체없이 송부해야 한다.

13. 「소방공무원 승진임용규정」상 소방공무원 승진소요최저근무연수에 대한 설명으로 옳지 않은 것은?
   ① 소방위 계급과 소방장 계급의 승진소요최저근무연수는 2년이다.
   ② 휴직·징계처분·직위해제기간 및 승진임용제한기간은 승진소요최저근무연수에 포함하지 아니한다.
   ③ 국외유학으로 인한 휴직은 50퍼센트에 해당하는 기간을 승진소요최저근무연수에 포함한다.
   ④ 소방공무원의 승진소요최저근무연수는 시험승진에 있어서는 제1차 시험일의 전일을, 심사승진에 있어서는 승진심사 실시일의 전일을 기준으로 계산한다.

14. 「소방공무원 승진임용규정」상 근무성적평정의 예외에 대한 설명으로 옳지 않은 것은?
   ① 소방공무원이 휴직, 직위해제나 그 밖의 사유로 근무성적평정 대상기간 중 실제 근무기간이 1개월 미만인 경우에는 근무평정을 하지 아니한다.
   ② 소방공무원이 6월 이상 국가기관·지방자치단체에 파견 근무하는 경우에는 파견받은 기관의 의견을 참작하여 근무성적을 평정하여야 한다.
   ③ 평정기관을 달리하는 기관으로 전보된 후 1개월 이내에 평정을 실시할 때에는 전출기관에서 근무평정을 실시하여 송부하여야 하며, 전입기관에서는 송부된 평정결과를 참작하여 평정하여야 한다.
   ④ 정기평정이후에 신규채용 또는 승진임용된 소방공무원에 대하여는 3월이 경과한 후의 최초의 정기평정일에 평정하여야 한다.

15. 「소방공무원 승진임용규정 시행규칙」상 소방공무원에 대한 근무성적의 제1차 평정자와 제2차 평정자로 옳지 않은 것은?
   ① 소방청의 관·국 외 소속 소방정 - 소속 과장, 차장
   ② 중앙소방학교 소속 소방령 및 소방경 - 중앙소방학교장, 차장
   ③ 국립소방연구원 소속 소방령 및 소방경 - 국립소방연구원장, 차장
   ④ 시·도 소방본부 소속 소방령 - 소속 과장, 시·도 소방본부장

16. 「소방공무원 승진임용규정」 및 「소방공무원 승진임용규정 시행규칙」상 소방공무원 교육훈련성적평정에 관한 설명으로 옳지 않은 것은?
   ① 소방정 이하 소방공무원을 대상으로 연 2회 실시하되 매년 3월 31일과 9월 30일을 기준으로 한다.
   ② 소방위 계급의 교육훈련성적평정은 관리역량교육성적, 전문교육성적, 직장훈련성적 및 체력검정성적을 평정하며, 체력검정성적의 평점이 5점으로 가장 높다.
   ③ 소방정의 소방정책관리자교육성적 평정점은 10점, 소방령·소방경의 관리역량교육성적의 평정점은 3점이다.
   ④ 전문교육성적은 소방공무원 교육훈련기관에서 행하는 신임교육 및 전문교육 과정, 직무관련 교육과정 및 사이버교육 등의 과정을 수료한 자에게 부여하는 총 3점 이하의 평정점을 말한다.

17. 「소방공무원 승진임용규정」상 소방공무원 승진대상자명부의 작성권자에 대한 설명으로 옳지 않은 것은?
   ① 소방청장은 국립소방연구원 소속 소방령 이상의 소방공무원과 소방정인 지방소방학교장 등에 대한 승진대상자명부를 작성한다.
   ② 중앙소방학교학교장 및 중앙119구조본부장은 소속 소방경 이하 소방공무원의 승진대상자명부를 작성한다.
   ③ 시·도지사는 소속 소방공무원 및 시·도 소속기관 소속 소방경 이상 소방공무원에 대한 승진대상자명부를 작성한다.
   ④ 지방소방학교장, 서울종합방재센터장, 소방서장, 119특수대응단장 및 소방체험관장은 소속 소방위 이하의 소방공무원의 승진대상자명부를 작성한다.

18. 「소방공무원 승진임용규정」 및 「소방공무원 승진임용규정 시행규칙」상 승진대상자명부의 조정에 대한 설명으로 옳지 않은 것은?
   ① 승진대상자명부의 조정은 승진심사 또는 승진시험을 실시하는 날의 전일까지 할 수 있다.
   ② 승진대상자명부 조정일전까지 조정사유가 확인된 경우에 한하여 실시한다.
   ③ 승진임용제한사유 또는 승진심사대상 제외사유가 발생한 경우 승진대상자명부에서 삭제하고, 승진제외자명부에 추가하며, 그 사유를 해당 서식의 비고란에 적는다.
   ④ 경력평정 또는 교육훈련성적을 재평정한 경우에는 승진대상자명부의 비고란에 정정사유를 붉은 글자로 기재한다.

19. 소방공무원법령의 각종 위원회의 구성(위원장 포함)으로 옳지 않은 것은?
   ① 소방공무원인사위원회 – 5명 이상 7명 이하의 위원
   ② 중앙승진심사위원회 – 5명 이상 7명 이하의 위원
   ③ 보통승진심사위원회 – 7명 이상 9명 이하의 위원
   ④ 소방청 소방공무원징계위원회 – 17명 이상 33명 이하의 위원

20. 「소방공무원 승진임용규정」상 특별승진에 대한 설명으로 옳지 않은 것은?
   ① 순직자 특별승진, 명예퇴직유공자 및 직무수행능력 탁월·포상 유공자의 특별승진의 경우에는 승진소요최저근무연수의 규정을 적용하지 아니한다.
   ② 직무수행능력이 탁월하여 소방행정발전에 지대한 공헌실적이 있다고 임용권자가 인정한 사람과 인사혁신처장이 정하는 장관 이상의 포상을 받은 사람은 소방령 이하의 계급으로 승진시킬 수 있다.
   ③ 창안등급에서 동상 이상을 받은 사람으로서 소방행정발전에 기여한 실적이 뚜렷한 사람은 해당 계급에서 행한 공적에 한정하여 소방령 이하의 계급으로 승진시킬 수 있다.
   ④ 20년 이상 근속하고 정년퇴직일 전 1년 이상의 기간 중 자진하여 퇴직하는 사람으로서 재직 중 특별한 공적이 있는 사람은 소방정감 이하로 승진할 수 있다.

21. 화재진압 또는 구조구급활동을 할 때 소방공무원을 지휘·감독하는 자로서 아래 소방공무원법 제22조를 위반하여 정당한 이유 없이 그 직무수행을 거부 또는 유기하거나 소방공무원을 지정된 근무지에서 진출·후퇴 또는 이탈하게 한 경우의 벌칙은?

   화재 진압 또는 구조·구급 활동을 할 때 소방공무원을 지휘·감독하는 사람은 정당한 이유 없이 그 직무수행을 거부 또는 유기하거나 소방공무원을 지정된 근무지에서 진출·후퇴 또는 이탈하게 하여서는 아니 된다.(소방공무원법 제22조)

   ① 5년 이하의 징역 또는 금고
   ② 10년 이하의 징역 또는 금고
   ③ 5년 이하의 금고
   ④ 10년 이하의 징역

22. 「소방공무원교육훈련규정」상 위탁교육훈련 대상자에 대한 지도·감독 등에 대한 설명으로 옳지 않은 것은?
   ① 소방기관의 장은 위탁교육훈련의 목적을 달성하기 위하여 위탁교육훈련 대상자의 훈련상황을 정기 또는 수시로 파악하여 훈련 및 복무에 필요한 지도·감독을 해야 한다.
   ② 위탁교육훈련 대상자는 훈련기간 중 훈련의 기관 또는 기간 등을 변경하려는 경우에는 소방청장 또는 시·도지사에게 즉시 보고하고 그 지시에 따라야 한다.
   ③ 국외에서 위탁교육훈련을 받고 있는 사람이 사직하려는 경우에는 귀국한 후에 소속 소방기관의 장에게 사직원을 제출해야 한다.
   ④ 국외에서 위탁교육훈련을 받은 사람은 연구보고서를 작성하여 귀국보고일부터 60일 이내에 소방청장 또는 시·도지사에게 제출해야 한다.

23. 다음 소방공무원법 관련 내용에 대한 설명으로 적절하지 못한 것은?
   ① 소방공무원은 징계처분 등에 대한 행정소송에서 소방청장을 피고로 한다. 다만 시·도지사가 임용권을 행사하는 경우에는 관할 시·도지사를 피고로 행정소송을 제기한다.
   ② 소방청장 또는 중앙소방학교장은 모든 소방공무원에게 균등한 교육훈련의 기회가 주어지도록 교육훈련에 관한 종합적인 기획 및 조정을 하여야 한다.
   ③ 소방공무원 중 소방총감과 소방정감에 대해서는 신분보장의 규정을 적용하지 아니한다.
   ④ 시간선택제전환소방공무원의 근무시간은 1주당 15시간 이상 35시간 이하의 범위에서 임용권자가 정하되, 1일 최소 3시간 이상이어야 한다.

24. 「공무원고충처리규정」상 소방공무원고충심사위원회에 대한 설명으로 옳지 않은 것은?
   ① 소방경 이하 소방공무원의 인사상담 및 고충을 심사하기 위하여 소방청, 시·도 및 대통령령으로 정하는 소방기관에 소방공무원 고충심사위원회를 둔다.
   ② 소방령 이상 소방공무원의 인사상담 및 고충은 중앙고충심사위원회에서 심사한다.
   ③ 고충심사위원회는 위원장 1명을 포함한 7명 이상 15명 이하의 위원으로 구성하며, 이 경우 민간위원의 수는 위원장을 제외한 위원 수의 2분의 1 이상이어야 한다.
   ④ 회의는 위원장과 위원장이 회의마다 지정하는 5명 이상 7명 이하의 위원으로 구성하며, 이 경우 민간위원이 2분의 1 이상 포함되어야 한다.

25. 「소방공무원징계령」상 소방공무원의 징계사건에 대한 징계위원회의 관할로 옳지 않은 것은?

① 119안전센터에서 근무하는 소방위의 중징계사건 - 소방서 소방공무원징계위원회
② 서울종합방재센터에 근무하는 소방위의 경징계사건 - 서울종합방재센터 소방공무원징계위원회
③ 소방청에 근무하는 소방준감의 징계사건 - 중앙징계위원회
④ 국립소방연구원에 근무하는 소방령 이하의 경징계사건 - 국립소방연구원 소방공무원징계위원회

소방법령 II

1. 「소방기본법」 및 같은 법 시행령상 소방기술민원센터에 대한 내용으로 옳지 않은 것은?

   ① 소방청장 또는 소방본부장은 소방시설, 소방공사 및 위험물 안전관리 등과 관련된 법령해석 등의 민원을 종합적으로 접수하여 처리할 수 있는 소방기술민원센터를 설치·운영할 수 있다.
   ② 소방청장 및 소방본부장은 소방청 또는 소방본부에 센터장을 포함하여 18명 이내로 구성하는 소방기술민원센터를 설치·운영한다.
   ③ 소방기술민원센터는 소방기술민원과 관련된 질의회신집 및 해설서 발간, 정보시스템의 운영·관리, 현장 확인 및 처리, 소방청장 또는 소방본부장이 지시하는 업무를 처리한다.
   ④ 시행령에서 규정한 사항 외에 소방기술민원센터의 설치·운영에 필요한 사항은 소방청에 설치하는 경우에는 소방청장이 정하고, 소방본부에 설치하는 경우에는 소방본부장이 정한다.

2. 「소방기본법」상 소방박물관과 소방체험관의 설립과 운영에 관한 설명으로 옳지 않은 것은?

   ① 소방의 역사와 안전문화를 발전시키고 국민의 안전의식을 높이기 위하여 설립한다.
   ② 소방청장은 소방박물관을, 시·도지사는 소방체험관을 설립하여 운영할 수 있다.
   ③ 소방박물관의 설립과 운영에 필요한 사항은 대통령령으로 정한다.
   ④ 소방체험관의 설립과 운영에 필요한 사항은 행정안전부령으로 정하는 기준에 따라 시·도의 조례로 정한다.

3. 「소방기본법」 및 「소방기본법시행령」상 소방장비에 대한 국고보조에 관한 내용으로 옳지 않은 것은?

   ① 국고보조 대상사업의 기준보조율은 소방기본법 시행령에서 정하는 바에 따른다.
   ② 소방자동차, 소방헬리콥터 및 소방정과 소방전용통신설비 및 전산설비는 국고보조의 대상이다.
   ③ 소방관서용 청사의 건축은 국고보조의 대상이다.
   ④ 국고보조산정을 위한 기준가격에서 국내조달품은 정부고시가격으로 하며, 수입물품은 조달청에서 조사한 해외시장의 시가로 한다.

4. 「소방기본법령」상 소방업무의 응원요청에 대한 설명으로 적절하지 못한 것은?

   ① 소방본부장이나 소방서장은 소방활동을 할 때에 긴급한 경우에는 이웃한 소방본부장 또는 소방서장에게 소방업무의 응원을 요청할 수 있고 응원요청을 받은 자는 정당한 사유 없이 그 요청을 거절하여서는 아니 된다.
   ② 소방업무의 응원을 위하여 파견된 소방대원은 응원을 요청한 소방본부장 또는 소방서장의 지휘에 따라야 한다.
   ③ 소방본부장은 소방업무의 응원을 요청하는 경우를 대비하여 이웃하는 소방본부장과 협의하여 상호응원협정을 미리 규약으로 정하여야 한다.
   ④ 상호응원협정은 화재의 경계·진압활동, 구조·구급업무의 지원, 화재조사활동 등 소방활동에 관한 사항과 소요경비의 부담에 관한 사항을 포함한다.

5. 「소방기본법」 및 「소방기본법 시행규칙」상 소방지원활동으로 옳지 않은 것은?

   ① 붕괴, 낙하 등이 우려되는 고드름, 나무, 위험구조물의 제거활동
   ② 자연재해에 따른 급수·배수 및 제설 등 활동
   ③ 집회·공연 등 각종 행사 시 사고에 대비한 근접대기 활동
   ④ 소방시설 오작동 신고에 따른 조치활동

6. 「소방기본법 시행령」상 소방안전교육사시험 등에 관한 설명으로 옳지 않은 것은?

   ① 소방공무원으로 3년 이상 근무한 경력이 있거나 소방공무원으로서 중앙소방학교 또는 지방소방학교에서 2주 이상의 소방안전교육사 관련 전문교육과정을 이수한 사람은 소방안전교육사시험 응시자격이 있다.
   ② 국가기술자격의 직무분야 중 안전관리 분야의 산업기사 자격을 취득하고 1년 이상 종사한 사람은 소방안전교육사시험의 응시자격이 있다.
   ③ 소방청장은 대학에서 소방 관련 학과, 교육학과 또는 응급구조학과에서 조교수 이상으로 2년 이상 재직한 사람과 소방위 이상의 소방공무원 등의 자격자를 시험위원으로 임명 또는 위촉하여야 한다.
   ④ 한국소방안전원의 본회는 소방안전교육사를 2명 이상, 시·도지부에는 1명 이상을 배치하여야 한다.

7. 「소방기본법」상 소방자동차의 우선 통행 등에 관한 내용으로 옳지 않은 것은?

① 모든 차와 사람은 소방자동차가 화재진압을 위하여 출동을 할 때에는 이를 방해하여서는 아니 된다.
② 소방자동차가 화재진압을 위하여 출동하거나 훈련을 위하여 필요할 때에는 사이렌을 사용할 수 있다.
③ 모든 차와 사람은 소방자동차가 화재진압을 위하여 사이렌을 사용하여 출동하는 경우에는 소방자동차에 진로를 양보하지 아니하는 행위를 하여서는 아니 된다.
④ 모든 차와 사람은 소방자동차가 화재진압을 위하여 사이렌을 사용하여 출동하는 경우 소방자동차의 우선통행에 관하여는 「도로교통법」에서 정하는 바에 따른다.

8. 소방기본법의 손실보상에 대한 설명으로 옳지 않은 것은?

① 소방청장 또는 시·도지사는 소방기관 또는 소방대의 적법한 소방업무 또는 소방활동으로 인하여 손실을 입은 자에게 손실보상심의위원회의 심사·의결에 따라 정당한 보상을 하여야 한다.
② 손실보상을 청구할 수 있는 권리는 손실이 있음을 안 날부터 3년, 손실이 발생한 날부터 5년간 행사하지 아니하면 시효의 완성으로 소멸한다.
③ 소방청장 또는 시·도지사는 보상금 지급 청구서를 받은 날부터 90일 이내에 보상금 지급 여부 및 보상금액을 결정하여야 하며, 보상금 지급여부 및 보상금액 결정일부터 10일 이내에 청구인에게 통지하고, 통지한 날부터 30일 이내에 보상금을 지급하여야 한다.
④ 소방활동 종사 사상자의 보상금액 등의 기준으로 사망자 보상금액 기준, 부상등급의 기준, 부상등급별 보상금액 기준, 보상금 지급순위의 기준 및 부상금의 환수 기준이 있다.

9. 「소방시설 설치 및 관리에 관한 법률 시행령」상 특정소방대상물의 분류로 옳은 것은?

① 같은 건축물에 해당 용도로 쓰는 바닥면적의 합이 300제곱미터인 공연장과 종교집회장은 근린생활시설이다.
② 종합병원, 병원, 치과병원, 한방병원, 전염병원, 요양병원, 마약진료소, 정신의료기관 및 장애인 의료재활시설은 모두 의료시설이다.
③ 야외음악당, 야외극장, 관망탑, 휴게소, 관광진흥법에 따른 유원시설업의 시설은 관광 휴게시설이다.
④ 체육관 및 운동장으로서 관람석의 바닥면적의 합계가 1,000제곱미터인 것은 운동시설이다.

10. 「소방시설 설치 및 관리에 관한 법률 시행령」상 물분무등소화설비를 설치해야 하는 특정소방대상물에 해당하지 않는 것은?

① 차고, 주차용 건축물 또는 철골 조립식 주차시설로서 연면적 800제곱미터 이상인 것
② 건축물 내부에 설치된 차고 또는 주차장으로서 차고 또는 주차의 용도로 사용되는 면적이 200제곱미터 이상인 경우 해당 부분(50세대 미만 연립주택 및 다세대주택은 제외한다)
③ 특정소방대상물에 설치된 바닥면적 200제곱미터 이상인 전기실·발전실·변전실·전산실, 그 밖에 이와 비슷한 것
④ 소화수를 수집·처리하는 설비가 설치되어 있지 않는 중·저준위방사성폐기물의 저장시설

11. 「소방시설 설치 및 관리에 관한 법률 시행령」상 특정소방대상물의 관계인이 단독경보형 감지기를 설치하여야 하는 특정소방대상물로 옳은 것은?

① 교육연구시설 또는 수련시설 내에 있는 합숙소 또는 기숙사로서 연면적 2,000㎡인 것
② 자동화재탐지설비 설치대상에 해당하지 않는 수련시설(숙박시설이 있는 것은 제외한다)
③ 연면적 400㎡인 유치원
④ 공동주택 중 연립주택 및 다세대주택(연동형으로 설치해야 한다)

12. 「소방시설 설치 및 관리에 관한 법률 시행령」상 특정소방대상물이 증축 또는 용도변경되는 경우 소방시설기준 적용에 관한 설명으로 옳지 않은 것은?

① 증축되는 경우 기존 부분을 포함한 특정소방대상물의 전체에 대하여 증축 당시의 소방시설의 설치에 관한 대통령령 또는 화재안전기준을 적용하여야 한다.
② 기존 부분과 증축 부분이 내화구조로 된 바닥과 벽으로 구획되거나 자동방화셔터 또는 60분+ 방화문으로 구획되어 있는 경우에는 증축 당시의 기준을 적용하지 않는다.
③ 특정소방대상물이 용도변경되는 경우에는 기존 부분을 포함한 특정소방대상물의 전체에 대하여 용도변경 당시의 소방시설의 설치에 관한 대통령령 또는 화재안전기준을 적용한다.
④ 용도변경으로 특정소방대상물의 구조·설비가 화재연소 확대 요인이 적어지거나 피난 또는 화재진압활동이 쉬워지도록 변경되는 경우에는 특정소방대상물 전체에 대하여 용도변경 전의 소방시설의 설치기준을 적용한다.

13. 「소방시설 설치 및 관리에 관한 법률 시행령」상 방염성능기준에 대한 설명으로 적절하지 못한 것은?

   ① 버너의 불꽃을 제거한 때부터 불꽃을 올리지 않고 연소상태가 그칠 때까지 30초 이내일 것
   ② 탄화한 면적은 50제곱센티미터 이내, 탄화한 길이는 20센티미터 이내일 것
   ③ 불꽃에 의하여 완전히 녹을 때까지 불꽃의 접촉 횟수는 3회 이상일 것
   ④ 소방청장이 정하여 고시하는 방법으로 발연량을 측정하는 경우 최대연기밀도는 500 이하일 것

14. 「소방시설 설치 및 관리에 관한 법률」 및 같은 법 시행규칙상 관리업자가 점검하는 경우 50층 이상 또는 성능위주설계를 한 특정소방대상물의 규모 등에 따른 점검인력의 배치로 옳은 것은?

   ㉠ 주된 점검인력 : 소방시설관리사 경력 5년인 특급점검자 1명
   ㉡ 주된 점검인력 : 소방시설관리사 경력 3년인 특급점검자 1명
   ㉢ 보조 점검인력 : 고급점검자 1명과 중급점검자 1명
   ㉣ 보조 점검인력 : 고급점검자 1명과 초급점검자 1명

   ① ㄱ, ㄷ   ② ㄱ, ㄹ
   ③ ㄴ, ㄷ   ④ ㄴ, ㄹ

15. 소방시설법령의 자체점검 결과의 조치 등에 대한 설명으로 옳지 않은 것은?

   ① 특정소방대상물의 관계인은 자체점검 결과 소화펌프 고장 등 행정안전부령으로 정하는 중대위반사항이 발견된 경우에는 지체 없이 수리 등 필요한 조치를 하여야 한다.
   ② 관리업자등은 자체점검을 실시한 경우에는 그 점검이 끝난 날부터 10일 이내에 소방시설등 자체점검 실시결과 보고서를 관계인에게 제출해야 한다.
   ③ 관계인은 자체점검이 끝난 날부터 15일 이내에 소방시설등 자체점검 실시결과 보고서를 소방본부장 또는 소방서장에게 서면이나 소방청장이 지정하는 전산망을 통하여 보고해야 한다.
   ④ 소방본부장 또는 소방서장은 자체점검 결과를 공개하는 경우 30일 이상 전산시스템 또는 인터넷 홈페이지 등을 통해 공개해야 한다.

16. 「소방시설 설치 및 관리에 관한 법률」상 소방청장이 1차 위반 시 소방시설관리사의 자격을 취소하여야 하는 경우에 해당하는 것을 있는 대로 고른 것은?

   ㉠ 결격사유에 해당하는 경우
   ㉡ 점검능력 평가를 받지 않고 자체점검을 한 경우
   ㉢ 자체점검을 하지 아니하거나 거짓으로 한 경우
   ㉣ 소방시설관리사가 동시에 둘 이상의 업체에 취업한 경우
   ㉤ 소방시설관리사증을 다른 사람에게 빌려준 경우

   ① ㉠, ㉡, ㉢   ② ㉡, ㉢, ㉣
   ③ ㉠, ㉣, ㉤   ④ ㉡, ㉢, ㉣, ㉤

17. 「소방시설 설치 및 관리에 관한 법률」에서 권한의 위임·위탁에 대한 설명으로 옳지 않은 것은?

   ① 소방청장은 화재안전기준 중 기술기준에 대한 관리·운영 권한을 소방서장에게 위임한다.
   ② 소방청장은 소방용품의 형식승인 업무와 성능인증의 업무를 한국소방산업기술원에 위탁할 수 있다.
   ③ 소방청장은 제품검사 업무를 기술원 또는 전문기관에 위탁할 수 있다.
   ④ 소방청장은 건축 환경 및 화재위험특성 변화 추세 연구에 관한 업무를 대통령령으로 정하는 바에 따라 화재안전 관련 전문연구기관에 위탁할 수 있다.

18. 「화재의 예방 및 안전관리에 관한 법률」 및 같은 법 시행령상 화재의 예방 및 안전관리 기본계획 등의 수립·시행에 관한 설명이다. 'ㄱ, ㄴ'에 들어갈 내용으로 옳은 것은?

   · 소방청장은 화재예방정책을 체계적·효율적으로 추진하고 이에 필요한 기반 확충을 위하여 화재의 예방 및 안전관리에 관한 기본계획을 ( )마다 수립·시행하여야 한다.
   · 소방청장은 기본계획을 시행하기 위한 계획을 계획 시행 전년도 ( )까지 수립해야 한다.

	ㄱ	ㄴ
①	5	10월 31일
②	5	12월 31일
③	7	10월 31일
④	7	12월 31일

19. 「화재의 예방 및 안전관리에 관한 법률 시행령」상 특수가연물의 저장 및 취급기준에 대한 설명으로 틀린 것은?
   ① 쌓는 높이는 10미터 이하가 되도록 하고, 쌓는 부분의 바닥면적은 50제곱미터(석탄·목탄류의 경우에는 200제곱미터) 이하가 되도록 하여야 한다.
   ② 살수설비를 설치하는 경우에는 쌓는 높이는 15미터 이하, 쌓는 부분의 바닥면적을 200제곱미터(석탄·목탄류의 경우 300제곱미터) 이하로 할 수 있다.
   ③ 실외에 쌓아 저장하는 경우 쌓는 부분이 대지경계선, 도로 및 인접 건축물과 최소 6미터 이상 간격을 두어야 한다.
   ④ 쌓는 부분 바닥면적의 사이는 실내의 경우 1.2미터 또는 쌓는 높이 중 큰 값 이상으로 간격을 두어야 한다.

20. 「화재의 예방 및 안전관리에 관한 법률」상 화재예방강화지구로 지정할 수 있는 지역으로 옳은 것만을 <보기>에서 있는 대로 고른 것은? (단, 소방관서장이 화재예방강화지구로 지정할 필요가 있다고 인정하는 지역은 제외한다.)

   ㉠ 시장지역
   ㉡ 목조건물이 밀집한 지역
   ㉢ 전력용 및 통신용 지하구가 있는 지역
   ㉣ 소방시설·소방용수시설 또는 소방출동로가 없는 지역
   ㉤ 「물류시설의 개발 및 운영에 관한 법률」 제2조 제6호에 따른 물류단지

   ① ㉠, ㉡, ㉢
   ② ㉡, ㉢, ㉣
   ③ ㉠, ㉡, ㉣, ㉤
   ④ ㉡, ㉢, ㉣, ㉤

21. 「화재의 예방 및 안전관리에 관한 법률」상 특급 소방안전관리대상물의 소방안전관리자로 선임할 수 없는 사람은?
   ① 소방기술사 또는 소방시설관리사의 자격이 있는 사람
   ② 소방공무원으로 15년 이상 근무한 경력이 있는 사람
   ③ 소방설비기사의 자격을 취득한 후 5년 이상 1급 소방안전관리대상물의 소방안전관리자로 근무한 실무경력이 있는 사람
   ④ 소방설비산업기사의 자격을 취득한 후 7년 이상 1급 소방안전관리대상물의 소방안전관리자로 근무한 실무경력이 있는 사람

22. 「화재의 예방 및 안전관리에 관한 법률」에서 특정소방대상물(소방안전관리대상물은 제외한다) 관계인의 소방안전관리 업무로 옳지 않은 것은?
   ① 화재발생시 초기대응
   ② 화기(火氣) 취급의 감독
   ③ 피난시설, 방화구획 및 방화시설의 관리
   ④ 소방안전관리에 관한 기록·유지

23. 「화재의 예방 및 안전관리에 관한 법령」상 관리의 권원이 분리된 특정소방대상물로 옳지 않은 것은?
   ① 복합건축물로서 지하층을 포함한 층수가 11층 이상인 것
   ② 복합건축물로서 연면적이 3만 제곱미터 이상인 것
   ③ 지하상가(지하의 인공구조물 안에 설치된 상점 및 사무실, 그 밖에 이와 비슷한 시설이 연속하여 지하도에 접하여 설치된 것과 그 지하도를 합한 것을 말한다)
   ④ 판매시설 중 도매시장, 소매시장 및 전통시장

24. 「화재의 예방 및 안전관리에 관한 법률」상 화재예방안전진단의 대상이 되는 소방안전 특별관리시설물이 아닌 것은?
   ① 공항시설 중 여객터미널의 연면적이 1천제곱미터 이상인 공항시설
   ② 항만시설 중 여객이용시설 및 지원시설의 연면적이 5천 제곱미터 이상인 항만시설
   ③ 발전소 중 연면적이 5천제곱미터 이상인 발전소
   ④ 가스공급시설 중 가연성 가스 탱크의 저장용량의 합계가 30톤 이상이거나 저장용량이 10톤 이상인 가연성 가스 탱크가 있는 가스공급시설

25. 화재의 예방 및 안전관리에 관한 법령의 과태료에 대한 설명으로 옳지 않은 것은?
   ① 화재예방안전진단 결과를 제출하지 아니한 자는 300만원 이하의 과태료를, 소방훈련 및 교육결과를 제출하지 아니한 자는 200만원 이하의 과태료를 부과한다.
   ② 소방설비등의 설치 명령을 따르지 아니한 자는 200만원 이하의 과태료를, 실무교육을 받지 아니한 소방안전관리자는 100만원 이하의 과태료를 부과한다.
   ③ 소방훈련 및 교육 결과의 지연 제출기간이 1개월 미만인 경우 100만원의 과태료를 부과한다.
   ④ 과태료는 대통령령으로 정하는 바에 따라 소방청장, 시·도지사, 소방본부장 또는 소방서장이 부과·징수한다.

소방전술

1. 다음 중 저속분무 주수특성과 안전관리에 관한 설명으로 옳지 않은 것은?
   ① 입자가 적어서 기류의 영향을 받기 쉽다.
   ② 저속분무이기 때문에 수손이 적고 소화시간이 짧다.
   ③ 벽, 바닥 등의 일부를 파괴하여 소화하는 경우에 유효하다.
   ④ 주수목표측의 개구부 면적을 크게 하고, 외벽면의 개구부를 크게 하면 배연, 배열효과가 크다.

2. 소방대 지시에 의해 가스를 방출시킨 경우에 있어서 이산화탄소·할로겐화합물소화설비에 대한 내용으로 옳지 않은 것은?
   ① 연소실체를 파악하고, 사용의 유무를 판단한다.
   ② 전역 방출 방식에 있어서는 방출 전에 즉시 대피경보를 발한다.
   ③ 수동기동장치의 가스방출 버튼 덮게 개방에 따른 경보울림에 유의한다.
   ④ 수동기동장치가 오작동의 경우에는 용기밸브 또는 방출밸브가 개방할 때까지의 시간 내에(방출지연 장치가 20초로 고정.) 복구완료시까지 소화가스의 방출정지 버튼을 누른 상태로 유지하여 방출을 차단한다.

3. 소방펌프 내부에서 흡입양정이 높거나, 유속의 급변 또는 와류의 발생, 유로에서의 장애 등에 의해 압력이 국부적으로 포화증기압 이하로 내려가 기포가 발생되는 현상은?
   ① 서징현상
   ② 수격현상
   ③ 맥동현상
   ④ 케비테이션

4. 고층건물 화재진압전술 화점을 확인한 시점에서 "전진지휘소" 위치로 옳은 것은?
   ① 화점층 직하층에 설치한다.
   ② 화점층 직상층에 설치한다.
   ③ 자원대기소 직하층에 설치한다.
   ④ 경계대 직상층에 설치한다.

5. 다음 중 외부에서 화점 확인 방법이 아닌 것은?
   ① 창 등으로부터 연기가 분출 시 연기 발생층 이하의 층을 화점층으로 판단하고 행동한다.
   ② 최상층의 창으로부터 약한 백색 연기가 나오는 경우, 아래층에 화점이 있는 경우가 많다.
   ③ 야간의 경우 조명이 점등하고 있는 층보다 소등되어 있는 층에 화점이 있는 경우가 많다.
   ④ 공조설비가 정지된 경우나 공조설비 등이 없는 경우에는 연기가 있는 최하층을 확인한다.

6. 농연 내 진입 및 행동요령을 설명한 것으로 옳지 못한 것은?
   ① 어두운 곳에 진입 시 조명기구로 발밑을 조명하면서 자세를 낮춘다.
   ② 급기, 배기계단으로 나누어 있을때는 진입은 급기계단으로 진입한다.
   ③ 진입은 2인 1조로, 생명로프를 신체에서 풀고 신속히 진입하여야 한다.
   ④ 자동폐쇄식 방화문을 통과하여 진입하는 경우는 쐐기 또는 빗장 등을 사용하여 퇴로에 필요한 폭의 개구부를 확보한다.

7. 다음 중 소방호스지지 요령으로 옳지 않은 것은?
   ① 소방호스의 지지점은 결합부의 바로 밑이 가장 효과적이다.
   ② 충수된 소방호스의 중량은 65mm가 80kg, 40mm가 50kg이다.
   ③ 4층 이하의 경우는 진입층에서 고정하며, 5층 이하는 진입층 및 중간층에 고정한다.
   ④ 지지, 고정은 송수되기 전에 임시 고정을 실시하고 송수된 후 로프가 미끄러지지 않도록 고정한다.

【제3회】 전술

8. 백드래프트와 플래시오버에 대한 일반적인 비교내용으로 옳지 않은 것은?
   ① 발생빈도 : 백드래프트보다 플래시오버가 발생빈도가 낮다.
   ② 폭발유무 : 백드래프트는 폭발이고, 플래시오버는 폭발이 아니다.
   ③ 악화요인 : 백드래프트는 산소이며 플래시오버는 복사열이다.
   ④ 발생시점 : 플래시오버는 성장기의 마지막이자 최성기의 시작점이며, 백드래프트는 성장기 또는 감퇴기에서 발생한다.

9. 다음 중 화재대응매뉴얼의 종류가 아닌 것은?
   ① 표준매뉴얼
   ② 실무매뉴얼
   ③ 유류화재대응매뉴얼
   ④ 대상별 대응매뉴얼

10. 다음 중 소방대원 공기호흡기 사용 가능시간의 산출방법으로 옳은 것은?

    > 충전압력 285kgf/cm²의 6.8ℓ용기를 사용하여 경보 벨이 울릴 때까지 사용할 경우, 활동 대원이 매분 23ℓ의 공기를 소비한다면 사용시간은? (탈출소요압력 55kgf/cm²)

    ① 약 24분　② 약 48분　③ 약 68분　④ 약 108분

11. 피난 유도원의 임무와 행동에서 피난에 사용하는 계단의 가장 우선 순위는?
    ① 옥내계단
    ② 피난계단
    ③ 특별피난계단
    ④ 옥외계단

12. 다음 중 지하실 등에서 화점확인 방법으로 옳지 않은 것은?
    ① 자탐설비 수신기의 작동표시 등을 확인하여 공조설비 등은 신속히 가동시킨다.
    ② 소방활동 정보카드 및 관계자의 도면에 의해 내부구조를 확인한다.
    ③ 벽, 문, 천장, 바닥에 손을 접촉하여 온도변화에 의해 확인한다.
    ④ 연기의 농도가 짙고 열기가 높은 방향으로 거슬러 가면서 확인한다.

13. 수중구조 활동 시 물리적 현상에 대한 내용으로 옳지 않은 것은?
    ① 물속 10m에서는 1기압의 절대압 상태가 된다.
    ② 물은 공기보다 약 25배 빨리 열을 전달한다.
    ③ 수중에서는 대기보다 소리가 4배 정도 빠르게 전달된다.
    ④ 수중에서는 빛의 굴절로 물체가 실제보다 25% 정도 가깝고 크게 보인다.

14. 다음 중 정적로프 내용에 해당되지 않는 것은?
    ① 마모 내구성이 강하고 파괴력에 견디는 힘이 높다.
    ② 신장율이 5% 미만 정도로 하중을 받아도 잘 늘어나지 않는다.
    ③ 유연성이 낮아 조작이 불편하고 추락 시 하중이 그대로 전달되는 결점이 있다.
    ④ 뻣뻣하지 않으며 검정이나 흰색, 노란색 등 단일 색상으로 만들어져 외형만으로도 비교적 쉽게 구분이 가능하지 않다.

15. Z자형 도르래로 90kg의 무게를 들 때 필요한 힘은?(장비 무게, 마찰력 제외)
    ① 26.7kg　② 30kg　③ 40kg　④ 50kg

16. 다음 중 유압절단기에 대하여 옳지 않은 것은?
    ① 유압을 활용하여 물체를 절단하는 장비이다.
    ② 절단 날이 항상 30°~50° 각도를 유지하도록 하여서 절단한다.
    ③ 주로 사용하는 중간크기의 경우 중량은 13kg 전후이고 절단력은 35t 내외이다.
    ④ 스프링이나 샤프트 등 열처리된 강철은 절단 날이 손상될 우려가 높으므로 각별한 주의가 필요하다.

17. 다음 중 인체 산소사용 가능 범위는 몇 기압인가?
    ① 0.16 기압 이하
    ② 0.16~1.6 기압
    ③ 1.6 기압 이상
    ④ 1.4~1.6 기압

18. 위험물질 표지 중 국제적으로 통용되는(DOT)의 표지로 옳지 않은 것은?
    ① 파란색 : 금수성
    ② 빨간색 : 가연성
    ③ 노란색 : 산화성
    ④ 오렌지색 : 중독성

19. 야간 또는 농연 등으로 시계가 불량한 지역에서 물체의 온도 차이를 감지하여 화면상에 표시함으로서 화점탐지, 인명구조 등에 활용하는 장비는?
    ① 열화상카메라
    ② 매몰자 영상탐지기
    ③ 매몰자 음향탐지기
    ④ 매몰자 전파탐지기

20. 죽어가고 있는 환자의 첫 번째 정서 반응으로 의사의 실수라 믿으며 기적이 일어나길 바라는 죽음에 대한 정서적 반응은?
    ① 절망 ② 협상 ③ 분노 ④ 부정

21. 심폐소생술의 합병증으로 '적절한 가슴압박으로 발생하는 합병증'으로 옳지 않은 것은?
    ① 허파좌상
    ② 갈비뼈골절
    ③ 심장좌상
    ④ 상부 갈비뼈 또는 하부갈비뼈의 골절

22. 특수한 용도로 산소를 제공할 경우 사용되며 표준 얼굴 마스크에 연결된 공급배관을 통해 특정 산소 농도를 공급해 주는 호흡 기구는?
    ① 벤튜리마스크
    ② 비재호흡마스크
    ③ 포켓마스크
    ④ 백 - 밸브마스크

23. 다음 중 "비말에 의한 전파"로 관련될 수 있는 질환은?
    ① 결핵
    ② 수두
    ③ 홍역
    ④ 인플루엔자

24. 주 들것 사용 시 유의사항으로 옳지 않은 것은?
    ① 환자는 주 들것에 항상 안전하게 고정되어야 한다.
    ② 주 들것의 이동에서 환자의 다리가 진행방향으로 먼저 와야 한다.
    ③ 대원이 2명이라면 한명은 머리 쪽, 다른 한명은 다리 쪽에서 이동시켜야 하며 대원은 서로 마주 보아야 한다.
    ④ 바닥이 고르지 못하다면 2명이 주 들것의 네 모서리에 위치해 환자를 이동시킨다.

25. 감염의 기본적인 예방법으로 옳지 않은 것은?
    ① 바늘 끝이 사용자의 몸 쪽으로 향하지 않도록 한다.
    ② 사용한 바늘은 다시 뚜껑을 씌우거나, 구부려서 주사바늘통에 즉시 버린다.
    ③ 심폐소생술 시행 시 반드시 일 방향 휴대용 마스크를 이용하며 직접 접촉을 피한다.
    ④ 바늘뚜껑을 씌워야 할 경우는 한 손으로 조작하여 바늘 뚜껑을 주사바늘에 씌운 후 닫도록 한다.

소방법령 I

1. 「소방공무원임용령」 및 「소방공무원임용령 시행규칙」상 용어의 정의로 옳지 않은 것은?
   ① "임용"이란 신규채용·승진·전보·파견·강임·휴직·직위해제·정직·강등·복직·면직·해임 및 파면을 말한다.
   ② "소방기관"이라 함은 소방청·특별시·광역시·특별자치시·도·특별자치도와 중앙소방학교·중앙119구조본부·국립소방연구원·지방소방학교·서울종합방재센터, 소방서, 119특수대응단 및 소방체험관을 말한다.
   ③ "필수보직기간"이란 소방공무원이 다른 직위로 전보되기 전까지 현 직위에서 근무하여야 하는 최대기간을 말한다.
   ④ "최하급소방기관"이란 소방청, 중앙소방학교, 중앙119구조본부, 국립소방연구원, 시·도의 소방본부, 지방소방학교 및 서울종합방재센터를 제외한 소방기관을 말한다.

2. 「소방공무원임용령」상 소방공무원의 임용에 대한 설명으로 옳지 않은 것은?
   ① 시·도지사는 소방청장의 위임에 의해 시·도 소속 소방령 이상 소방준감 이하의 소방공무원에 대한 전보, 휴직, 직위해제, 강등, 정직 및 복직에 관한 권한을 가진다.
   ② 중앙119구조본부장은 소속 소방령의 전보·휴직·직위해제·정직 및 복직에 대한 권한을 가진다.
   ③ 중앙소방학교 소속 소방위의 소방경으로의 승진임용은 중앙소방학교장이 한다.
   ④ 중앙119구조본부장은 119특수구조대 소속 소방위 이하 소방공무원에 휴직·직위해제·정직 및 복직에 대한 권한을 119특수구조대장에게 다시 위임한다.

3. 소방공무원 공개경쟁채용시험에 관한 내용으로 옳지 않은 것은?
   ① 시험실시권자는 소방공무원 공개경쟁채용시험을 실시하고자 할 때에는 임용예정계급, 응시자격 등에 관한 사항을 시험실시 30일 전까지 공고하여야 한다.
   ② 소방교 채용시험의 출제수준은 소방업무수행에 필요한 전문적 능력·지식을 검정할 수 있는 정도로 한다.
   ③ 종합적성검사는 직무수행에 필요한 적성과 자질을 종합적으로 검정하는 것으로 결과는 면접시험에 반영한다.
   ④ 필기시험은 각 과목 40퍼센트 이상을 득점하고, 전 과목 총점의 60퍼센트 이상을 득점한 사람 중에서 선발예정인원의 3배수 범위에서 고득점자순으로 합격자를 결정한다.

4. 「소방공무원법령」상 경력경쟁채용시험을 통하여 소방공무원으로 채용할 수 있는 경우로 옳게 묶은 것은?
   ㉠ 공무상 부상 또는 질병으로 휴직하였다가 휴직기간의 만료되어 퇴직한 소방공무원을 5년 이내 퇴직당시의 계급으로 재임용하는 경우
   ㉡ 사업용조종사 자격증 소지자를 소방령 이하 소방공무원 채용하는 경우
   ㉢ 소방에 관한 전문기술교육을 받은 사람을 소방경 이하의 소방공무원으로 임용하는 경우
   ㉣ 외국어에 능통한 사람을 소방경 이하 소방공무원으로 임용하는 경우

   ① ㄱ, ㄴ
   ② ㄱ, ㄷ
   ③ ㄴ, ㄹ
   ④ ㄷ, ㄹ

5. 「소방공무원임용령」 및 「소방공무원임용령 시행규칙」상 채용후보자등록 및 채용후보자명부에 대한 설명으로 옳지 않은 것은?
   ① 공개경쟁채용시험 및 경력경쟁채용시험에 합격한 사람은 행정안전부령으로 정하는 바에 따라 임용권자 또는 임용제청권자에게 채용후보자등록을 하여야 한다.
   ② 채용후보자의 등록서류를 심사하여 임용적격자에 한해 채용후보자명부에 등재하고 등록확인증을 본인에게 보내야 한다.
   ③ 채용후보자명부의 유효기간은 3년으로 하되, 임용권자는 필요에 따라 1년의 범위에서 그 기간을 정하여 연장할 수 있다.
   ④ 임용권자는 채용후보자명부에 등재된 사람 중 그 명부의 유효기간이 만료될 때까지 임용되지 아니한 사람에 대하여는 해당 기관에 그 직급에 해당하는 정원이 따로 있는 것으로 보고 임용할 수 있다.

6. 「소방공무원임용령」상 소방공무원의 임용의 유예에 대한 설명으로 옳지 않은 것은?
   ① 임용권자는 채용후보자가 학업을 계속하거나 3월 이상 장기 요양을 요하는 질병이 있는 경우에는 기간을 정하여 임용을 유예할 수 있다.
   ② 임용의 유예를 받고자 하는 자는 그 사유를 증명할 수 있는 자료를 첨부하여 임용권자가 정하는 기간 내에 유예를 원하는 기간을 명시하여 신청하여야 한다.
   ③ 임용권자는 채용후보자명부의 유효기간 범위 안에서 그 기간을 정하여 채용후보자의 임용을 유예할 수 있다.
   ④ 유예기간 중이라도 그 사유가 소멸하는 경우에는 임용 또는 임용제청을 하여야 한다.

7. 소방공무원법령에 대한 설명으로 옳지 않은 것은?
   ① 소방공무원을 추서할 때의 구비서류로 공적조사서, 사망진단서 및 사망경위서 각 1통이 필요하다.
   ② 공개경쟁채용시험의 필기시험에 합격한 사람은 소방공무원 채용신체검사서, 한국사능력검정시험 성적표, 영어능력검정시험 성적표 및 자격증 사본를 각각 1통을 제출해야 한다.
   ③ 임용권자는 전직공무원 등을 임용할 경우에는 전력을 조회해야 하며, 전력조회서를 받은 기관의 장은 전력조사회보서에 의해 15일 이내에 회보하여야 한다.
   ④ 시험실시일 3일 전까지 응시의사를 철회하는 경우에 납입한 수수료의 전액을 반환해야 한다.

8. 「소방공무원임용령」상 채용 비위 관련자의 합격 취소 및 채용비위심의위원회에 대한 설명으로 옳지 않은 것은?
   ① 시험실시권자나 임용권자는 「국가공무원법」 제45조의3 제1항 전단에 따라 합격 또는 임용을 취소하려는 경우에는 채용비위심의위원회의 심의를 거쳐야 한다.
   ② 시험실시권자나 임용권자는 채용비위심의위원회의 회의를 개최하기 20일 전까지 합격 또는 임용 취소의 내용과 사유, 소명 기한, 소명 방법, 소명하지 않는 경우의 처리 방법 등을 당사자에게 통지해야 한다.
   ③ 합격 또는 임용 취소 여부를 심의하기 위하여 시험실시권자나 임용권자 소속으로 채용비위심의위원회를 둔다.
   ④ 채용비위심의위원회는 위원장 1명을 포함하여 5명 이상 8명 이내의 위원으로 구성하며, 위원장은 시험실시권자나 임용권자로 하거나 시험실시권자나 임용권자가 지명하는 소속 공무원으로 한다.

9. 「소방공무원임용령」 및 「소방공무원임용령 시행규칙」상 보직관리의 원칙에 대한 설명으로 옳지 않은 것은?
   ① 임용권자 또는 임용제청권자는 법령이 정하는 보직관리기준 외에 소방공무원의 보직에 관하여 필요한 세부기준(전보의 기준을 포함)을 정하여 실시하여야 한다.
   ② 시·도 소방본부장 또는 소방서장 직위에 임용된 소방공무원은 해당 직위에 2년 이상 근무한 경우에는 다른 직위로 전보해야 한다.
   ③ 임용권자 또는 임용제청권자는 소방여건과 정기인사 주기 등을 고려하여 1년의 범위에서 소방본부장 또는 소방서장의 전보시기를 조정할 수 있다.
   ④ 임용권자는 소속 소방공무원을 연속하여 3회 이상 소방본부장으로 보직해서는 안된다. 다만, 인사운영상 필요한 경우에는 제외한다.

10. 「소방공무원임용령」상 소방공무원의 필수보직기간 1년에 대한 예외 사유에 해당하는 것은 모두 몇 개인가?

    ㉠ 소방정 이하의 소방공무원을 그 배우자 또는 직계존속이 거주하는 시·도 지역의 소방기관으로 전보하는 경우
    ㉡ 직제상의 최저단위 보조기관 내에서의 전보의 경우
    ㉢ 임용권자를 달리하는 기관간의 전보의 경우
    ㉣ 출산 후 1년이 지나지 않은 소방공무원의 모성보호, 육아 등을 위해 필요한 경우
    ㉤ 형사사건과 관련되어 수사기관에서 조사를 받고 있는 경우
    ㉥ 공개경쟁채용시험에 합격하고 시보임용 중인 경우

    ① 3개 ② 4개
    ③ 5개 ④ 6개

11. 「소방공무원법령」에 대한 설명으로 옳지 않은 것은?
    ① 다른 국가기관에서 국가적 사업의 수행이나 행정지원으로 인한 직제상 파견은 인사혁신처장과 협의 없이 소속 소방공무원을 파견하거나 파견기간을 연장할 수 있으며, 파견기간 종료 전에 파견자를 복귀시킬 수 있다.
    ② 직제상 파견의 파견기간은 2년을 초과할 수 있고, 총 파견기간은 5년을 초과하여 연장할 수 있다.
    ③ 화재 진압 업무에 동원된 소방공무원으로서 상관의 직무상 명령에 불복하거나 복종의 의무를 위반하여 직장을 이탈한 자는 5년 이하의 징역 또는 금고에 처한다.
    ④ 소방공무원이 재난현장에서 화재진압을 위한 직무 등을 수행하다가 공무상 질병 또는 부상을 입어 휴직하는 경우 그 휴직기간은 3년 이내로 한다.

12. 「소방공무원임용령」상 별도정원에 해당하여 결원을 보충하는 경우에 협의 등에 대한 설명으로 옳지 않은 것은?
    ① 1년 이상의 파견 또는 시·도 소속 소방공무원에 대한 6개월 이상 교육훈련을 위한 파견으로 인한 별도정원에 해당하여 결원을 보충하는 경우에 적용된다.
    ② 별도정원에 해당하여 결원을 보충하는 경우 소방청장은 미리 행정안전부장관과 협의하여야 한다.
    ③ 시·도지사는 결원을 보충하는 경우 미리 행정안전부장관의 승인을 받아야 한다.
    ④ 시·도지사가 임용권을 행사하는 소방령 이하의 소방공무원을 보충하는 경우에는 행정안전부장관의 승인을 받지 않고 보충할 수 있다.

13. 「소방공무원기장령」상 소방청장이 수여하는 소방공무원기장에 대한 설명으로 옳지 않은 것은?
   ① 소방지휘관장은 소방령 이상인 소방기관의 장에게 수여하는 소방기장으로 소방청장, 소방본부장, 소방서장, 단위지휘관장이 수여대상이다.
   ② 소방공로기장은 국가 주요행사 또는 주요사업과 관련된 업무수행시 공헌한 사람에게 수여한다.
   ③ 소방기장은 이를 받은 자가 소방공무원으로 재직 중에 한하여 정복 착용 시 패용할 수 있으며, 퇴직 후에는 본인이 이를 보유한다.
   ④ 소방청장이 소방기장의 수여대상자를 선정할 때에는 소방청 소속기관의 장, 시·도지사로부터 추천을 받을 수 있다.

14. 「소방공무원임용령 시행규칙」상 처분기록의 말소에 대한 설명으로 옳지 않은 것은?
   ① 징계처분의 말소제한기간은 강등 9년, 정직 7년, 감봉 5년, 견책 2년이다.
   ② 징계처분에 대한 일반사면이 있거나 법원에서 징계처분의 무효의 판결이 확정된 때 처분기록은 말소한다.
   ③ 직위해제처분의 종료일부터 2년이 경과하는 때 처분기록은 말소한다.
   ④ 기록의 말소는 인사기록카드상의 당해 처분기록에 말소된 사실을 표기하는 방법에 의한다. 다만 법원에서 징계처분의 무효 또는 취소의 판결이 확정된 때에 그 해당 사유발생일 이전에 징계처분을 받은 사실이 없는 때에는 인사기록카드를 재작성하여야 한다.

15. 통상적인 근무시간보다 짧게 근무하는 소방공무원의 경우 승진소요최저근무연수에 포함되는 근무기간으로 옳지 않은 것은?
   ① 해당 계급에서 시간선택제전환소방공무원으로 근무한 1년 이하의 기간은 그 기간 전부를 포함한다.
   ② 해당 계급에서 시간선택제전환소방공무원으로 근무한 1년을 넘는 기간은 근무시간에 비례한 기간을 포함한다.
   ③ 해당 계급에서 육아휴직을 대신하여 시간선택제전환소방공무원으로 지정되어 근무한 기간은 대상 자녀별로 각각 2년의 범위에서 그 기간 전부를 포함한다.
   ④ 육아휴직은 그 휴직 기간을 승진소요최저근무연수에 포함한다. 다만 육아휴직을 대신하여 시간선택제전환소방공무원으로 지정되어 근무한 기간과 합산하여 자녀 1명당 3년을 초과할 수 없다.

16. 「소방공무원 승진임용규정 시행규칙」상 근무성적평정조정위원회에 대한 설명으로 옳지 않은 것은?
   ① 승진대상자명부작성 단위기관별로 근무성적평정조정위원회를 둘 수 있다.
   ② 피평정자의 상위직급 공무원 중에서 조정위원회가 설치된 기관의 장이 지정하는 3인 이상 5인 이하의 위원으로 구성한다.
   ③ 조정위원회의 위원장은 평정결과가 분포비율과 맞지 아니할 경우 조정위원회를 소집하여 근무성적평정을 정해진 분포비율에 맞도록 조정할 수 있다.
   ④ 조정위원회의 위원장은 근무성적평정의 조정결과가 심히 부당하다고 인정되는 경우 당해 조정위원회에게 재조정을 요구할 수 있다.

17. 「소방공무원 승진임용규정 시행규칙」상 소방공무원의 근무성적평정자에 대한 설명으로 옳지 않은 것은?
   ① 소방서에 근무하는 소방정은 시·도 소방본부장이 1차 평정을 하며, 부시장 또는 부지사가 2차 평정을 한다.
   ② 소방본부에 근무하는 소방령은 소속 부서장(과장)이 1차 평정을 하며, 시·도 소방본부장이 2차 평정을 한다.
   ③ 서울종합방재센터에 근무하는 소방경은 소속 부서장(과장)이 1차 평정을 하며, 서울종합방재센터소장이 2차 평정을 한다.
   ④ 시·도지사는 소방정 계급 소방공무원의 1차 평정자를 소방준감 계급의 과장급 소방공무원 중에서 지정할 수 있으며, 이 경우 2차 평정자는 시·도의 소방본부장이 된다.

18. 「소방공무원 승진임용규정」 및 시행규칙상 승진대상자명부에 대한 설명으로 옳지 않은 것은?
   ① 소방정의 경우 근무성적평정점 60퍼센트, 경력평정점 30퍼센트 및 교육훈련성적 10퍼센트의 비율로 승진대상자명부를 작성하여야 한다.
   ② 승진대상자명부는 매년 4월 1일과 10월 1일을 기준으로 하여 20일 이내 작성하여야 한다.
   ③ 근무성적평정점의 산정에서 명부작성기준일부터 가장 오래된 평정단위기간평정점이 없는 경우 (그 직후에 평정한 평정단위기간평정점 + 45점)/2로 평정한다.
   ④ 신규임용 또는 승진임용되어 해당 계급에서 최초로 근무성적평정을 하는 경우에는 해당 평정점을 그 평정단위기간의 평정점 평균으로 한다.

19. 「소방공무원 승진임용규정」 및 시행규칙상 소방공무원의 승진심사에 대한 설명으로 옳지 않은 것은?
   ① 승진심사는 연 1회 이상 승진심사위원회가 설치된 기관의 장이 정하는 날에 실시한다.
   ② 승진심사를 하기 위하여 소방청에 중앙승진심사위원회를 두고, 소방청 및 그 소속기관과 시·도에 보통승진심사위원회를 둔다.
   ③ 승진심사위원회의 위원장이 부득이한 사유로 직무를 수행할 수 없는 때에는 위원 중에서 최상위의 직위 또는 선임의 공무원이 그 직무를 대행한다.
   ④ 소방준감으로의 승진심사 또는 예정인원수가 2명 이내인 승진심사의 경우 제1단계 사전심의를 생략하고 제2단계 본심사만으로 승진임용예정자를 선발할 수 있다.

20. 「소방공무원교육훈련규정」에 대한 설명으로 옳지 않은 것은?
   ① 정당한 사유 없이 훈련을 중도에 포기하거나 훈련에서 탈락된 경우에는 소요경비의 2분의 1을 반납해야 한다.
   ② 신임교육의 교육훈련과정은 교육훈련대상자가 전체 교육훈련성적이 100점 만점에 70점 이상, 교육훈련기관의 장이 지정하는 각 과목의 교육훈련성적이 100점 만점에 60점 이상이며, 교육훈련기관의 장이 정하는 졸업사정 절차를 통과하면 졸업요건을 갖춘 것으로 한다.
   ③ 담당할 분야와 관련된 6개월 이상의 교육훈련을 이수한 사람은 교수요원의 자격이 있다.
   ④ 소방기관의 장은 실질적이고 체계적인 직장훈련을 실시하기 위하여 소속 소방공무원의 직장훈련 시간 총량 목표를 정하고 팀별로 관리해야 한다.

21. 「소방공무원교육훈련규정」에 대한 설명으로 옳지 않은 것은?
   ① 교육훈련기관의 장은 교육훈련기관에서의 교육, 직장훈련 및 위탁교육훈련의 내용·방법 및 성과 등을 정기 또는 수시로 확인·평가하여 이를 개선·발전시켜야 한다.
   ② 소방기관의 장은 교육훈련대상자로 선발된 소방공무원에게 예산의 범위에서 입학금·등록금 및 그 밖에 교육훈련에 드는 경비를 지급할 수 있다.
   ③ 임용권자 등은 6개월 이상의 위탁교육훈련을 받은 소방공무원에 대해서는 특별한 경우를 제외하고 6년의 범위에서 교육훈련기간과 같은 기간 동안 교육훈련 분야와 관련된 직무 분야에서 복무하게 해야 한다.
   ④ 가상현실 훈련장과 소방시설 실습장은 옥내 훈련시설이며, 산악구조 훈련장은 옥외 훈련시설이다.

22. 특별승진의 요건 중 직무수행능력이 탁월하여 소방행정 발전에 지대한 공헌실적이 있다고 인정되는 사람에 해당되지 않는 것은?
   ① 천재·지변·화재 기타 이에 준하는 재난에 있어서 위험을 무릎쓰고 헌신 분투하여 다수의 인명을 구조하거나 재산의 피해를 방지한 사람
   ② 창의적인 연구와 헌신적인 노력으로 소방제도의 개선 및 발전에 기여한 사람
   ③ 창안등급 동상 이상을 받은 사람으로서 소방행정발전에 기여한 실적이 뚜렷한 사람
   ④ 교수요원으로 3년 이상 근무한 사람으로서 소방교육발전에 현저한 공이 있는 사람

23. 서울특별시 ○○소방서에 근무하는 소방위 갑(甲)이 징계처분 등 불리한 의사에 반한 불리한 처분에 대해 행정소송을 제기하려는 경우 피고는?
   ① 소방청장
   ② 서울특별시장
   ③ 서울특별시 소방본부장
   ④ 소속 소방서장

24. 「소방공무원징계령」상 소방서 징계위원회의 민간위원으로 위촉할 수 없는 사람은?
   ① 대학에서 법률학·행정학 또는 소방 관련 학문을 담당하는 조교수 이상으로 재직한 사람
   ② 법관·검사 또는 변호사로 5년 이상 근무한 사람
   ③ 민간부문에서 인사·감사 업무를 담당하는 임원급 또는 이에 상응하는 직위에 근무한 경력이 있는 사람
   ④ 소방공무원으로 20년 근속하고 퇴직한 사람으로서 퇴직일부터 3년이 경과한 사람

25. 「소방공무원징계령」상 징계위원회의 위원에 대한 제척·기피 또는 회피에 대한 설명으로 옳지 않은 것은?
   ① 징계위원회의 위원 중 징계등 혐의자의 친족 또는 직근 상급자나 그 징계등 사유와 관계가 있는 사람은 그 징계등 사건의 심의·의결에 관여하지 못한다.
   ② 징계등 혐의자는 위원 중에서 불공정한 의결을 할 우려가 있다고 의심할 만한 타당한 이유가 있을 때에는 그 사실을 서면으로 소명하고 해당 위원의 기피를 신청할 수 있다.
   ③ 제척 사유에 해당하면 스스로 해당 징계등 사건의 심의·의결을 회피할 수 있다.
   ④ 징계위원회는 기피신청이 있는 때에는 재적위원 과반수의 출석과 출석위원 과반수의 찬성으로 기피 여부를 의결하여야 한다.

소방법령 II

1. 다음 중 지방소방기관의 설치와 지휘·감독에 대한 설명으로 옳지 않은 것은?
   ① 시·도의 화재 예방·경계·진압 및 조사, 소방안전교육·홍보와 화재, 재난·재해 그 밖의 위급한 상황에서의 구조·구급 등의 업무를 수행하는 소방기관의 설치에 관하여 필요한 사항은 대통령령으로 정한다.
   ② 소방업무를 수행하는 소방본부장 또는 소방서장은 소방청장의 지휘와 감독을 받는다.
   ③ 시·도에서 소방업무를 수행하기 위하여 시·도지사 직속으로 소방본부를 둔다.
   ④ 지방소방기관 및 소방본부에는 대통령령으로 정하는 바에 따라 소방공무원을 둘 수 있다.

2. 「소방기본법」 및 시행규칙상 119종합상황실에 대한 설명으로 옳지 않은 것은?
   ① 소방청장, 소방본부장 또는 소방서장은 소방청과 시·도의 소방본부 및 소방서에 각각 설치·운영하여야 한다.
   ② 119종합상황실은 신속한 소방활동을 위한 정보의 수집·분석과 판단·전파, 상황관리, 현장 지휘 및 조정·통제 등의 업무를 수행한다.
   ③ 119종합상황실의 실장(종합상황실에 근무하는 자 중 최고 직위에 있는 자)은 재난상황의 발생 신고 접수, 재난상황의 전파 및 보고, 재난상황 수습에 필요한 정보수집 및 제공 등의 업무를 수행한다.
   ④ 소방본부에 설치하는 119종합상황실에는 행정안전부령으로 정하는 바에 따라 경찰공무원을 둘 수 있다.

3. 「소방기본법」상 소방력의 동원에 대한 설명이다. ( ) 안에 들어갈 용어로 옳은 것은?

   (㉠)은/는 해당 시·도의 소방력만으로는 소방활동을 효율적으로 수행하기 어려운 화재, 재난·재해, 그 밖의 구조·구급이 필요한 상황이 발생하거나 특별히 국가적 차원에서 소방활동을 수행할 필요가 인정될 때에는 각 (㉡)에게 (㉢)으로 정하는 바에 따라 소방력을 동원할 것을 요청할 수 있다.

	㉠	㉡	㉢
①	소방청장	시·도지사	행정안전부령
②	소방청장	시·도지사	대통령령
③	소방청장	소방본부장	행정안전부령
④	시·도지사	소방본부장	대통령령

4. 「소방기본법」 및 같은 법 시행규칙상 자체소방대의 설치·운영에 대한 설명으로 옳지 않은 것은?
   ① 관계인은 화재를 진압하거나 구조·구급 활동을 하기 위하여 상설 조직체(위험물안전관리법에 따라 설치된 자체소방대를 포함한다)를 설치·운영할 수 있다.
   ② 자체소방대는 소방대가 현장에 도착한 경우 소방본부장 또는 소방서장의 지휘·통제에 따라야 한다.
   ③ 소방청장, 소방본부장 또는 소방서장은 자체소방대의 역량 향상을 위하여 행정안전부령으로 정하는 교육·훈련 등을 지원할 수 있다.
   ④ 소방청장, 소방본부장 또는 소방서장은 소방기관에서 실시하는 자체소방대의 현장실습과 소방청장이 자체소방대의 역량 향상을 위하여 필요하다고 인정하는 교육·훈련 등에 관한 지원을 할 수 있다.

5. 「소방기본법」상 강제처분 등에 관한 설명으로 옳지 않은 것은?
   ① 소방활동종사명령에 따라 소방활동에 종사한 소방대상물의 관계인은 시·도지사로부터 소방활동의 비용을 지급받을 수 없다.
   ② 소방본부장, 소방서장 또는 소방대장은 사람을 구출하거나 불이 번지는 것을 막기 위하여 필요할 때에는 화재가 발생하거나 불이 번질 우려가 있는 소방대상물 외의 소방대상물 등에 대하여 강제처분을 할 수 있다.
   ③ 시·도지사는 소방활동에 방해가 되는 주차 또는 정차된 차량의 제거나 이동을 위하여 견인차량과 인력 등을 지원한 자에게 시·도의 조례로 정하는 바에 따라 비용을 지급할 수 있다.
   ④ 정당한 사유 없이 소방용수시설 또는 비상소화장치를 사용하거나 효용을 해한 자는 5년 이하의 징역 또는 5천만 원 이하의 벌금에 처한다.

6. 소방산업의 육성·진흥 등에 대한 설명에서 옳지 않은 것은?
   ① 국가는 소방산업의 육성·진흥을 위하여 필요한 계획의 수립 등 행정상·재정상의 지원시책을 마련하여야 한다.
   ② 국가는 소방산업과 관련된 기술의 개발을 촉진하기 위하여 기술개발을 실시하는 자에게 기술개발에 드는 자금의 전부나 일부를 출연하거나 보조할 수 있다.
   ③ 국가는 우수소방제품의 전시·홍보를 위하여 무역전시장 등을 설치한 자에게 소방산업전시회 관련 경비의 전부 또는 일부에 대해 지원을 할 수 있다.
   ④ 소방청장은 소방기술 및 소방산업의 국제경쟁력과 국제적 통용성을 높이기 위하여 소방기술 및 소방산업의 국제 협력을 위한 조사·연구 사업을 추진하여야 한다.

[제4회] 법령 II

7. 「소방기본법」상 한국소방안전원에 대한 업무 감독으로 옳지 않은 것은?

① 소방청장은 안전원에 대하여 업무·회계 및 재산에 관하여 보고하게 하거나 소속 공무원으로 하여금 안전원의 장부·서류 그 밖의 물건을 검사할 수 있다.
② 소방청장은 보고 또는 검사의 결과 필요하다고 인정되면 시정명령 등 조치를 할 수 있다.
③ 소방청장은 이사회의 중요의결 사항, 사업계획 및 예산에 관한 사항의 업무를 감독하며, 안전원의 사업계획 및 예산에 관하여는 소방청장의 승인을 얻어야 한다.
④ 소방청장은 안전원의 업무감독을 위하여 필요한 자료의 제출을 명하거나 안전원의 정관에서 정하고 있는 업무와 관련된 규정의 개선을 명할 수 있다.

8. 「소방기본법」의 벌칙에 대한 내용으로 옳지 않은 것은?

① 소방활동을 위한 소방자동차의 출동을 방해한 사람 : 5년 이하의 징역 또는 5천만원 이하의 벌금
② 화재가 발생하거나 불이 번질 우려가 있는 소방대상물·토지 외의 소방대상물·토지에 대한 강제처분을 방해한 사람 : 3년 이하의 징역 또는 3천만원 이하의 벌금
③ 소방활동에 방해되는 주정차 차량의 이동 처분 등을 방해한 자 또는 정당한 사유 없이 그 처분에 따르지 아니한 사람 ; 300만원 이하의 벌금
④ 소방대가 현장에 도착할 때까지 사람을 구출하는 조치 또는 불을 끄거나 불이 번지지 아니하도록 하는 조치를 하지 아니한 사람(관계인) : 100만원 이하의 벌금

9. 「소방시설 설치 및 관리에 관한 법률 시행령」상 특정소방대상물에 대한 설명으로 옳지 않은 것은?

① 내화구조로 된 하나의 특정소방대상물이 개구부 및 연소 확대 우려가 없는 내화구조의 바닥과 벽으로 구획되어 있는 경우 그 구획된 부분을 각각 별개의 특정소방대상물로 본다.
② 둘 이상의 특정소방대상물이 벽이 없는 구조(벽 높이가 바닥에서 천장까지의 높이가 2분의 1 미만인 경우)로서 6m 이하의 내화구조로 된 연결통로로 연결된 경우에는 이를 하나의 특정소방대상물로 본다.
③ 둘 이상의 특정소방대상물의 연결통로와 소방대상물의 양쪽에 화재 시 경보설비의 작동과 연동하여 자동으로 닫히는 자동방화셔터 또는 60분 방화문이 설치된 경우에는 각각 별개의 특정소방대상물로 본다.
④ 특정소방대상물의 지하층이 지하상가와 연결되어 있는 경우 해당 지하층의 부분을 지하상가로 본다.

10. 「소방시설 설치 및 관리에 관한 법률 시행령」상 내진설계 대상이 되는 특정소방대상물에 설치해야 하는 소방시설이 아닌 것은?

① 옥외소화전설비
② 스프링클러설비
③ 미분무소화설비
④ 할론소화설비

11. 「소방시설 설치 및 관리에 관한 법률 시행령」상 특정소방대상물에 갖추어야 할 소방시설로 옳지 않은 것은?

① 지하상가로서 연면적 1천 제곱미터 이상은 제연설비, 무선통신보조설비, 스프링클러설비, 자동화재탐지설비를 설치해야 한다.
② 의원, 치과의원으로 입원실이 있는 시설, 조산원 및 산후조리원은 자동화재속보설비를 설치해야 한다.
③ 수용인원이 100명 영화상영관은 공기호흡기와 제연설비 등을 설치해야 한다.
④ 터널로서 길이가 1,000미터 이상은 옥외소화전설비, 연결송수관설비 및 자동화재탐지설비를 설치해야 한다.

12. 소방시설을 설치하지 아니할 수 있는 특정소방대상물과 소방시설의 범위로 옳지 않은 것은?

① 기계조립공장은 화재위험도가 낮은 특정소방대상물로 옥외소화전 및 연결살수설비를 설치하지 아니할 수 있다.
② 펄프공장의 작업장은 화재안전기준을 적용하기 어려운 특정소방대상물로 자동화재탐지설비, 상수도소화용수설비 및 연결살수설비를 설치하지 아니할 수 있다.
③ 원자력발전소는 화재안전기준을 달리 적용해야 하는 특수한 용도 또는 구조를 가진 특정소방대상물로 연결송수관설비 및 연결살수설비를 설치하지 아니할 수 있다.
④ 자체소방대가 설치된 위험물 제조소등에 부속된 사무실은 옥내소화전설비, 소화용수설비, 연결살수설비 및 연결송수관설비를 설치하지 아니할 수 있다.

13. 「소방시설 설치 및 관리에 관한 법령」상 소방기술심의위원회에 대한 설명으로 옳지 않은 것은?

① 소방청에 중앙소방기술심의위원회, 시·도에 지방소방기술심의위원회를 둔다.
② 중앙소방기술심의위원회는 성별을 고려하여 위원장을 포함한 60명 이내의 위원으로 구성하며, 회의는 위원장과 위원장이 회의마다 지정하는 6명 이상 12명 이하의 위원으로 구성한다.
③ 지방소방기술심의위원회는 위원장을 포함하여 5명 이상 7명 이하의 위원으로 구성한다.
④ 연면적 10만제곱미터 이상의 특정소방대상물에 설치된 소방시설의 설계·시공·감리의 하자 유무에 관한 사항은 중앙소방기술심의위원회의 심의사항이다.

14. 소방시설등의 자체점검에 대한 설명으로 옳은 것은?

① 특정소방대상물의 관계인은 해당 특정소방대상물의 소방시설등이 신설된 경우에는 건축물을 사용할 수 있게 된 날부터 60일 이내에 자체점검하여야 한다.
② 간이스프링클러설비(주택전용 간이스프링클러설비를 포함) 또는 자동화재탐지설비가 설치된 특정소방대상물의 자체점검은 관계인과 특급점검자도 점검할 수 있다.
③ 자체점검은 점검 장비를 이용하여 점검해야 하며, 연1회 이상(특급 소방안전관리대상물은 분기별 1회 이상) 실시한다.
④ 작동점검은 특정소방대상물의 사용승인일이 속하는 달의 말일까지 실시한다. 다만 종합점검 대상은 종합점검을 받은 달부터 3개월이 되는 달에 실시한다.

15. 「소방시설 설치 및 관리에 관한 법령」상 소방대상물의 방염에 대한 설명으로 옳지 않은 것은?

① 근린생활시설 중 의원, 체력단련장, 공연장 및 종교집회장, 건축물의 옥내에 있는 문화 및 집회시설, 종교시설, 운동시설(수영장은 제외한다)은 방염성능기준 이상의 실내장식물 등을 설치하여야 한다.
② 창문에 설치하는 커튼류(블라인드 포함)와 카펫, 두께가 2밀리미터 미만인 벽지류(종이벽지 제외)는 제조 또는 가공공정에서 방염처리를 한 물품에 해당된다.
③ 실내장식물은 건축물 내부의 천장이나 벽에 부착하거나 설치하는 것으로서 가구류, 너비 10센티미터 이하인 반자돌림대 및 내부마감재료는 제외한다.
④ 방염성능기준으로 탄화한 면적의 경우 60제곱센티미터 이내, 탄화한 길이는 20센티미터 이내이다.

16. 「소방시설 설치 및 관리에 관한 법률 시행령」상 소방용품의 형식승인 및 성능인증 등에 관한 설명으로 옳지 않은 것은?

① 형식승인을 받은 자는 그 소방용품에 대하여 소방청장이 실시하는 제품검사를 받아야 한다.
② 형식승인의 방법·절차 등과 제품검사의 구분·방법·순서·합격표시 등에 필요한 사항은 행정안전부령으로 정한다.
③ 하나의 소방용품에 성능인증 사항이 두 가지 이상 결합된 경우에는 해당 성능인증 시험을 일부 실시하고 하나의 성능인증을 할 수 있다.
④ 외국의 공인기관으로부터 인정받은 신기술 제품은 형식승인을 위한 시험 중 일부를 생략하여 형식승인을 할 수 있다

17. 「소방시설 설치 및 관리에 관한 법률 시행령」상 과태료에 대한 설명으로 옳지 않은 것은?

① 점검기록표를 기록하지 아니하거나 특정소방대상물의 출입자가 쉽게 볼 수 있는 장소에 게시하지 아니한 관계인에게는 300만원 이하의 과태료를 부과한다.
② 관계인에게 점검 결과를 제출하지 아니하거나 소속 기술인력의 참여 없이 자체점검을 한 관리업자는 위반횟수와 관계없이 300만원 과태료를 부과한다.
③ 소방시설등의 점검결과의 지연 보고 기간이 1개월 이상인 경우에는 300만원의 과태료를 부과한다.
④ 등록사항 변경신고 또는 지위승계신고에서 지연 신고 기간이 1개월 이상 3개월 미만인 경우에는 100만원의 과태료를 부과한다.

18. 화재의 예방 및 안전관리에 관한 법령의 화재안전조사에 대한 설명으로 옳지 않은 것은?

① 소방관서장은 화재안전조사를 실시하려는 경우 사전에 관계인에게 서면으로 통지하고 조사대상, 조사기간 및 조사사유 등 조사계획을 소방관서의 인터넷 홈페이지나 전산시스템을 통해 7일 이상 공개해야 한다.
② 화재안전조사는 관계인의 승낙 없이 소방대상물의 공개시간 또는 근무시간 이외에는 할 수 없다.
③ 소방관서장은 화재안전조사를 위하여 소속 공무원으로 하여금 관계인에게 보고 또는 자료의 제출을 요구하거나 소방대상물의 위치·구조·설비 또는 관리 상황에 대한 조사·질문을 하게 할 수 있다.
④ 소방관서장은 화재안전조사를 마친 때에는 그 조사 결과를 관계인에게 서면으로 통지하여야 한다.

19. 화재의 예방조치에 대한 설명으로 옳지 않은 것은?
   ① 화재예방강화지구와 제조소등에서는 화기의 취급과 위험물을 방치하는 행위를 하여서는 아니 된다.
   ② 소방관서장은 화재 발생 위험이 크거나 소화활동에 지장을 줄 수 있는 행위 당사자나 물건의 관계인에게 화재예방명령을 할 수 있다.
   ③ 소방관서장은 옮긴 물건 등을 보관하는 경우에는 그 날부터 14일 동안 소방관서의 인터넷 홈페이지에 그 사실을 공고해야 하며 옮긴 물건 등의 보관기간은 공고기간의 종료일부터 7일까지로 한다.
   ④ 소방관서장은 보관기간이 종료된 때에는 옮긴 물건 등을 매각해야 하며, 매각한 경우에는 지체 없이 국가재정법에 따라 세입조치를 해야 한다.

20. 「화재의 예방 및 안전관리에 관한 법률 시행령」상 화재예방강화지구에 관한 설명으로 옳지 않은 것은?
   ① 소방관서장은 대통령령으로 정하는 바에 따라 화재예방강화지구안의 소방대상물의 위치·구조 및 설비 등에 대하여 화재안전조사를 연 1회 이상 실시하여야 한다.
   ② 소방관서장은 화재예방강화지구 안의 관계인에 대하여 소방 훈련 및 교육을 연 1회 이상 실시하여야 한다.
   ③ 소방관서장은 소방에 필요한 훈련 및 교육을 실시하려는 경우에는 화재예방강화지구 안의 관계인에게 훈련 또는 교육 10일 전까지 그 사실을 통보해야 한다.
   ④ 시·도지사는 대통령령으로 정하는 바에 따라 화재예방강화지구의 지정 현황, 화재안전조사 결과 등이 포함된 화재예방에 필요한 자료를 매년 작성·관리해야 한다.

21. 「화재의 예방 및 안전관리에 관한 법률」 및 같은 법 시행령상 화재안전영향평가심의회의 위원이 될 수 있는 사람 중 옳지 않은 것은?
   ① 가스안전공사에서 화재안전 관련 업무를 수행하는 사람으로서 가스안전공사 사장이 추천하는 사람
   ② 소방청에서 화재안전 관련 업무를 수행하는 소방준감 이상의 소방공무원 중에서 소방청장이 지명하는 사람
   ③ 보건복지부에서 화재안전 관련 법령이나 정책을 담당하는 고위공무원단에 속하는 일반직공무원으로 보건복지부장관이 지명한 사람
   ④ 「고등교육법」에 따른 학교 또는 이에 준하는 학교나 공인된 연구기관에서 조교수 이상의 직(職) 또는 이에 상당하는 직에 있거나 있었던 사람으로서 화재안전 또는 관련 법령이나 정책에 전문성이 있는 사람

22. 「화재의 예방 및 안전관리에 관한 법률」 및 시행규칙상 소방안전관리업무의 대행에 대한 설명으로 옳지 않은 것은?
   ① 층수가 11층 이상인 1급 소방안전관리대상물(연면적 1만 5천제곱미터 이상인 것과 아파트는 제외)과 2급·3급 소방안전관리대상물은 관리업자가 대행할 수 있다.
   ② 관리업자는 피난시설, 방화구획 및 방화시설의 관리업무와 소방 관련 시설의 관리업무를 대행할 수 있다.
   ③ 자동화재탐지설비가 설치된 3급 소방안전관리대상물의 경우에는 초급점검자 이상을 배치하여야 한다.
   ④ 연면적 5천제곱미터 미만으로서 물분무등소화설비가 설치된 1급 또는 2급 소방안전관리대상물의 경우에는 초급점검자를 배치할 수 있다.

23. 화재예방법령상 특정소방대상물의 근무자 및 거주자에 대한 소방훈련 및 교육에 대한 설명으로 옳지 않은 것은?
   ① 소방안전관리대상물의 관계인은 그 장소에 근무하거나 거주하는 사람 등에게 소화·통보·피난 등의 훈련과 소방안전관리에 필요한 교육을 하여야 한다.
   ② 근무자 및 거주자에 대한 소방훈련과 교육은 연 2회 실시해야 하며, 소방훈련·교육 실시 결과 기록부에 기록하고 실시한 날부터 2년간 보관해야 한다.
   ③ 소방본부장 또는 소방서장은 특급, 1급 소방안전관리대상물의 관계인으로 하여금 소방훈련을 소방기관과 합동으로 실시하게 할 수 있다.
   ④ 소방안전관리 전담 대상물의 관계인은 소방훈련 및 교육을 한 날부터 30일 이내에 소방훈련 및 교육 결과를 소방본부장 또는 소방서장에게 제출하여야 한다.

24. 「화재의 예방 및 안전관리에 관한 법령」상 소방교육훈련 등에 대한 설명으로 옳지 않은 것은?
   ① 소방본부장 또는 소방서장은 불특정 다수인이 이용하는 대통령령으로 정하는 특정소방대상물의 근무자등에게 불시에 소방훈련과 교육을 실시할 수 있다.
   ② 의료시설, 교육연구시설, 노유자시설 등은 불시 소방훈련·교육의 대상이다.
   ③ 불시 소방훈련과 교육을 실시하려는 경우 소방안전관리대상물의 관계인에게 불시 소방훈련·교육 실시 20일 전까지 불시 소방훈련·교육 계획서를 통지해야 한다.
   ④ 소방본부장이나 소방서장은 소화기 또는 비상경보설비가 설치된 공장·창고 등의 특정소방대상물의 관계인을 대상으로 소방안전교육을 할 수 있다.

25. 「화재의 예방 및 안전관리에 관한 법률」상 위반행위에 대한 벌칙으로 옳지 않은 것은?

① 소방안전관리자 자격증을 다른 사람에게 빌려주거나 빌리거나 이를 알선한 자 – 3년 이하의 징역 또는 3천만원 이하의 벌금

② 화재안전조사 업무를 수행하는 관계공무원이 조사 업무를 수행하면서 알게 된 비밀을 누설한 경우 – 1년 이하의 징역 또는 1천만원 이하의 벌금

③ 화재안전조사를 정당한 사유 없이 거부·방해 또는 기피한 자 – 300만원 이하의 벌금

④ 실무교육을 받지 아니한 소방안전관리자 및 소방안전관리보조자 – 100만원 이하의 과태료

소방전술

1. 다음 중 억제(부촉매)소화에 대한 설명이 아닌 것은?
   ① 화재 발생시 가연물의 연쇄반응을 억제하는 방법이다.
   ② 소화원리는 연쇄반응을 방해함으로써 화재를 진압하는 원리이다.
   ③ 소화약제의 종류로는 산·알카리소화약제, 강화액소화약제 등이 있다.
   ④ 이산화탄소·수증기 등의 생성을 억제시킴으로써 소화하는 원리로 화학적 또는 물리적 소화방법에 해당한다.

2. 다음 중 사다리를 이용한 진입요령으로 가장 옳은 것은?
   ① 사다리는 1인을 원칙으로 하며 수직 전후 지지각도는 75도 이상을 원칙으로 한다.
   ② 베란다의 난간에는 강도가 약한 것이 많아도 원칙적으로 사다리를 설치한다.
   ③ 인접 건물로 진입할 때는 여러 개의 단식사다리 혹은 거는 사다리를 이용한다.
   ④ 4층 진입 시 펌프차와 복식사다리의 병행에 의한 진입과 같은 방법으로 활용한다.

3. 저층 건물 화재에서 발생하는 연기의 흐름을 좌우하는 요소로 옳지 않은 것은?
   ① 열
   ② 대류의 흐름
   ③ 연소(화재)압력
   ④ 연돌효과와 공조시스템

4. 구조대상자 운반법에서 농연(짙은 연기) 중의 구출로 옳은 것은?
   ① 등에 업고 포복 구출
   ② 안아 올려 운반구출
   ③ 1인 확보 운반 구출
   ④ 양쪽 겨드랑이 잡아당겨 구출

5. 상업용 고층건물 화재 배연작전에 대한 내용으로 옳지 않은 것은?
   ① 사무실용 고층화재 시 공조시스템을 즉시 차단하고 배연작업을 실시한다.
   ② 심각한 생명의 위험이 없고 화재를 통제할 수 없을 경우 배연은 금지된다.
   ③ 배연은 연소 확대 가능성이 낮은 화재진압이 완료되기 후에 실시해야 한다.
   ④ 넓은 개방공간과 거대한 높이가 창문 개방 시 대류를 일으키는 원인이 된다.

6. 다음 중 도로터널 화재 소방활동 상황으로 옳지 않은 것은?
   ① 상하행선의 교통통제 상황 등을 확인하고 방재설비를 유효하게 활용한다.
   ② 화재에 따라 소방활동의 개인장비 등을 활동거점으로 집결하면서 활동한다.
   ③ 터널 내에 진입 시는 반드시 직사주수로 안전을 확보하면서 활동하도록 한다.
   ④ 화재상황에 따라서 풍하측으로 무인방수탑차를 배치하여 인명구조활동에 활용한다.

7. 유리파괴의 일반적 유의사항으로 옳지 않은 것은?
   ① 창유리 등의 파괴는 지휘자의 지시에 의한다.
   ② 판유리의 파괴순서는 유리의 중량을 고려하여 구석으로부터 횡으로 파괴한다.
   ③ 고층에서 파괴 시 지상과의 연락을 긴밀히 하여 유리의 낙하구역에 경계구역을 설정한다.
   ④ 백드래프트나 플래시오버를 일으킬 염려가 있을 시 몸의 위치를 창의 측면이 되도록 한다.

8. 다음 중 지수밸브에 대한 내용으로 가장 옳은 것은?
   ① 지수밸브는 주 펌프의 측면부에 설치되어 있다.
   ② 다이아프램이 불량이어도 방수 시 진공펌프를 통해 물이 나올 수 없다.
   ③ 진공펌프가 작동되면 펌프 내부는 진공상태가 되어 이와 연결된 지수밸브 다이아프램이 아래쪽으로 내려가서 진공펌프와 주펌프실이 연결된 작은 통로가 닫힌다.
   ④ 흡수가 완료되면 양수된 주 펌프실은 압력이 발생하고 이 압력으로 지수밸브의 다이어프램이 올려지면서 진공펌프로 통하는 통로가 막히고 주펌프 물이 진공펌프로 가는 것을 막아준다

9. 간접공격법의 효과의 판단에서 다음 내용에 해당하는 것은?

   작은 화점이 존재할 정도의 화세는 약하므로 서서히 내부에 진입하여 국소주수로 수손방지에 유의하면서 잔화정리한다.

   ① 주수초기
   ② 주수중기
   ③ 주수종기
   ④ 주수정지

10. 다음 중 선착대의 도착 순위 및 도착시간으로 옳은 것은?
    ① 순위 1착 - 3분 이내 도착
    ② 순위 1~3착 - 3분 이내 도착
    ③ 순위 1~3착 - 5분 이내 도착
    ④ 순위 1~5착 - 5분 이내 도착

11. 다음 중 도로교통법에서 긴급자동차로 규정하고 있는 차량이 아닌 것은?
    ① 구급차
    ② 소화 중인 소방차
    ③ 혈액공급차량
    ④ 경찰용 자동차 중 범죄수사 차량

12. 화재의 특수현상과 대처법에서 백드래프트에 관계된 내용으로 옳지 않은 것은?
    ① 성장기, 감퇴기
    ② 외부에서 유입된 공기(산소)
    ③ 훈소상태(불완전연소 상태)
    ④ 상대적으로 산소공급 원활

13. 다음 중 구출방법의 결정원칙으로 옳지 않은 것은?
    ① 가장 안전하고 신속한 방법
    ② 침착한 활동성에 맞는 방법
    ③ 현장의 상황 및 특성을 고려한 방법
    ④ 재산 피해가 적고 실패의 가능성이 가장 적은 방법

14. 다음 중 로프 사용에 대한 내용으로 옳지 않은 것은?
    ① 로프는 5년 경과부터 강도가 급속히 저하된다.
    ② UIAA 권고사항에 따르면 5년 이상 경과된 로프는 폐기한다.
    ③ 교체기는 가끔 사용하는 로프는 4년, 매주 사용하는 로프는 2년이다.
    ④ 교체기는 매일 사용하는 로프는 1년, 스포츠 클라이밍로프는 6개월이다.

15. 다음 중 공기톱에 대한 내용으로 옳지 않은 것은?
    ① 철재나 비철금속 등을 절단할 수 있다.
    ② 작업 시의 공기압력은 0.5MPa(5kg/cm²) 이하를 준수한다.
    ③ 절단면에는 2개 이상의 톱니가 닿도록 하여 절단한다.
    ④ 수중이나 위험물질이 누출된 장소에서도 안전하게 사용할 수 있다.

16. 다음 중 수직 맨홀 진입에 대한 내용으로 옳지 않은 것은?
    ① 대원은 안전로프를 매고 호흡기의 면체만을 장착한 후 맨홀을 통과하여 본체를 장착하고 진입한다.
    ② 탈출 시에는 진입했던 역순으로 맨홀의 내부에서 호흡기 면체를 벗고 밖으로 나온 후에 본체를 벗는다.
    ③ 환기가 곤란한 경우 예비용기를 투입, 개방하여 신선한 공기 공급을 마련한다.
    ④ 질식한 구조대상자가 있으면 보조호흡기를 착용시키고 신속히 구출하도록 한다.

17. 습식잠수복 착용 시기는 수온이 몇 ℃ 이하로 낮아질 때인가?
    ① 13℃   ② 24℃   ③ 33℃   ④ 44℃

【제4회】 전술

18. 다음 중 잠수에서 사용되는 용어에 대하여 옳지 않은 것은?
   ① 재 잠수 - 스쿠버 잠수 10분 이후부터 12시간 내에 실행되는 스쿠버 잠수를 말한다.
   ② 잔류 질소시간 - 체내의 잔류 질소량을 잠수하고자 하는 수심에 따라 결정되는 시간이다.
   ③ 최대 잠수가능 조정시간 - 최대 잠수 가능시간에서 잔류질소 시간을 뺀 나머지 시간이다.
   ④ 총 잠수시간 - 전 잠수로 인해 줄어든 시간(잔류 질소시간)과 실제 재 잠수시간을 뺀 것을 나타낸다.

19. 화재 시 콘크리트 온도변화로 그 연결이 옳지 않은 것은?
   ① 290℃에서는 표면균열, 540℃에서는 균열 심화
   ② 290℃~590℃ : 연홍색이 붉은 색으로 변색
   ③ 590℃~900℃ : 회색이 황갈색으로 변색(석회암은 흰색으로 변색)
   ④ 573℃로 가열 시 부재 표면에 위치한 규산질 골재에서는 Spalling 발생

20. 다음 중 전염질환에 대한 내용으로 옳은 것은?
   ① B형간염은 몇 년간 몸에 잠복해 있다가 발병되거나 전파되기도 한다.
   ② 결핵은 몸이 약해지면 재발하는 질병으로 비말 등이 공기로 전파되지 않는다.
   ③ AIDS(에이즈 바이러스)는 피부접촉, 기침, 재채기. 식기도구 등으로 감염될 수 있다.
   ④ AIDS(에이즈 바이러스)는 감염자의 혈액 또는 체액, 소변에 접촉 시 감염되지 않는다.

21. 다음 중 연성부목에 대한 내용으로 옳지 않은 것은?
   ① 가장 많이 사용되는 연성부목은 공기부목과 진공부목이다.
   ② 공기부목은 온도 및 공기압력에 의해 변화가 생기는 단점이 있다.
   ③ 진공부목은 심하게 각이 졌거나 구부러진 곳에서 효과적으로는 사용되지 않는다.
   ④ 공기부목은 환자에게 편안하며 접촉이 균일하고 외부 출혈이 있는 상처에 압박을 가할 수 있으므로 지혈도 가능하다.

22. 다음 중 화상환자에 대한 성인의 중증도 분류에 있어서 "경증"에 해당하는 것은?
   ① 원통형 화상, 전기화상
   ② 체표면적 2% 미만의 3도 화상인 모든 환자
   ③ 체표면적 10% 이상의 3도 화상인 모든 환자
   ④ 체표면적 2% 이상 - 10% 미만의 3도 화상인 모든 화상

23. 다음 중 다발성 외상환자처럼 환자 움직임을 최소화하여 이동이 가능한 들것은?
   ① 분리형 들것   ② 접이형 들것
   ③ 가변형 들것   ④ 계단형 들것

24. 환자자세 유형에서 혈액이 심장으로 돌아오는 정맥 귀환량을 증가시켜 심박 출력을 강화하는 데 효과가 있기 때문에 쇼크자세로 사용되는 것은?
   ① 옆누운자세
   ② 앉은자세
   ③ 트렌델렌버그 자세
   ④ 변형된 트렌델렌버그 자세

25. 의식상태 평가에서의 분류에 환자 반응 AVPU 척도 내용 중 옳지 않은 것은?
   ① U - 환자가 전혀 반응하지 않는다.
   ② A - 환자가 스스로 눈을 뜨지 않지만 질문에 분명한 답변을 한다.
   ③ P - 언어지시에는 별 반응이 없지만 신체에 통증을 주면 움직인다.
   ④ V - 환자가 스스로 눈을 뜰 수 없지만 상대방의 언어지시에는 반응을 한다

소방법령 I

1. 소방공무원의 임용에 대한 설명으로 옳지 않은 것은?
   ① 대통령령은 소방청과 그 소속기관의 소방정 및 소방령에 대한 임용권과 소방정인 지방소방학교장의 임용권을 소방청장에게 위임한다.
   ② 시·도지사는 소방정인 지방소방학교장에 대한 휴직, 직위해제, 정직 및 복직에 관한 권한과 시·도 소속 소방경 이하의 소방공무원에 대한 임용권을 가진다.
   ③ 소방청장은 소방준감인 서울종합방재센터장에 대한 임용권을 가진다.
   ④ 소방서장은 소속 소방경 이하의 해당 기관 안에서의 전보권과 소속 소방위 이하 소방공무원에 대한 휴직·직위해제·정직 및 복직에 대한 임용권을 가진다.

2. 소방공무원 인사위원회에 대한 설명으로 옳지 않은 것은?
   ① 소방공무원의 인사에 관한 중요사항에 대하여 소방청장과 시·도지사의 자문에 응하게 하기 위하여 소방청과 시·도에 인사위원회를 둔다.
   ② 위원장 포함 5명 이상 9명 이하의 위원으로 구성한다.
   ③ 간사(幹事) 약간 인을 두되, 간사는 인사위원회가 설치된 기관의 장이 소속 공무원 중에서 임명한다.
   ④ 인사위원회는 소방공무원의 인사행정에 관한 방침과 기준 및 기본계획에 관한 사항, 소방청장과 시·도지사가 해당 인사위원회의 회의에 부치는 사항을 심의한다.

3. 소방공무원 경력경쟁채용의 요건으로 옳지 않은 것은?
   ① 공무상 부상으로 휴직하였다가 휴직기간이 만료되어 퇴직한 소방공무원은 퇴직한 날부터 3년 이내에 퇴직 시 재직하였던 계급의 소방공무원으로 재임용할 수 있다.
   ② 소방공무원 외의 공무원으로서 소방기관에서 특수기술부문에 근무한 경력이 2년 이상으로서 해당 임용예정계급에 상응하는 근무경력이 1년 이상인 사람을 소방령 이하로 임용할 수 있다.
   ③ 경위 이하의 경찰공무원으로서 최근 5년 이내에 화재감식 또는 범죄수사업무에 종사한 경력 2년 이상인 사람을 소방위 이하로 임용할 수 있다.
   ④ 의용소방대원을 소방사 계급의 소방공무원으로 임용하는 경우 그 지역에 119지역대 등이 처음 설치된 날로부터 1년 이내에 그 지역의 소방공무원으로 임용할 수 있다.

4. 「소방공무원임용령」상 전문직위의 운영에 대한 설명으로 옳지 않은 것은?
   ① 소방청장은 전문성이 특히 요구되는 직위를 전문직위로 지정하여 관리할 수 있다.
   ② 전문직위에 임용된 소방공무원은 5년의 범위에서 소방청장이 정하는 기간이 지나야 다른 직위로 전보할 수 있다.
   ③ 직무수행에 필요한 능력·기술 및 경력 등의 직무수행요건이 같은 직위 간 전보 등 소방청장이 정하는 경우에는 기간에 관계없이 전보할 수 있다.
   ④ 소방공무원을 전문직위로 전보하는 경우에는 1년 이내에 전보할 수 있다.

5. 「소방공무원임용령」상 소방공무원의 임용을 유예할 수 있는 경우가 아닌 것은?
   ① 학업의 계속
   ② 6월 이상의 장기요양을 요하는 질병이 있는 경우
   ③ 채용후보자로서 임용 또는 임용제청에 응하지 않은 경우
   ④ 병역법에 따른 병역의무복무를 위하여 징집 또는 소집되는 경우

6. 「소방공무원임용령」상 시보임용 소방공무원의 관리에 대한 설명으로 옳지 않은 것은?
   ① 소방간부후보생으로서 정해진 교육을 마친 자를 소방위로 임용하는 경우 시보임용이 면제된다.
   ② 임용권자 또는 임용제청권자는 시보임용기간 중의 소방공무원에 대하여 근무상황을 항상 지도·감독하여야 한다.
   ③ 시보임용 기간 중에 있는 소방공무원이 법 또는 법에 따른 명령을 위반하여 중징계 사유에 해당하는 비위를 저지르거나 경징계사유에 해당하는 비위를 2회 이상 저지른 경우에는 면직시킬 수 있다.
   ④ 임용권자 또는 임용제청권자는 채용후보자로서 교육훈련을 받는 중에 질병·병역복무 또는 그 밖에 교육훈련을 계속 받을 수 없는 불가피한 사유로 퇴교처분을 받은 경우 면직시킬 수 있다.

7. 소방공무원의 보직관리에 대한 설명으로 옳지 않은 것은?

① 임용권자는 파면·해임·면직된 자의 복귀 시에 해당 기관에 그에 해당하는 계급의 결원이 없는 경우 2개월 이내의 기간 동안 보직 없이 근무하게 할 수 있다.
② 임용권자는 소속 소방공무원을 연속하여 3회 이상 소방서장으로 보직해서는 안 된다.
③ 신규채용을 통해 소방사로 임용된 사람은 최하급 소방기관에 보직해야 한다. 다만, 자격증소지자를 해당 자격 관련 부서에 보직하는 경우에는 그렇지 않다.
④ 위탁교육훈련이수자를 교수요원으로 보직할 수 없거나 곤란한 경우 교육훈련의 내용과 관계되는 직위에 보직하여야 한다.

8. 「소방공무원임용령」상 경력경쟁채용자의 필수보직기간에 대한 설명으로 옳지 않은 것은?

① 변호사시험 합격자를 임용하는 경우 2년의 필수보직기간이 지나야 다른 직위 또는 임용권자를 달리하는 기관에 전보될 수 있다.
② 외국어능통자를 임용하는 경우 5년의 필수보직기간이 지나야 다른 직위 또는 임용권자를 달리하는 기관에 전보될 수 있다. 다만, 임용권자를 달리하는 기관간의 전보의 경우는 그러하지 아니하다.
③ 의용소방대원 경력으로 경력경쟁채용된 소방공무원은 최초로 그 직위에 임용된 날부터 5년의 필수보직기간이 지나야 최초 임용기관 외의 다른 기관으로 전보될 수 있다.
④ 필수보직기간 계산에서 휴직기간, 직위해제기간, 강등 및 정직 처분으로 직무에 종사하지 않은 기간은 제외한다.

9. 소방공무원을 파견하는 경우 인사혁신처장과의 협의 등에 대한 설명으로 옳지 않은 것은?

① 다른 기관의 업무폭주로 인한 행정지원으로 소속 소방공무원(시·도지사가 임용권을 행사하는 소방공무원을 포함)을 파견하는 경우 인사혁신처장과 협의하여야 한다.
② 파견 중 파견기간이 끝나기 전에 파견자를 복귀시키는 경우로서 인사혁신처장이 정하는 사유에 해당하는 경우에는 인사혁신처장과 협의하여야 한다.
③ 인사혁신처장이 별도정원의 직급·규모 등에 대하여 행정안전부장관과 협의된 파견기간의 범위에서 소방경 이하의 파견기간을 연장하는 경우 협의를 생략할 수 있다.
④ 직제상 파견의 경우 인사혁신처장과 협의 없이 소속 공무원을 파견하거나 파견기간을 연장할 수 있다.

10. 「소방공무원임용령」상 별도정원에 대한 내용에서 빈칸에 들어갈 말은?

> 1년 이상의 파견 또는 소방청과 소속기관 소속 소방공무원, 소방본부장 또는 지방소방학교장 등에 대한 ( )개월 이상 교육훈련을 위한 파견으로 별도정원에 해당하여 결원을 보충하는 경우에 소방청장은 미리 행정안전부장관과 협의하여야 하며, 시·도지사는 ( )의 승인을 받아야 한다. 다만, 시·도지사가 임용권을 행사하는 ( ) 이하의 소방공무원을 보충하는 경우에는 승인을 받지 않고 보충할 수 있다.

① 3, 소방청장, 소방령
② 3, 행정안전부장관, 소방정
③ 6, 행정안전부장관, 소방령
④ 6, 소방청장, 소방령

11. 시·도 간에 소방공무원을 인사교류 할 수 있는 기준으로 옳지 않은 것은?

① 시·도 간 인력의 균형 있는 배치를 위한 시·도 소속 소방령 이상의 인사교류
② 시·도 간 소방행정의 균형 있는 발전을 위한 시·도 소속 소방정 이하의 인사교류
③ 시·도 소속 소방경 이하의 소방공무원의 연고지배치를 위한 인사교류
④ 시·도의 협조체제 증진 및 소방공무원의 능력발전을 위한 인사교류

12. 「소방공무원임용령 시행규칙」상 인사기록의 관리에 대한 설명으로 옳지 않은 것은?

① 소방공무원은 성명·주소 기타 인사기록의 기록내용을 변경하여야 할 정당한 사유가 있는 때에는 그 사유가 발생한 날부터 30일 이내에 소속 인사기록관리자에게 신고해야 한다.
② 인사기록은 인사기록관리자, 인사기록관리담당자, 본인, 기타 소방공무원 인사자료의 보고 등을 위하여 필요한 자를 제외하고는 이를 열람할 수 없다.
③ 본인 외의 자가 인사기록을 열람하는 경우에는 인사기록관리자의 허가를 받아 인사기록관리담당자의 참여하에 정해진 장소에서 열람하여야 한다.
④ 인사기록관리자는 정정부분이 많거나 기록이 명백하지 않아 착오를 일으킬 염려가 있는 경우에는 인사기록을 재작성할 수 있다.

13. 소방공무원의 계급별 승진소요최저근무연수로 옳은 것은?

① 소방정 - 4년
② 소방령·소방경 - 3년
③ 소방장·소방위 - 2년
④ 소방사·소방교 - 1년

14. 소극행정, 음주운전 및 성희롱 등으로 정직 2월의 징계처분을 받은 소방공무원은 정직처분일로부터 몇 개월 동안 승진임용의 제한을 받게 되는가?

① 20개월　　② 23개월
③ 26개월　　④ 27개월

15. 「소방공무원 승진임용규정」상 근무성적평정의 예외에 대한 설명으로 옳지 않은 것은?

① 소방공무원이 국외 파견 등 교육훈련으로 인하여 실제 근무기간이 1개월 미만인 경우에는 근무평정을 하지 아니한다.
② 소방공무원이 6월 이상 국가기관·지방자치단체에 파견근무하는 경우에는 파견 받은 기관의 의견을 참작하여 근무성적을 평정하여야 한다.
③ 정기평정이후에 신규채용 또는 승진임용된 소방공무원에 대하여는 2월이 경과한 후의 최초의 정기평정일에 평정해야 한다.
④ 소방공무원이 소방청과 시·도 간 또는 시·도 상호 간에 인사교류된 경우에는 인사교류 전에 받은 근무성적평정을 해당 소방공무원의 평정으로 한다.

16. 「소방공무원 승진임용규정」상 소방공무원의 경력평정에 대한 설명으로 옳지 않은 것은?

① 평정자는 소속된 소방공무원 인사 담당 공무원이, 확인자는 평정자의 직근 상급 감독자가 된다.
② 경력평정대상기간의 산정은 승진소요최저근무연수의 계산방법에 따른다. 다만 승진임용제한기간 및 소방공무원으로 신규임용될 사람이 받은 교육훈련기간은 경력평정대상기간에 포함한다.
③ 소방정 계급의 소방공무원의 경력평정점은 30점을 만점으로 하고, 소방령 이하 소방공무원의 경력평정점은 25점을 만점으로 한다.
④ 소방경과 소방위 계급의 소방공무원의 경우 기본경력과 초과경력의 평정대상기간이 같다.

17. 다음 중 승진심사위원회에 대한 설명으로 옳지 않은 것은?

① 보통승진심사위원회는 위원장 포함 5명 이상 9명 이하의 위원으로 구성한다.
② 소방청 및 시·도의 보통승진심사위원회의 위원장 및 위원은 위원회가 설치된 기관의 장이 승진심사대상자보다 상위계급의 소속 공무원 또는 외부 전문가 중에서 임명하거나 위촉한다.
③ 승진심사위원회는 승진심사위원회의 위원장이 필요하다고 인정할 때에 소집한다.
④ 회의는 재적위원 3분의 2이상의 출석과 출석위원 과반수의 찬성으로 의결한다.

18. 「소방공무원 승진임용규정 시행규칙」상 대우공무원에 관한 내용으로 옳지 않은 것은?

① 소방경이 대우공무원으로 선발되기 위해서는 승진소요최저근무연수를 경과하고 5년 이상 근무해야 한다.
② 임용권자 또는 임용제청권자는 매월 말 5일 전까지 대우공무원 발령일을 기준으로 하여 대우공무원 선발요건에 적합한 대상자를 결정하여야 하며, 그 다음 월 1일에 일괄하여 대우공무원으로 발령하여야 한다.
③ 대우공무원이 징계 또는 직위해제 처분을 받거나 휴직하여도 대우공무원수당은 계속 지급한다.
④ 대우공무원이 강임되는 경우 강임되는 일자에 상위계급의 대우자격은 당연히 상실된다. 다만, 강임된 계급의 근무기간에 관계없이 강임일자에 강임된 계급의 바로 상위계급의 대우공무원으로 선발할 수 있다.

19. 「소방공무원 승진임용규정」상 특별승진과 승진소요최저근무연수 등에 대한 설명으로 옳지 않은 것은?

① 순직자의 특별승진에서는 승진임용 구분별 임용비율과 승진임용예정 인원수의 책정, 승진소요최저근무연수 및 승진임용의 제한규정을 적용하지 아니한다.
② 직무수행능력 탁월 및 포상 유공자의 특별승진은 승진소요최저근무연수의 3분의 2 이상이 되고, 승진임용이 제한되지 아니한 사람 중에서 실시한다.
③ 창안등급 동상 이상 받은 유공자의 특별승진은 승진소요최저근무연수의 3분의 2 이상이 되고, 승진임용이 제한되지 아니한 사람 중에서 실시한다.
④ 명예퇴직 공적자의 특별승진은 승진소요최저근무연수의 규정을 적용하지 않되, 승진임용이 제한되지 않는 사람(교육과정 미수료자 제외) 중에서 실시한다.

20. 「소방공무원 승진임용규정」상 근속승진에 대한 설명으로 옳지 않은 것은?

① 소방장을 소방위로 근속승진임용하려는 경우 해당 계급에서 6년 6개월 이상 근속하여야 한다.
② 근속승진 후보자는 승진대상자명부에 등재되어 있는 사람으로 한다.
③ 임용권자는 소방경으로 근속승진임용을 위한 심사를 할 때에는 연도별로 합산하여 해당 기관의 근속승진 대상자의 100분의 40에 해당하는 인원수를 초과하여 근속승진임용할 수 없다.
④ 임용권자는 소방경 근속승진심사를 실시하려는 경우 근속승진임용일 20일 전까지 해당 기관의 근속승진 대상자 및 예정인원을 소방청장에게 보고해야 한다.

21. 「소방공무원 복무규정」에서 ( )에 들어갈 적당한 말은?

㉠ 소방공무원은 휴무일이나 근무시간 외에 공무가 아닌 사유로 ( ) 이내에 직무에 복귀하기 어려운 지역으로 여행하려는 경우에는 소속 소방기관의 장에게 ( )하여야 한다.
㉡ 소방기관의 장은 근무성적이 뛰어나거나 다른 소방공무원의 모범이 될 공적이 있는 소방공무원에게 1회 ( )일 이내의 포상휴가를 줄 수 있다.

① 5시간, 신고, 10일
② 3시간, 허가를 신청, 7일
③ 5시간, 허가를 신청, 7일
④ 3시간, 신고, 10일

22. 「소방공무원 교육훈련규정」상 소방공무원교육기관에서의 교육훈련에 대한 설명으로 옳지 않은 것은?

① 소방청장은 매년 10월 31일까지 다음 연도의 소방공무원 교육훈련에 관한 기본정책 및 기본지침을 수립하여 시·도지사와 교육훈련기관의 장에게 통보해야 한다.
② 교육훈련기관의 장은 기본정책 및 기본지침에 따라 다음 연도의 교육훈련계획을 수립하여 매년 12월 31일까지 소방청장에게 제출해야 한다.
③ 소방기관의 장이나 임용권자 등은 교육훈련과정별 목적에 적합한 사람을 교육훈련대상자로 선발해야 하며, 교육훈련 개시 10일 전까지 교육훈련대상자의 명단을 해당 교육훈련기관의 장에게 통보해야 한다.
④ 교육훈련기관의 장은 교육훈련을 받은 사람의 교육훈련성적을 교육훈련 수료 또는 졸업 후 10일 이내에 그 소속 소방기관장등에게 통보해야 한다.

23. 소방공무원 교육훈련규정에서 교육훈련기관의 장이 수립하는 다음 연도의 교육훈련계획에 포함할 내용이 아닌 것은?

① 교재 편찬계획 및 교육훈련성적의 평가방법
② 과정별 교육훈련의 목표·교수요목·기간·대상 및 인원
③ 교육훈련시설 및 교수요원 상호 활용에 관한 사항
④ 교육훈련 수요조사의 결과 및 교육대상자의 선발계획

24. 소방공무원의 징계의 종류 및 효력으로 옳지 않은 것은?

① 파면은 처분을 받은 날부터 5년간, 해임은 처분을 받은 날부터 3년간 공무원 임용 자격이 제한되는 배제징계이며, 중징계에 속한다.
② 강등은 1계급 아래로 직급을 내리고 1개월 이상 3개월 이하의 기간 동안 직무에 종사하지 못하고, 보수는 전액을 감한다.
③ 감봉은 1개월 이상 3개월 이하의 기간으로 하며, 직무에는 종사하나 보수의 3분의 1을 감한다.
④ 금품 및 향응 수수, 공금의 횡령 등의 징계처분과 성폭력, 성희롱 또는 성매매로 인한 징계처분의 경우 승진임용 제한기간은 6개월을 더한 기간으로 한다.

25. 「소방공무원징계령」상 소방공무원징계위원회에 대한 설명으로 옳지 않은 것은?

① 징계위원회의 민간위원은 특정 성별의 인원이 민간위원 수의 10분의 6을 초과하지 않도록 해야 하며, 위촉되는 민간위원의 임기는 2년이며, 한 차례만 연임할 수 있다.
② 대학에서 법률학·행정학 또는 소방 관련 학문을 담당하는 부교수로 재직 중인 사람은 시·도 및 소방서에 설치된 징계위원회의 민간위원의 자격이 있다.
③ 징계의결등 요구를 받은 징계위원회는 그 요구서를 받은 날부터 30일 이내에 징계의결등을 해야 하며, 해당 징계위원회의 의결로 30일 이내의 범위에서 그 기한을 연기할 수 있다.
④ 징계위원회는 위원 과반수(과반수가 3명 미만인 경우에는 3명 이상)의 출석으로 개의(開議)하고 출석위원 과반수의 찬성으로 의결한다.

소방법령 II

1. 「소방기본법」및 시행령상 소방업무에 관한 종합계획 등의 수립에 대한 설명으로 옳지 않은 것은?
   ① 소방청장은 소방업무에 관한 종합계획을 관계 중앙행정기관의 장과의 협의를 거쳐 계획 시행 전년도 9월 30일까지 수립하여야 한다.
   ② 종합계획에는 재난·재해 환경 변화에 따른 소방업무에 필요한 대응 체계 마련이 포함된다.
   ③ 종합계획에는 장애인, 노인, 임산부, 영유아 및 어린이 등 이동이 어려운 사람을 대상으로 한 소방활동에 필요한 조치가 포함되어야 한다.
   ④ 시·도지사는 종합계획의 시행에 필요한 세부계획을 계획 시행 전년도 12월 31일까지 수립하여 소방청장에게 제출하여야 한다.

2. 「소방기본법 시행규칙」상 소방체험관의 설립 및 운영에 관한 기준으로 옳지 않은 것은?
   ① 소방체험관은 도로 등 교통시설을 갖추고, 재해 및 재난 위험요소가 없는 등 국민의 접근성과 안전성이 확보된 지역에 설립되어야 한다.
   ② 소방안전 체험실로 사용되는 부분의 바닥면적의 합이 900제곱미터 이상, 체험실별 바닥면적은 100제곱미터 이상이 되어야 한다.
   ③ 체험실 중 생활안전분야에서 화재안전 체험실과 전기안전 체험실은 필수적인 체험실이며, 여가활동 체험실과 노인안전 체험실은 선택적 체험실이다.
   ④ 소방공무원 중 소방설비기사 자격을 취득한 사람은 체험실별 체험교육을 총괄하는 교수요원이 될 수 있다.

3. 다음 중 저수조의 설치기준으로 옳지 않은 것은?
   ① 지면으로부터의 낙차가 4.5미터 이하이고 흡수부분의 수심은 0.5미터 이상일 것
   ② 흡수에 지장이 없도록 토사 및 쓰레기 등을 수집할 수 있는 설비를 갖출 것
   ③ 흡수관의 투입구가 사각형의 경우에는 한 변의 길이가 60센티미터 이상, 원형의 경우에는 지름이 60센티미터 이상일 것
   ④ 저수조에 물을 공급하는 방법은 상수도에 연결하여 자동으로 급수되는 구조일 것

4. 「소방기본법」및 시행규칙상 소방교육훈련 등에 대한 설명으로 옳지 않은 것은?
   ① 응급처치훈련은 구급업무를 담당하는 소방공무원, 의무소방원 및 의용소방대원을 대상으로 하며, 현장지휘훈련은 소방위, 소방경, 소방령, 소방정 계급의 소방공무원을 대상으로 한다.
   ② 소방대원에 대한 소방교육·훈련은 2년마다 1회 실시하며, 교육·훈련기간은 2주 이상으로 한다.
   ③ 소방청장, 소방본부장 또는 소방서장은 화재를 예방하고 화재발생 시 재산피해를 최소화하기 위하여 장애인복지시설에 거주하는 장애인 등을 대상으로 소방안전에 대한 교육과 훈련을 실시할 수 있다.
   ④ 소방청장은 소방안전교육훈련 운영계획의 작성에 필요한 지침을 정하여 소방본부장과 소방서장에게 매년 11월 30일까지 통보하여야 한다.

5. 「소방기본법령」상 한국119청소년단에 대한 설명으로 옳지 않은 것은?
   ① 청소년에게 소방안전에 관한 올바른 이해와 안전의식을 함양시키기 위하여 한국119청소년단을 설립한다.
   ② 한국119청소년단은 주된 사무소의 소재지에 설립등기를 함으로써 성립하며, 소방기본법에서 규정한 것을 제외하고는 「민법」중 사단법인에 관한 규정을 준용한다.
   ③ 한국119청소년단의 활동·체험 프로그램 개발 및 운영과 단원의 선발·육성과 활동 지원 등의 사업을 한다.
   ④ 소방청장은 한국119청소년단에 조직 및 활동에 필요한 시설·장비를 지원할 수 있다.

6. 「소방기본법」및 같은 법 시행령상 소방자동차 전용구역의 설치기준에 관한 설명으로 옳지 않은 것은?
   ① 세대수가 100세대 이상인 아파트와 2층 이상인 기숙사에는 소방자동차 전용구역을 설치하여야 한다.
   ② 공동주택의 건축주는 소방자동차가 접근하기 쉽고 소방활동이 원활하게 수행될 수 있도록 공동주택의 각 동별 전면 또는 후면에 소방자동차 전용구역을 1개소 이상 설치하여야 한다.
   ③ 소방자동차 전용구역의 앞면, 뒷면 또는 양 측면에 물건 등을 쌓거나 주차하는 행위를 금지한다. 다만, 「주차장법」제19조에 따른 부설주차장의 주차구획 내에 주차하는 경우는 제외한다.
   ④ 소방자동차 전용구역에 차를 주차하거나 전용구역에의 진입을 가로막는 등의 방해행위를 한 자에게는 100만원 이하의 과태료를 부과한다.

[제5회] 법령 II

7. 「소방기본법」 및 같은 법 시행령상 소방청장 또는 시·도지사가 '손실보상심의위원회'의 심사·의결에 따라 정당한 보상을 하여야 하는 대상으로 옳지 않은 것은?

① 가스·전기 또는 유류 등의 위험시설 등에 대한 긴급조치로 인하여 손실을 입은 자
② 주·정차된 차량에 대한 강제처분으로 인하여 손실을 입은 자. 다만, 법령을 위반하여 소방자동차의 통행과 소방활동에 방해가 된 경우는 제외한다.
③ 소방활동 종사 명령에 따라 소방활동에 종사한 사람
④ 소방기관 또는 소방대의 적법한 소방업무 또는 소방활동으로 인하여 손실을 입은 자

8. 「소방기본법」상 벌칙에 대한 설명으로 옳지 않은 것은?

① 음주로 인한 심신장애 상태에서 소방대의 소방장비를 파손하여 소방활동을 방해하는 경우 5년 이하의 징역 또는 5천만원 이하의 벌금에 처하며, 심신장애로 인한 형법상 감경 규정을 적용하지 아니한다.
② 위반행위자가 위반행위로 인한 결과를 시정한 경우 개별기준의 과태료 금액의 100분의 50의 범위에서 금액을 감경하여 부과할 수 있다.
③ 화재 상황을 거짓으로 알린 사람과 정당한 사유 없이 화재, 재난, 위급한 상황을 소방서 등에 알리지 아니한 관계인은 500만원 이하의 과태료를 부과한다.
④ 한국119청소년단 또는 이와 유사한 명칭을 사용한 경우와 한국소방안전원 또는 이와 유사한 명칭을 사용한 경우 200만원 이하 과태료 부과의 대상이며, 과태료 부과의 개별기준은 다르다.

9. 「소방시설 설치 및 관리에 관한 법령」에서 소화활동설비에 해당하는 것은 모두 몇 개인가?

㉠ 상수도소화용수설비   ㉡ 제연설비
㉢ 연소방지설비   ㉣ 물분무등소화설비
㉤ 비상콘센트설비   ㉥ 연결살수설비

① 2개   ② 3개
③ 4개   ④ 5개

10. 「소방시설 설치 및 관리에 관한 법령」의 특정소방대상물에서 근린생활시설에 해당하지 않은 것은?

① 같은 건축물에 해당 용도로 쓰는 바닥면적의 합계가 150제곱미터 미만인 단란주점
② 같은 건축물에 해당 용도로 쓰는 바닥면적의 합계가 300제곱미터 미만인 공연장 또는 종교집회장
③ 같은 건축물에 해당 용도로 쓰는 바닥면적의 합계가 500제곱미터 미만인 인터넷컴퓨터게임시설제공업
④ 같은 건축물에 해당 용도로 쓰는 바닥면적의 합계가 1,000제곱미터 미만인 금융업소

11. 소방시설법령에 대한 설명으로 옳지 않은 것은?

① 소방청장, 소방본부장 또는 소방서장은 소방시설의 작동정보 등을 실시간으로 수집·분석할 수 있는 시스템을 구축·운영할 수 있으며, 비정상적인 작동정보를 수집한 경우에는 관계인에게 그 사실을 알려주어야 한다.
② 문화 및 집회시설, 종교시설, 판매시설, 의료시설, 노유자시설, 교육연구시설, 운동시설 등은 소방시설정보관리시스템을 구축·운영해야 한다.
③ 내용연수를 설정하여야 하는 소방용품은 분말형태의 소화약제를 사용하는 소화기로 하며, 이에 따른 소방용품의 내용연수는 10년으로 한다.
④ 소방청장은 건축 환경 및 화재위험특성 변화사항을 효과적으로 반영할 수 있도록 소방시설 규정을 3년에 1회 이상 정비하여야 한다.

12. 「소방시설 설치 및 관리에 관한 법령」상 성능위주설계에 대한 설명으로 옳지 않은 것은?

① 특급소방안전관리대상물에 해당하는 특정소방대상물을 신축하는 경우 성능위주설계를 하여야 한다.
② 성능위주설계를 한 자로부터 성능위주설계의 신고를 받은 소방서장은 소방청장 또는 관할 소방본부장에게 성능위주설계 평가단의 검토·평가를 요청해야 한다.
③ 소방청장 또는 소방본부장은 요청을 받은 날부터 20일 이내에 평가단의 심의·의결을 거쳐 성능위주설계를 검토·평가하고, 관할 소방서장에게 통보해야 한다.
④ 평가단의 회의는 평가단장과 평가단장이 회의마다 지명하는 6명 이상 8명 이하의 평가단원으로 구성·운영하며, 과반수의 출석으로 개의하고 출석 평가단원 과반수의 찬성으로 의결한다.

13. 「소방시설 설치 및 관리에 관한 법률 시행령」상 소방시설을 설치해야 하는 특정소방대상물의 기준으로 옳지 않은 것은?

    ① 근린생활시설로 사용하는 바닥면적 합계가 1천제곱미터 이상인 것은 모든 층과 의원, 치과의원 및 한의원으로서 입원실이 있는 시설에는 간이스프링클러설비를 설치해야 한다.
    ② 연면적 3천 제곱미터 이상이거나 지하층·무창층·4층 이상인 층에서 바닥면적이 600제곱미터 이상의 층이 있는 특정소방대상물에는 옥내소화전설비를 설치해야 한다.
    ③ 화재알림설비를 설치해야 하는 특정소방대상물은 판매시설 중 소매시장과 전통시장으로 한다.
    ④ 지하층의 층수가 3층 이상이고 지하층의 바닥면적의 합계가 1천제곱미터 이상인 것은 지하층의 모든 층에 연결송수관설비, 비상콘센트설비, 무선통신보조설비를 설치해야 한다.

14. 소방시설기준 적용의 특례 중 대통령령 또는 화재안전기준의 변경 시 기존의 특정소방대상물에 대하여 강화된 화재안전기준을 적용하는 것으로 옳지 않은 것은?

    ① 소화기구, 비상경보설비, 자동화재탐지설비, 자동화재속보설비, 피난구조설비의 소방시설
    ② 공동구와 전력 또는 통신사업용 지하구에 설치하는 소화기, 자동소화장치, 자동화재탐지설비, 통합감시시설, 유도등 및 연소방지설비
    ③ 의료시설에 설치하는 스프링클러설비, 간이스프링클러설비, 자동화재탐지설비, 자동화재속보설비
    ④ 노유자시설에 설치하는 스프링클러설비, 자동화재탐지설비 및 단독경보형 감지기

15. 「소방시설 설치 및 관리에 관한 법률 시행령」상 특정소방대상물의 소방시설 설치의 면제기준으로 옳지 않은 것은?

    ① 연소방지설비를 설치해야 하는 특정소방대상물에 물분무소화설비를 화재안전기준에 적합하게 설치한 경우에는 그 설비의 유효범위에서 설치가 면제된다.
    ② 비상경보설비를 설치해야 할 특정소방대상물에 단독경보형 감지기를 2개 이상의 단독경보형 감지기와 연동하여 설치하는 경우에는 그 설비의 유효범위에서 설치가 면제된다.
    ③ 화재알림설비를 설치해야 하는 특정소방대상물에 자동화재탐지설비를 화재안전기준에 적합하게 설치한 경우에는 그 설비의 유효범위에서 설치가 면제된다.
    ④ 비상조명등을 설치해야 하는 특정소방대상물에 유도표지 등을 화재안전기준에 적합하게 설치한 경우 그 유도등의 유효범위에서 설치가 면제된다.

16. 「소방시설 설치 및 관리에 관한 법령」에서 소방청장의 형식승인을 받아야 하는 소방용품으로 바르게 연결된 것은?

    ㉠ 상업용 주방자동소화장치
    ㉡ 가스누설경보기 및 누전경보기
    ㉢ 피난사다리, 피난유도선
    ㉣ 감지기 및 음향장치(경종만 해당한다)
    ㉤ 예비전원이 내장된 비상조명등

    ① ㉠, ㉡, ㉤
    ② ㉠, ㉢, ㉤
    ③ ㉡, ㉣, ㉤
    ④ ㉡, ㉢, ㉤

17. 「소방시설 설치 및 관리에 관한 법률」에 따른 벌칙으로 옳지 않은 것은?

    ㉠ 소방시설의 기능과 성능에 지장을 줄 수 있는 폐쇄(잠금)·차단 등의 행위를 한 자
    ㉡ 형식승인의 변경승인을 받지 아니한 자
    ㉢ 자격정지처분을 받고 그 자격정지기간 중에 관리사의 업무를 한 자
    ㉣ 방염성능검사에 합격하지 아니한 물품에 합격표시를 하거나 합격표시를 위조한 자

    ① ㉠ – 5년 이하의 징역 또는 5천만원 이하의 벌금
    ② ㉡ – 3년 이하의 징역 또는 3천만원 이하의 벌금
    ③ ㉢ – 1년 이하의 징역 또는 1천만원 이하의 벌금
    ④ ㉣ – 300만원 이하의 벌금

18. 다음 중 화재안전조사에 대한 설명으로 옳지 않은 것은?

    ① 소방관서장은 화재안전조사의 대상을 객관적이고 공정하게 선정하기 위하여 필요하면 화재안전조사위원회를 구성하여 조사의 대상을 선정할 수 있다.
    ② 화재안전조사위원회는 위원장 1명을 포함하여 7명 이내의 위원으로 성별을 고려하여 구성하고, 위원장은 소방관서장이 된다.
    ③ 화재안전조사의 연기를 신청하려는 관계인은 조사 시작 3일 전까지 연기신청서를 소방관서장에게 제출해야 하며, 소방관서장은 3일 이내에 연기신청의 승인 여부를 결정하여 연기신청을 한 자에게 통지해야 한다.
    ④ 화재안전조사 결과를 공개하는 경우 소방시설 등의 설치 및 관리 현황 등을 60일 이상 해당 소방관서 인터넷 홈페이지나 전산시스템을 통해 공개해야 한다.

19. 「화재의 예방 및 안전관리에 관한 법률 시행령」상 불을 사용하는 설비의 관리 등에 대한 설명으로 옳지 않은 것은?

   ① '보일러 및 건조설비'와 벽·천장 사이의 거리는 0.6미터 이상이어야 한다.
   ② '고체연료 보일러'의 연통의 배출구는 보일러 본체보다 2미터 이상 높게 설치하고 연통이 관통하는 벽면, 지붕 등은 불연재료로 처리하여야 한다.
   ③ 용접 또는 용단 작업장 주변 반경 10미터 이내에는 가연물을 쌓아두거나 놓아두지 말아야 한다.
   ④ '열을 발생하는 조리기구'는 반자 또는 선반으로부터 0.6미터 이상 떨어지게 하여야 한다.

20. 「화재의 예방 및 안전관리에 관한 법률 시행령」상 특수가연물에 대한 설명으로 옳지 않은 것은?

   ① 면화류는 200킬로그램 이상, 나무껍질 및 대팻밥은 400킬로그램 이상, 넝마 및 종이부스러기, 사류, 볏짚류는 1,000킬로그램 이상이면 특수가연물이다.
   ② 석탄·목탄류는 코크스, 석탄가루를 물에 갠 것, 마세크탄, 연탄, 석유코크스, 활성탄 등을 말하며, 고무류·프라스틱류는 합성수지의 섬유·옷감·종이를 포함한다.
   ③ 가연성 고체류는 인화점이 섭씨 40도 이상 100도 미만인 것과 인화점이 100도 이상 200도 미만이고, 연소열량이 1그램당 8킬로칼로리 이상인 것 등이다.
   ④ 특수가연물 표지는 한 변의 길이가 0.3미터 이상, 다른 한 변의 길이가 0.6미터 이상인 직사각형으로 하며, 표지의 바탕은 흰색으로, 문자는 검은색으로 한다.

21. 「화재의 예방 및 안전관리에 관한 법률」에 대한 설명으로 옳지 않은 것은?

   ① 소방본부장이나 소방서장은 소방시설이 화재안전기준에 따라 설치·관리되고 있지 아니할 때에는 해당 특정소방대상물의 관계인에게 필요한 조치를 명할 수 있다.
   ② 소방관서장은 기상현상 및 기상영향에 대한 예보·특보에 따라 화재의 발생 위험이 높다고 분석·판단되는 경우 화재에 관한 위험경보를 발령할 수 있다.
   ③ 소방청장은 화재발생 원인 및 연소과정을 조사·분석과정에서 법령이나 정책의 개선이 필요하다고 인정되는 경우 화재안전영향평가를 실시할 수 있다.
   ④ 화재예방안전진단의 범위에는 화재위험요인 조사에 관한 사항, 소방시설등의 유지·관리에 관한 사항, 피난시설, 방화구획 및 방화시설의 관리에 관한 사항이 포함된다.

22. 「화재의 예방 및 안전관리에 관한 법령」상 소방안전관리자의 선임에 대한 설명으로 옳지 않은 것은?

   ① 「문화유산의 보존 및 활용에 관한 법률」 제23조에 따라 보물 또는 국보로 지정된 목조건축물은 1명 이상의 2급 소방안전관리자를 두어야 한다.
   ② 150세대 이상 아파트와 공동주택 중 기숙사, 의료시설 등은 소방안전관리보조자 1명을 선임하여야 한다.
   ③ 관계인은 신축·증축으로 해당 특정소방대상물의 소방안전관리자를 신규로 선임해야 하는 경우 해당 특정소방대상물의 사용승인일부터 30일 이내 선임해야 한다.
   ④ 소방안전관리자를 선임한 경우 소방안전관리대상물의 출입자가 쉽게 알 수 있도록 소방안전관리자의 성명과 연락처, 소방대상물의 명칭 및 등급 등을 게시해야 한다.

23. 「화재의 예방 및 안전관리에 관한 법률」 및 같은 법 시행령, 시행규칙상 화재예방안전진단 실시 절차 등에 대한 설명으로 옳은 것은?

   ① 화재예방안전진단 실시 결과 문제점이 다수 발견되었으나 대상물의 전반적인 화재안전에는 이상이 없으며 대상물에 대한 다수의 조치명령이 필요한 상태는 안전등급에서 미흡(D)에 해당한다.
   ② 안전등급이 양호·보통인 경우 안전등급을 통보받은 날부터 5년이 경과한 날이 속하는 해의 다음 해에 화재예방안전진단을 받아야 한다.
   ③ 화재예방안전진단 신청을 받은 안전원 또는 진단기관은 위험요인 조사, 위험성 평가, 위험성 감소대책 수립의 절차에 따라 화재예방안전진단을 실시한다.
   ④ 소방안전 특별관리시설물의 관계인은 「건축법」에 따른 사용승인 또는 「소방시설공사업법」에 따른 완공검사를 받은 날부터 7년이 경과한 날이 속하는 해에 최초의 화재예방안전진단을 받아야 한다

24. 소방안전관리대상물의 관계인이 근무자 또는 거주자에게 정기적으로 제공하여야 하는 피난유도 안내정보 제공의 방법으로 옳은 것은?

   ㉠ 연 2회 피난안내 교육을 실시하는 방법
   ㉡ 분기별 1회 이상 피난안내방송을 실시하는 방법
   ㉢ 피난안내도를 층마다 보기 쉬운 위치에 게시하는 방법
   ㉣ 엘리베이터, 출입구 등 시청이 용이한 지역에 피난안내 영상을 제공하는 방법

   ① ㉠, ㉡, ㉢
   ② ㉠, ㉢, ㉣
   ③ ㉡, ㉢, ㉣
   ④ ㉠, ㉡, ㉢, ㉣

25. 「화재의 예방 및 안전관리에 관한 법률」의 보칙 등에 대한 설명으로 옳지 않은 것은?

① 소방관서장은 국민의 화재 예방과 안전에 관한 의식을 높이고 화재의 예방과 안전문화를 진흥시키기 위한 활동을 적극 추진하여야 한다.
② 소방청장은 국민이 화재의 예방과 안전문화를 실천하고 체험할 수 있는 체험시설을 설치·운영할 수 있다.
③ 소방청장은 소방안전관리자 자격 취소 및 자격정지, 화재예방안전진단기관의 지정을 취소하려면 청문을 하여야 한다.
④ 소방청장은 소방안전관리자 자격의 정지 및 취소에 관한 업무를 소방서장에게 위임한다.

소방전술

1. 다음 중 계단 등 수직피난계단의 유도요령으로 옳은 것은?
   ① 옥상 직상 층의 피난자 등은 옥상을 일시 피난장소로 지정한다.
   ② 화점층 계단 출입구는 계단의 피난자들이 통과할 때까지 개방한다.
   ③ 계단에서의 이동은 하층으로부터의 피난상황을 고려하여 유입인원을 통제한다.
   ④ 피난에 사용하는 계단 등의 우선순위는 원칙으로 옥외계단, 피난교, 특별피난계단, 옥외피난용 사다리 및 피난계단의 순서로 한다.

2. 다음 중 자연환기 배연방법 중 "수직배연"에 관하여 옳지 않은 것은?
   ① 유리창의 과잉파괴가 행해지면 수직환기효과는 증가한다.
   ② 부적절한 강제 환기와 병행하면 자연환기효과는 감소한다.
   ③ 연기, 유독가스를 배출하도록 지붕을 파괴하는 등 환기구를 만드는 것을 말한다.
   ④ 배연 중인 수직 환기구나 통로에서 주수 시 기류의 방향을 돌려놓는 결과가 될 수 있다.

3. 바닥 층, 지붕, 보, 기둥 등은 가연성 물질로 되어 있으나 벽이 돌, 벽돌, 콘크리트 블록 등으로 쌓아 올려서 만드는 건축구조는?
   ① 준내화구조   ② 내화구조
   ③ 중량목구조   ④ 조적조

4. 화재실의 소화주수에서 주수목표 순서로 옳은 것은?
   ① 벽면 – 수용물 – 천장 – 바닥면
   ② 천장 – 바닥면 – 수용물 – 벽면
   ③ 수용물 – 바닥면 – 벽면 – 천장
   ④ 천장 – 벽면 – 수용물 – 바닥면

5. 자동화재탐지설비 활용요령에 대한 내용으로 옳지 않은 것은?
   ① 발화지점 위치는 수신기에서 화재표시등, 지구표시등 점등위치로 확인한다.
   ② 음향장치가 정상적으로 송출되는지 확인하고, 송출되지 않을 경우 음향장치 조작스위치를 누르지 않는 상태에서 정상으로 한다.
   ③ 수신기 전원이 차단되어 있는 경우 수신기 문을 열고 전원스위치를 확인한다.
   ④ 비상방송설비 및 소화설비, 제연설비 등의 감시제어반과 겸용하는 경우에는, 연동되는 설비의 작동상태를 확인한다.

6. 다음 중 공격적 내부진압전술 대처방법이 아닌 것은?
   ① 40mm 관창을 전개한다.
   ② 배연을 위해, 소방관들은 창문을 파괴해야 한다.
   ③ 엄호관창이 배치된 후에 건물에 진입해서 화재지점을 검색해야 한다.
   ④ 화재가 완전히 진압되기 전에 희생자 구조를 위한 예비검색을 실시해야 한다.

7. 다음 중 아래 박스의 화재와 관계 깊은 것은?

   > 화세에 비해 소방력이 부족하여 전체 화재현장을 모두 커버 할 수 없는 경우 사회적 경제적 혹은 소방상 중요한 시설 또는 대상물을 중점적으로 대응 또는 진압하는 전술형태이다.

   ① 포위전술   ② 중점전술
   ③ 블록전술   ④ 집중전술

8. 다음 중 잔화정리 요령에 대한 내용으로 옳지 않은 것은?
   ① 바깥에서 중심으로 진행한다.
   ② 위층에서 아래층으로 진행한다.
   ③ 낮은 장소에서 높은 장소로 실시한다.
   ④ 개구부를 개방하고 배연, 배열하고 활동환경을 정리해서 실시하는 것과 동시에 조명기구를 활용한다.

9. 다음 중 진압 우선순위에 대한 내용으로 옳지 않은 것은?
   ① 인명구조 우선원칙에는 대원들의 생명도 포함된다.
   ② 공격에서 방어로 변경할 때는 반드시 진압 우선순위에 따라야 한다.
   ③ RECEO 원칙은 인명구조 → 내부 연소확대 방지 → 외부 연소확대 방지 순이다.
   ④ 다층구조의 화재에서 내부 진입공격으로 화세 진압이 어렵다고 판단되면 방수포 등에 의한 외부 공격준비를 시작해야 한다.

10. 다음 중 소방호스지지 요령으로 옳지 않은 것은?
    ① 소방호스의 지지점은 결합부분의 바로 밑이 가장 효과적이다.
    ② 물이 충수된 소방호스의 중량은 40mm가 80kg, 65mm가 50kg이다.
    ③ 4층 이하의 경우는 진입층에서 고정하며, 5층 이상은 진입층 및 중간층에 고정한다.
    ④ 소방호스의 지지, 고정은 소방호스에 로프로 걸어매기를 하는 것이 효과적이며 원칙으로 1본에 1개소를 고정한다.

11. 다음 중 플래시오버를 지연시키는 방법으로 옳지 않은 것은?
    ① 배연지연
    ② 측면공격
    ③ 냉각지연
    ④ 공기차단 지연

12. 소방용수 시설별 설치기준에서 저수조 설치기준으로 옳지 않은 것은?
    ① 흡수부분의 수심은 0.5m 이하일 것
    ② 지면으로부터 낙차가 4.5m 이하일 것
    ③ 소방펌프차가 용이하게 배치할 수 있어야 한다.(흡수관 1본, 15m)
    ④ 저수조에 물을 공급시 상수도에 연결하여 자동으로 급수되는 구조일 것

13. 다음 중 동력절단기에 관한 내용으로 옳지 않은 것은?
    ① 목재용 절단 날을 보관할 때에는 기름을 엷게 발라둔다.
    ② 대상물에 날을 먼저 대기 전에 절단날을 회전시키지 않는다.
    ③ 철재 절단날은 측면 충격에 약하므로 특히 주의하여야 한다.
    ④ 절단 날에 충격이 가해지지 않도록 날의 측면을 이용하여 작업하지 않도록 한다.

14. 구조이론 중 헬리콥터 하강에 대한 내용으로 옳지 않은 것은?
    ① 헬리콥터에 다가갈 때는 기체의 전면으로 접근한다.
    ② 공중에서 로프를 투하하는 경우 반드시 로프백에 수납하여 투하한다.
    ③ 꼬리날개는 고속으로 회전하여 절대 기체의 뒤쪽으로 접근하지 않는다.
    ④ 착지점 약 10m 상공에서 서서히 제동을 걸기 시작, 지상 약 5m 위치에서는 반드시 정지할 수 있는 스피드까지 낮추어 지상에 천천히 착지하도록 한다.

15. 다음 중 차량사고 현장에서 스프링이 장착된 펀치로 열처리된 강화유리의 파괴장비는?
    ① 망치
    ② 센터펀치
    ③ 차 유리절단기
    ④ 플랙시글라스

16. 다음 중 질소마취에 대한 내용으로 옳지 않은 것은?
    ① 수중으로 깊이 내려갈수록 공기 중 질소 부분압도 감소한다.
    ② 일반적으로 수심 30m 지점 이상으로 내려가면 질소마취의 가능성이 커진다.
    ③ 질소마취에 걸렸다 하더라도 수심이 얕은 곳으로 올라오면 정신이 다시 맑아진다.
    ④ 증세는 몸이 나른해지고 정신이 흐려져 올바른 판단을 내릴 수 없으며 술에 취한 것과 같은 기분이 들어 엉뚱한 행동을 하게 된다.

【제5회】 전술

17. 구조대상자 탐색에 있어서 잔해에 터널 뚫기의 가장 적당한 크기는?
   ① 폭 75cm, 높이 90cm
   ② 폭 50cm, 높이 100cm
   ③ 폭 50cm, 높이 75cm
   ④ 폭 90cm, 높이 100cm

18. 다음 중 장비활용 시 유의사항으로 가장 옳지 않은 것은?
   ① 장비는 숙달된 사람이 조작하도록 한다.
   ② 장비는 최대성능을 고려하여 안전작동 한계 내에서 활용한다.
   ③ 장비를 작동시키는 경우 현장의 한 부분의 상황을 확인하면서 한다.
   ④ 장비의 반작용에 주의를 하며 필요에 따라 받침목을 활용하거나, 로프로 고정하는 등의 조치를 한다.

19. "119구조·구급에 관한 법률"에서 항공기 운항에 대하여 옳지 않은 것은?
   ① 항공구조구급대의 항공기는 조종사 2명이 탑승한다.
   ② 해상비행·계기비행 및 긴급 구조·구급 활동을 위하여 필요 시 정비사 1명을 추가로 탑승시킬 수 있다.
   ③ 조종사의 비행시간은 1일 10시간을 초과할 수 없다.
   ④ 소방청장 및 소방본부장은 항공기의 안전운항을 위하여 운항통제관을 둔다.

20. 다음 중 "코삽입관"에 대한 설명으로 옳지 않은 것은?
   ① 유량속도가 많아지면 두통이 야기될 수 있다.
   ② 장시간 이용 시 코 점막 건조를 예방하기 위해 가습산소를 공급한다.
   ③ 비강용 산소투여 장치로 낮은 산소를 요구하는 환자에게 사용된다.
   ④ 환자의 코에 삽입하는 2개의 돌출관을 통해 환자에게 산소를 공급하며 유량을 분당 10~15L로 조절하면 산소농도를 85~100%로 유지할 수 있다.

21. 외상과 근골격계에서 골반 골절 시 출혈정도는?
   ① 500cc
   ② 2,000cc
   ③ 1,000cc
   ④ 1,500cc ~ 3,000cc

22. 감염예방에서 소독과 멸균에 관한 용어정리로 옳지 않은 것은?
   ① 세척 - 모든 이물질을 제거하는 과정으로 소독과 멸균의 가장 기초단계이다.
   ② 소독 - 생물체로부터 세균의 아포를 제외한 미생물을 제거하는 과정이다.
   ③ 멸균 - 물리적, 화학적 과정을 통하여 모든 미생물을 완전하게 제거하고 파괴시키는 것.
   ④ 화학제 - 진균과 박테리아의 아포를 포함한 모든 형태의 미생물을 파괴하는 것이다.

23. 다음 중 성인 맥박에 대한 내용으로 옳지 않은 것은?
   ① 맥박은 오른심실의 수축으로 생기는 압력 파장으로 생긴다.
   ② 노동맥이 촉지 되지 않는다면 목(경)동맥을 촉지해야 한다.
   ③ 맥박수는 분당 맥박이 뛰는 횟수로 보통 30초간 측정하고 2를 곱해서 기록한다.
   ④ 맥박수는 환자의 나이, 흥분정도, 심장병, 약물복용 등 다양한 요인에 의해 영향을 받는다.

24. 운반자의 체력을 최소화할 수 있으며 구급차에 환자를 옮겨 싣고 내리는 데 필요한 장비는?
   ① 주 들것
   ② 계단형 들것
   ③ 분리형 들것
   ④ 가변형 들것

25. 혈액에 있어서 끈적거리는 노란색 액체로 조직과 세포에 필요한 당과 같은 영양성분을 포함하는 것은?
   ① 혈장   ② 혈소판   ③ 적혈구   ④ 백혈구

제1~5회 소방교
정답 및 해설

제1회 소방법령 I

01	02	03	04	05	06	07	08	09	10	11	12	13	14	15	16	17	18	19	20	21	22	23	24	25
③	②	①	②	④	②	①	①	②	②	④	①	②	②	③	④	①	②	③	③	①	③	③	②	③

01 ③
① 맞음, 소방공무원법에서 "임용"이란 신규채용·승진·전보·파견·강임·휴직·직위해제·정직·강등·복직·면직·해임 및 파면을 말한다.(법 제2조 제1호) 임용에서 소방공무원법령은 "전직(轉職)"과 "겸임"을 제외하여 그 적용을 배제하고 있다.
② 맞음, "전보"란 소방공무원의 같은 계급 및 자격 내에서의 근무기관이나 부서를 달리하는 임용을 말한다.(법 제2조 제2호)
③ 틀림, "강임"이란 동종의 직무 내에서 하위의 직위에 임명하는 것을 말한다. 강임과 강등은 의미가 다르므로 구분하여야 한다.
　㉠ 강임 : 직제 또는 정원의 변경이나 예산의 감소 등으로 폐직되거나 과원이 되는 등의 정부의 사정에 의해 동종의 직무 내에서 하위의 직위에 임명하는 것을 말한다.
　㉡ 강등 : 징계의 한 유형으로 1계급 아래로 계급을 내리고 3개월간 직무수행을 하지 못하는 처분으로 보수의 전액을 감액한다.
④ 맞음, "복직"이란 휴직·직위해제 또는 정직(강등에 따른 정직을 포함한다) 중에 있는 소방공무원을 직위에 복귀시키는 것을 말한다.

02 ②
② 틀림, 소방령 이상의 소방공무원은 소방청장의 제청으로 국무총리를 거쳐 대통령이 임용한다. 다만, 소방총감은 대통령이 임명하고, 소방령 이상 소방준감 이하의 소방공무원에 대한 전보, 휴직, 직위해제, **강등**, 정직 및 복직은 소방청장이 한다.(법 제6조 제1항) 소방령 이상 소방준감 이하의 소방공무원에 대한 강임은 대통령이 한다.
③ 맞음, 소방경 이하의 소방공무원은 소방청장이 임용한다.(법 제6조 제3항)
④ 맞음, 대통령은 임용권의 일부를 대통령령으로 정하는 바에 따라 소방청장 또는 시·도지사에게 위임할 수 있다.(법 제6조 제3항)

03 ①
① 틀림, 임용권자는 소방공무원으로 신규채용되거나 승진되는 소방공무원에게 임명장을, 전보되는 소방공무원에게 임용장(인사발령 통지서로 갈음할 수 있다)을 수여한다. 이 경우 임명장 또는 임용장은 소속 소방기관의 장이 대리 수여할 수 있다.(임용령 제3조의2 제1항)
②,③ 맞음, 소방공무원 임용령 제3조의2 제2항 및 제3항 규정이다.
④ 맞음, 임용권자는 신규채용, 승진 및 전보 외의 모든 임용과 급급 기타 각종 인사발령을 할 때에는 해당 소방공무원에게 인사발령 통지서를 준다. 다만, 국내외 훈련·국내외 출장·휴가명령 및 승급은 회보로 통지할 수 있다.(시행규칙 제4조)

04 ②
① 맞음, 임용권자는 채용후보자명부의 등재순위에 의하여 임용하여야 한다. 다만, 채용후보자가 소방공무원으로 임용되기 전에 임용과 관련하여 소방공무원 교육훈련기관에서 교육훈련을 받은 경우에는 그 교육훈련성적 순위에 따라 임용하여야 한다.(임용령 제19조)
② 틀림, ③,④ 맞음, 6개월 이상 소방공무원으로 근무한 경력이 있는 사람을 임용하는 경우 우선 임용할 수 있다. 다음의 어느 하나에 해당하는 경우에는 그 순위에 관계없이 임용할 수 있다.(임용령 제19조 제2항)
　㉠ 임용예정기관에 근무하고 있는 소방공무원 외의 공무원을 소방공무원으로 임용하는 경우
　㉡ 6개월 이상 소방공무원으로 근무한 경력이 있거나 임용예정직위에 관련된 특별한 자격이 있는 사람을 임용하는 경우
　㉢ 도서·벽지·군사분계선 인접지역 등 특수지역 근무희망자를 그 지역에 배치하기 위하여 임용하는 경우
　㉣ 채용후보자의 피부양가족이 거주하고 있는 지역에 근무할 채용후보자를 임용하는 경우
　㉤ 직무수행과 관련한 실무수습 중 사망한 시보임용예정자를 소급하여 임용하는 경우

05 ④
① 맞음, 소방청장은 소방공무원 신규채용시험의 효율적이고 공정한 운영·관리를 위하여 필요한 경우 시험공동관리위원회를 구성·운영할 수 있다.
② 맞음, 시험공동관리위원회는 소방청 및 시·도의 소방공무원 신규채용계획 수립에 관한 사항, 소방공무원 신규채용시험의 운영·관리 등에 관한 사항 및 그 밖에 소방공무원 신규채용과 관련하여 소방청장과 시·도지사의 협의가 필요한 사항을 심의·조정한다.
③ 맞음, 시험공동관리위원회는 위원장 1명을 포함한 30명 이내의 위원으로 구성한다. 위원회의 위원장은 소방청 기획조정관이 되며, 위원은 다음의 사람이 된다. 다만, 소방청장이 소방공무원 신규채용과 관련하여 필요하다고 인정하는 경우 채용 분야의 학식과 경험이 풍부한 민간전문가를 위원으로 위촉할 수 있다.
　㉠ 소방청 소속 공무원 중에서 소방청장이 지명하는 사람
　㉡ 시·도 소속 공무원 중에서 시·도지사가 지명하는 사람
④ 틀림, 시험공동관리위원회의 민간 위원의 임기는 1년으로 한다.

06 ②
① 맞음, 소방사 공개경쟁채용시험과 소방간부후보생 선발시험의 경우에는 제2차 시험을 실시하지 아니한다.
② 틀림, 면접시험의 평정요소는 다음과 같다.(임용령 제46조 제4항)
　㉠ 문제해결 능력, 의사소통 능력, 협업 능력
　㉡ 소방공무원으로서 공직관
　㉢ 침착성 및 책임감

③ 맞음, 면접시험의 합격자 결정은 평정요소에 대한 시험위원의 점수를 합산하여 총점의 50퍼센트 이상을 득점한 사람으로 한다.(임용령 제46조 제3항) 다만, 시험위원의 과반수가 어느 하나의 평정요소에 대하여 40퍼센트 미만의 점수를 평정한 경우 불합격으로 한다
④ 맞음, 공개경쟁채용시험 및 소방간부후보생 선발시험에서 최종 합격자 결정은 면접시험의 합격자 중에서 필기시험성적 50퍼센트, 체력시험성적 25퍼센트 및 면접시험성적 25퍼센트의 비율로 합산한 성적에 의한다.

07 ①

① 틀림, 「국가공무원법」에 따라 직위가 없어지거나 과원이 되어 퇴직한 소방공무원을 퇴직한 날부터 3년(또는 5년) 이내에 퇴직 시에 재직하였던 계급으로 재임용할 수 있다. 신체·정신상의 장애로 장기 요양이 필요하여 휴직하였다가 휴직기간이 만료되어 직권면직으로 퇴직한 소방공무원을 채용하는 경우에는 퇴직한 날부터 3년(「공무원 재해보상법」에 따른 공무상 부상 또는 질병으로 인한 휴직의 경우에는 5년) 이내에 재임용할 수 있다.
② 맞음, 박사학위를 소지한 사람은 소방경 이하로 임용할 수 있다. 소방에 관한 전문기술교육을 받은 사람을 임용하는 경우, 채용예정계급은 다음과 같다.
   ㉠ 박사학위 소지자는 소방경 이하의 계급으로
   ㉡ 석사학위 소지자는 소방위 이하의 계급으로
   ㉢ 학사학위 소지자는 소방장 이하의 계급으로
   ㉣ 고등학교 이상 전문대학 이하 졸업자는 소방교 이하의 계급
③ 맞음, 경찰공무원을 그 계급에 상응하는 소방공무원으로 임용하는 경우에는 소방위 이하의 계급으로 임용할 수 있다. 경위 이하의 경찰공무원으로서 최근 5년 이내에 화재감식 또는 범죄수사업무에 종사한 경력 2년 이상인 사람이어야 하며, 경력경쟁채용등급 환산기준표의 구분에 따른 채용예정 계급상당 경력기준 이상이어야 한다.(임용령 제15조 제8항)
④ 맞음, 임용예정직무에 관련된 자격증 소지자를 임용하는 경우 행정안전부령으로 정하는 채용예정계급에 해당하는 자격증을 소지한 후 해당 분야에서 2년 이상 종사한 경력이 있어야 한다. 다만, 항공 분야 조종사 및 정비사의 경력을 산정할 때에는 해당 자격증을 소지하기 전의 경력을 포함하여 산정한다.(임용령 제15조 제3항)

08 ①

① 틀림, 소방공무원을 신규채용할 때에는 소방장 이하는 6개월간 시보로 임용하고, 소방위 이상은 1년간 시보로 임용하며, 그 기간이 만료된 다음날에 정규 소방공무원으로 임용한다.(법 제10조 제1항)
②,③ 맞음, 휴직기간·직위해제기간 및 징계에 의한 정직처분 또는 감봉처분을 받은 기간은 시보임용 기간에 포함하지 아니한다. 그러나 시보임용 예정자가 받은 교육훈련기간은 시보로 임용되어 근무한 것으로 보아 시보임용 기간을 단축할 수 있다.(임용령 제23조 제1항)
④ 맞음, 임용권자 또는 임용제청권자는 시보소방공무원이 다음의 하나에 해당하여 정규소방공무원으로 임용함이 부적당하다고 인정되는 경우에는 임용심사위원회의 의결을 거쳐 면직시키거나 면직을 제청할 수 있다.(개정, 23.4.7. 임용령 제22조 제2항)
   ㉠ 교육훈련과정의 졸업요건을 갖추지 못한 경우
   ㉡ 교육훈련을 받는 중 질병, 병역복무 또는 그 밖에 교육훈련을 계속할 수 없는 불가피한 사정 외의 사유로 퇴교처분을 받은 경우
   ㉢ 근무성적 또는 교육훈련 성적이 매우 불량하여 성실한 근무수행을 기대하기 어렵다고 인정되는 경우
   ㉣ 소방공무원으로서 품위를 크게 손상하는 행위를 함으로써 소방공무원으로서의 직무를 수행하기 곤란하다고 인정되는 경우
   ㉤ 법 또는 법에 따른 명령을 위반하여 중징계 사유에 해당하는 비위를 저지른 경우
   ㉥ 법 또는 법에 따른 명령을 위반하여 경징계 사유에 해당하는 비위를 2회 이상 저지른 경우

09 ②

① 맞음, 소방공무원을 보직할 때 해당 소방공무원의 전공분야·교육훈련·근무경력·적성 등을 고려하여 능력을 적절히 발전시킬 수 있도록 하여야 한다.(임용령 제25조 제2항)
② 틀림, 임용권자는 결원보충이 승인된 파견자 중 6개월 이상의 위탁교육훈련 또는 1년 이상의 장기 국외훈련을 위한 파견준비를 위해 필요한 경우 2주 이내의 기간 보직 없이 근무하게 할 수 있다.
③ 맞음, 상위계급의 직위에 하위계급자를 보직하는 경우에는 해당 기관에 상위계급의 결원이 있고, 「소방공무원 승진임용규정」에 따른 승진임용 후보자가 없는 경우에 한정한다.(임용령 제25조 제3항)
④ 맞음, 소방공무원을 보직하는 경우에는 특별한 사정이 없으면 배우자 또는 직계존속이 거주하는 지역을 고려하여 보직해야 한다.(임용령 제25조 제5항)

10 ②

① 맞음, 소방공무원의 필수보직기간은 1년으로 한다. 다만 직제상 최저단위 보조기관 내에서의 전보나 공개경쟁채용시험에 합격하고 시보임용 중인 경우, 징계처분을 받은 경우 등에는 그렇지 않다.
② 틀림, 중앙·지방소방학교 교수요원의 필수보직기간은 2년으로 한다. 다만, 기구개편, 직제·정원의 변경, 교육과정의 개폐가 있거나 교수요원으로서 부적당하다고 인정될 때에는 그렇지 않다.
③ 맞음, 승진임용일이나 기구의 개편, 직제 또는 정원의 변경으로 담당직무 변경 없이 소속·직위 또는 직급의 명칭만 변경하여 재발령되는 경우 그 임용일은 필수보직기간을 계산할 때 해당 직위에 임용된 날로 보지 아니한다.(임용령 제28조 제6항)
④ 맞음, 위탁교육훈련을 받고 관련 직위에 보직된 자는 다음의 기간 내에는 소방공무원교육훈련기관의 교수요원 또는 당해 교육훈련내용과 관련되는 직위 외의 직위로 전보할 수 없다.(임용령 시행규칙 제20조 제2항)
   ㉠ 교육훈련기간이 6월 이상 1년 미만인 경우에는 2년
   ㉡ 교육훈련기간이 1년 이상인 경우에는 3년

11 ④

③ 맞음, 직제상 파견의 파견기간은 2년을 초과할 수 있고, 총파견기간은 5년을 초과하여 연장할 수 있다.
④ 틀림, 시·도지사가 임용권을 행사하는 소방공무원을 파견하거나 교수요원으로 선발되거나 교육훈련을 위한 경우에는 인사혁신처장과의 협의가 필요 없다.

1년 이내(총 2년 이내에서 연장 가능)	- 공무원교육훈련기관의 교수요원선발이나 교육훈련관련 업무수행을 위한 경우
2년 이내(총 5년 이내에서 연장 가능)	- 다른 기관의 업무폭주로 인한 행정지원의 경우 - 다른 국가기관 등에서 국가적 사업의 수행을 위하여 특히 필요한 경우 - 관련기관간의 긴밀한 협조가 필요한 특수업무를 공동수행하기 위한 경우 - 국내의 연구기관 등에서의 업무수행·능력개발이나 국가정책수립과 관련된 자료수집 등을 위한 경우
필요한 기간	- 국제기구 등에서의 업무수행·능력개발을 위한 경우 - 교육훈련을 위하여 필요한 경우

12 ①
① 틀림, 신규채용된 소방공무원의 인사기록은 초임보직 소방기관의 장이 작성하여야 한다.
② 맞음, 「임용령 시행규칙」제20조의 규정에 의한 전보제한사유에 해당하는 자(위탁교육훈련을 받고 관련 직위에 보직된 자)에 대하여는 그 사유를 인사기록카드의 경력 란에 기재하여야 한다.
③ 맞음, 인사기록은 오기한 것으로 판명되거나 본인의 정당한 요구가 있는 때를 제외하고는 수정하여서는 아니 된다.
④ 맞음, 중앙소방학교장 및 지방소방학교장은 교육훈련을 받은 자의 교육훈련성적을 교육훈련을 마친 날로부터 10일 이내에 인사기록관리자에게 보고 또는 통보하여야 한다.(규칙 제18조)

13 ②
① 맞음, 채용후보자로서 품위를 크게 손상하는 행위를 함으로써 소방공무원으로서의 직무를 수행하기 곤란하다고 인정되어 채용후보자 자격상실 여부를 결정하려는 경우에는 임용심사위원회의 심사를 거쳐야 한다.
② 틀림, 임용권자 또는 임용제청권자는 시보임용소방공무원이 다음의 어느 하나에 해당하여 정규소방공무원으로 임용하는 것이 부적당하다고 인정되는 경우에는 임용심사위원회의 의결을 거쳐 면직시키거나 면직을 제청할 수 있다.
  ㉠ 교육훈련과정의 졸업요건을 갖추지 못한 경우
  ㉡ 교육훈련을 받는 중 질병, 병역 복무 또는 교육훈련을 계속할 수 없는 불가피한 사정 외의 사유로 퇴교처분을 받은 경우
  ㉢ 소방공무원으로서 품위를 크게 손상하는 행위를 함으로써 소방공무원으로서의 직무를 수행하기 곤란하다고 인정되는 경우
  ㉣ 법에 따른 명령을 위반하여 중징계 사유에 해당하는 비위를 저지르거나 경징계 사유에 해당하는 비위를 2회 이상 저지른 경우
  ㉤ 근무성적 또는 교육훈련 성적이 매우 불량하여 성실한 근무수행을 기대하기 어렵다고 인정되는 경우
③ 맞음, 다음에 해당하는 경우 그 적부를 심사하게 하기 위하여 임용권자 또는 임용제청권자 소속으로 임용심사위원회를 둔다.
  ㉠ 품위손상행위로 채용후보자 자격상실 여부를 결정하려는 경우
  ㉡ 시보임용소방공무원을 정규소방공무원으로 임용 또는 임용 제청하려는 경우
  ㉢ 시보임용소방공무원을 면직 또는 면직 제청하려는 경우
④ 맞음, 임용심사위원회는 위원장 1명을 포함하여 5명 이상 8명 이하의 위원으로 구성하며, 재적위원 3분의 2 이상 출석과 출석위원 과반수 찬성으로 의결한다. 위원회는 시보임용소방공무원을 정규소방공무원으로 임용 또는 임용 제청하려는 경우에는 근무성적, 교육훈련성적, 근무태도, 공직관, 그 밖에 소방공무원으로서의 자질을 고려하여 그 적부(適否)를 심사해야 한다.

14 ②
① 맞음, 노동조합 전임자로 종사하게 되어 휴직한 기간 등은 승진소요최저근무연수에 포함한다.(개정 24.1.2.)
② 틀림, 다른 법령에 따라 공무원으로 재직하던 사람이 소방장 이상의 소방공무원으로 임용된 경우 종전의 신분으로 재직한 기간은 재임용일부터 10년 이내의 경력에 한정하여 행정안전부령으로 정하는 기준에 따라 환산(채용계급상당 이상의 계급으로 근무한 기간에 한하되 환산율은 2할로 한다)하여 승진소요최저근무연수에 포함한다.(승진임용규정 제4항 및 시행규칙 제3조 제2항)
③ 맞음, 강등되거나 강임된 사람이 강등되거나 강임된 계급 이상의 계급에서 재직한 기간은 강등되거나 강임된 계급에서 재직한 연수에 포함한다.(승진임용규정 제6항 및 제7항)
④ 맞음, 시간선택제전환소방공무원으로 근무한 1년 이하의 기간은 그 기간 전부를, 1년을 넘는 기간은 근무시간에 비례한 기간을 승진소요최저근무연수에 포함한다. 해당 계급에서 육아휴직을 대신하여 시간선택제전환소방공무원으로 지정되어 근무한 기간은 대상 자녀별로 3년의 범위에서 그 기간 전부를 최저근무연수에 포함한다.(25.1.24)

15 ③
㉠ 틀림, 징계처분기간은 경력평정대상기간에 포함하지 않는다.
㉢ 맞음, 신체·정신상의 장애로 장기요양이 필요하여 휴직하는 경우에는 공무원재해보상법에 의한 공무상 질병 또는 부상으로 인한 휴직기간에 한하여 최저근무연수에 포함한다.
㉡, ㉣ 맞음, 경력평정대상기간의 산정기준은 소방공무원 승진임용 규정 제5조에 규정된 승진소요최저근무연수 계산방법에 따른다. 다만, 승진임용제한기간 및 소방공무원으로 신규임용될 사람이 받은 교육훈련기간은 경력평정대상기간에 포함한다(승진임용규정 시행규칙 제10조 제1항)

16 ④
④ 틀림, 근무성적평정의 가점사유가 발생 또는 소멸한 자가 있는 경우는 삭제되었다. 승진대상자명부의 작성자는 승진대상자명부의 작성 후에 다음의 어느 하나에 해당하는 사유가 있는 경우에는 승진대상자명부를 조정해야 한다. 승진대상자명부의 조정은 승진심사 또는 승진시험을 실시하는 날의 전일까지 할 수 있다.(규칙 제20조, 시행 23.3.31)
㉠ 전출자나 전입자가 있는 경우
㉡ 퇴직자가 있는 경우
㉢ 승진소요최저근무연수에 도달한 자가 있는 경우
㉣ 승진임용의 제한 사유가 발생하거나 소멸한 사람이 있는 경우
㉤ 정기평정일 이후에 근무성적평정을 한 자가 있는 경우
㉥ 승진심사대상 제외사유가 발생하거나 소멸한 사람이 있는 경우
㉦ 경력평정 또는 교육훈련성적평정을 한 후에 평정사실과 다른 사실이 발견되는 등의 사유로 재평정을 한 사람이 있는 경우
㉧ 승진임용되거나 승진후보자로 확정된 사람이 있는 경우
㉨ 승진대상자명부 작성의 단위를 달리하는 기관으로 전보된 경우

17 ①
승진대상자명부의 총평정점이 같은 경우에는 다음의 순서에 따라 선순위자를 결정하되, 다음에 의하여도 순위가 결정되지 아니한 때에는 승진대상자명부 작성권자가 선 순위자를 결정한다.(승진임용규정 제12조)
㉠ 근무성적평정점이 높은 사람
㉡ 해당 계급에서 장기근무한 사람
㉢ 해당 계급의 바로 하위 계급에서 장기근무한 사람
㉣ 소방공무원으로 장기근무한 사람

18 ②
① 맞음, 소방위 이하의 소방공무원으로서 모든 소방공무원의 귀감이 되는 공을 세우고 순직한 사람에 대하여는 2계급 특별승진시킬 수 있다.(법 제17조)
② 틀림, 창안 등급에서 동상 이상을 받은 사람으로서 소방행정발전에 기여한 실적이 뚜렷한 사람은 소방령 이하의 계급으로 승진시킬 수 있으며, 공적은 해당 계급에서 이룩한 공적에 한정한다.
③ 맞음, 인사혁신처장이 정하는 국무총리 표창 이상의 포상을 받은 사람을 특별승진임용할 때에는 계급별 정원을 초과하여 임용할 수 있으며, 정원과 현원이 일치할 때까지 그 인원에 해당하는 정원이 해당 기관에 따로 있는 것으로 본다.(승진임용규정 제38조 제4항)
④ 맞음, 명예퇴직 공로자를 특별승진임용을 할 때에는 소방정감 이하의 승진이 가능하며, 해당 소방공무원이 재직기간 중 중징계 처분 또는 공금 횡령, 성폭력 등의 사유로 경징계 처분을 받은 사실이 없어야 한다.

19 ③
③ 틀림, 국립소방연구원 보통승진심사위원회는 소속 소방공무원의 소방령 이하 계급으로의 승진심사를 담당한다.
④ 맞음, 시·도 승진심사위원회는 시·도지사가 임용권을 행사하는 소방공무원의 승진심사(소방준감으로의 승진심사를 포함)를 담당한다.

소방청 중앙승진심사위원회	소방청과 소속기관 소방공무원과 소방정인 지방소방학교장의 소방준감으로의 승진심사
소방청 승진심사위원회	소방청과 소속기관 소방정 이하로의 승진심사
중앙소방학교·중앙119구조본부 승진심사위원회	소속 소방경 이하 계급으로의 승진심사
국립소방연구원 승진심사위원회	소속 소방령 이하 계급으로의 승진심사
시·도 승진심사위원회	시·도지사가 임용권을 행사하는 소방공무원의 승진심사

20 ③
①,② 맞음, 특별위로금은 다음의 어느 하나에 해당하는 활동이나 교육·훈련으로 인하여 질병에 걸리거나 부상을 입어 「공무원 재해보상법」 제9조에 따라 요양급여비의 지급대상자로 결정된 소방공무원에게 지급한다.(임용령 제60조 제1항)
 ㉠ 「소방기본법」 제16조제1항에 따른 소방활동
 ㉡ 「소방기본법」 제16조의2에 따른 소방지원활동
 ㉢ 「소방기본법」 제16조의3에 따른 생활안전활동
 ㉣ 「소방기본법」 제17조제1항에 따른 소방교육·훈련
③ 틀림, 위로금은 공무상요양으로 소방공무원이 요양하면서 출근하지 아니한 기간에 대하여 지급하되, 36개월을 넘지 아니하는 범위에서 지급한다.(임용령 제60조 제1항)
④ 맞음, 위로금을 지급받으려는 소방공무원 또는 그 유족은 행정안전부령으로 정하는 특별위로금 지급신청서를 업무에 복귀한 날부터 6개월 이내에 소방기관의 장에게 신청하여야 한다.(임용령 제60조 제4항)

21 ①
① 맞음, 소방공무원의 정년은 다음과 같다.(법 제25조 제1항)
 ㉠ 연령정년 : 60세
 ㉡ 계급정년 : 소방감 4년, 소방준감 6년, 소방정 11년, 소방령 14년
②,③ 틀림, 소방청장은 전시, 사변, 그 밖에 이에 준하는 비상사태에서는 2년의 범위에서 계급정년을 연장할 수 있다. 이 경우 소방령 이상의 소방공무원에 대해서는 행정안전부장관의 제청으로 국무총리를 거쳐 대통령의 승인을 받아야 한다.(법 제25조 제4항)
④ 틀림, 소방공무원은 그 정년이 되는 날이 1월에서 6월 사이에 있는 경우에는 6월 30일에 당연히 퇴직하고, 7월에서 12월 사이에 있는 경우에는 12월 31일에 당연히 퇴직한다.(법 제25조 제5항)

22 ③
① 맞음, 소방공무원은 휴무일이나 근무시간 외에 공무가 아닌 사유로 3시간 이내에 직무에 복귀하기 어려운 지역으로 여행하려는 경우에는 소속 소방기관의 장에게 신고하여야 한다. 다만, 비상근무 등 소방업무상 특별한 사정이 있어 소방기관의 장이 정하는 기간 중에는 소속 소방기관의 장의 허가를 받아야 한다.(복무규정 제4조)
③ 틀림, 소방 활동 중의 안전사고를 방지하기 위하여 필요한 사항은 소방청장이 정한다.
④ 맞음, 소방기관의 장은 소속 소방공무원이 동원 또는 훈련에 참가할 때, 국가기관에 소환되거나 승진시험·전직시험에 응시할 때에는 이에 직접 필요한 기간을 공가를 승인해야 한다.(복무규정 제8조의2)

23 ③
① 맞음, 소방청장은 소방공무원의 교육훈련 정책 및 발전과 관련한 다음의 사항을 심의·조정하기 위하여 필요한 경우 소방교육훈련정책위원회를 구성·운영할 수 있다. 위원회는 위원장(소방청 차장) 1명을 포함한 50명 이내의 위원으로 구성한다.
② 맞음, 소방교육훈련정책위원회는 ② 및 소방학교의 교육훈련 과정 협의·조정에 관한 사항, 교육훈련 과정의 교과목 및 교재의 공동개발·활용에 관한 사항, 교육훈련시설 및 교수요원 상호 활용에 관한 사항 등을 심의·조정한다.
③ 틀림, 교수요원은 다음의 어느 하나에 해당하는 자격 또는 능력을 갖춘 자이어야 한다.(개정 23.3.31. 교육훈련규정 제22조)
 ㉠ 담당할 분야와 관련된 실무·연구 또는 강의경력이 3년 이상인 사람
 ㉡ 담당할 분야와 관련된 자격증을 소지한 사람
 ㉢ 담당할 분야와 관련된 석사 이상의 학위를 소지한 사람
 ㉣ 담당할 분야에 관련된 6개월 이상의 교육훈련을 이수한 사람
 ㉤ 담당할 분야와 관련하여 「고등교육법」 제16조 및 「대학교원 자격기준 등에 관한 규정」 제2조에 따른 교수·부교수 또는 조교수의 자격을 갖춘 사람
 ㉥ 담당할 분야와 관련된 학식과 경험이 풍부한 사람으로서 교육훈련기관의 장이 인정하는 사람
④ 맞음, 신임교육을 받고 임용된 사람은 그 교육기간에 해당하는 기간 이상을 소방공무원으로 복무해야 한다.(제11조 제1항)

24 ②
징계위원회는 위원 과반수의 출석으로 개의하고 출석위원 과반수의 찬성으로 의결하되, 의견이 나뉘어 출석위원 과반수의 찬성을 얻지 못한 경우에는 출석위원 과반인 4명이 될 때까지 정직 3월부터 그 다음으로 불리한 의견을 제시한 위원을 수를 차례로 더하여 계산하여 출석위원의 과반수인 정직 1월로 의결한다.
1 위원 : 정직 3월(정직 3월에 1명 찬성) ↓
2 위원 : 정직 3월(정직 3월에 2명 찬성) ↓
3 위원 : 정직 3월(정직 3월에 3명 찬성) ↓
4. 위원 : 정직 1월(정직 1월에 4명 찬성)이 합의된 의결
5 위원 : 감봉 2월
6 위원 : 견책
7 위원 : 견책

25 ③
① 맞음, 징계위원회는 징계등 혐의자에게 진술할 수 있는 기회를 충분히 주어야 하며, 증인의 심문을 신청할 수 있다. 이 경우 징계위원회는 의결로써 이의 채택여부를 결정하여야 한다.
② 맞음, 징계의결등을 요구한 자 또는 징계의결등의 요구를 신청한 자는 징계위원회에 출석하여 의견을 진술하거나 서면으로 의견을 제출할 수 있다. 다만, 중징계 등의 요구사건의 경우에는 특별한 사유가 없는 한 징계위원회에 출석하여 의견을 진술해야 한다.
③ 틀림, 징계위원회는 징계의결등의 기한 연기에 관한 사항에 대해서는 서면으로 의결할 수 있다.(징계령 제14조의 제4항)
④ 맞음, 징계의결등을 요구한 자는 「감사원법」에 따라 감사원이 중징계 중 어느 하나의 징계처분을 요구한 사건에 대해서는 징계위원회 개최 일시·장소 등을 감사원에 통보해야 한다.

제1회 소방법령 II

01	02	03	04	05	06	07	08	09	10	11	12	13	14	15	16	17	18	19	20	21	22	23	24	25
①	④	③	①	②	③	④	②	①	③	①	④	①	②	③	④	③	④	②	①	③	②	①	③	①

01 ①
① 틀림, "소방대상물"이란 건축물, 차량, 선박(「선박법」 제1조의2제1항에 따른 선박으로서 항구에 매어둔 선박만 해당한다), 선박 건조 구조물, 산림, 그 밖의 인공 구조물 또는 물건을 말한다.(법 제2조 1호)
② 맞음, "관계지역"이란 소방대상물이 있는 장소 및 그 이웃지역으로서 화재의 예방·경계·진압, 구조·구급 등의 활동에 필요한 지역을 말한다.(법 제2조 제2호)
③ 맞음, "소방본부장"이란 특별시·광역시·특별자치시·도 또는 특별자치도에서 화재의 예방·경계·진압·조사 및 구조·구급 등의 업무를 담당하는 부서의 장을 말한다.(법 제2조 제4호)
④ 맞음, "소방대"란 화재를 진압하고 화재, 재난·재해, 그 밖의 위급한 상황에서 구조·구급 활동 등을 하기 위하여 소방공무원, 의무소방원, 의용소방대원으로 구성된 조직체를 말한다.(법 제2조 제5호)

02 ④
④ 틀림, 소방헬리콥터는 5~17인승이 대상이다. 국고보조의 대상이 되는 소방활동장비 및 설비의 종류와 규격은 다음과 같다.
1. 소방자동차

	대형	중형	소형
펌프차	240이상	170이상 240미만	120이상 170미만
물탱크소방차	240이상	170이상 240미만	
화학소방차(일반)	240이상	170이상 240미만	
구조차	240이상	170이상 240미만	
조명차		170마력	
배연차		170마력 이상	

※ 사다리소방차 : 고가(사다리의 길이 33미터 이상, 330마력 이상)
구급차 : 특수(90마력 이상), 일반(85마력 이상 90마력 미만)
2. 소방정 : 소방정(100톤급 이상, 50톤급), 구조정(30톤급)
3. 소방헬리콥터 : 5~17인승
4. 소방전용 전산설비 : 무정전 전원장치(5킬로볼트암페어 이상)

03 ③
① 맞음, 지하에 설치하는 소화전 또는 저수조의 경우 소방용수표지는 다음과 같다.
1. 맨홀뚜껑은 지름 648밀리미터 이상의 것으로 할 것. 다만, 승하강식 소화전의 경우에는 이를 적용하지 않는다.
2. 맨홀뚜껑에는 "소화전·주정차금지" 또는 "저수조·주정차금지"의 표시를 할 것
3. 맨홀뚜껑 부근에는 노란색 반사도료로 폭 15센티미터의 선을 그 둘레를 따라 칠할 것
③ 틀림, 비상소화장치는 화재예방강화지구 또는 시·도지사가 필요하다는 인정하는 지역에 설치한다.
④ 맞음, 비상소화장치의 설치기준은 다음과 같다.(규칙 제6조 제3항) 설치기준에 관한 세부 사항은 소방청장이 정한다.

1. **포함** : 비상소화장치는 비상소화장치함, 소화전, 소방호스, 관창을 포함하여 구성할 것
2. **소방호스와 관창의 설치기준** : 소방호스 및 관창은 「소방시설 설치 및 관리에 관한 법률」 제37조제5항에 따라 소방청장이 정하여 고시하는 형식승인 및 제품검사의 기술기준에 적합한 것으로 설치할 것
3. **비상소화장치함의 설치기준** : 비상소화장치함은 「소방시설 설치 및 관리에 관한 법률」 제40조제4항에 따라 소방청장이 정하여 고시하는 성능인증 및 제품검사의 기술기준에 적합한 것으로 설치할 것

04 ①
② 틀림, 소방본부장 또는 소방서장은 원활한 소방활동을 위하여 다음의 조사를 월 1회 이상 실시하여야 한다.(법 제7조 제1항)
1. 법 제10조의 규정에 의하여 설치된 소방용수시설에 대한 조사
2. 소방대상물에 인접한 도로의 폭·교통상황, 도로주변의 토지의 고저·건축물의 개황 그 밖의 소방활동에 필요한 지리에 대한 조사
③,④ 틀림, 조사결과는 전자적 처리가 불가능한 특별한 사유가 없으면 전자적 처리가 가능한 방법으로 작성·관리하여야 하며, 조사결과를 2년간 보관하여야 한다.(법 제7조 제2항 및 제3항)

05 ②
② 틀림, ②는 화재예방강화지구의 지정대상에만 해당한다. 연막소독의 신고대상지역은 다음과 같다.(법 제19조 제2항)
㉠ 시장지역, 석유화학제품을 생산하는 공장이 있는 지역
㉡ 공장·창고가 밀집한 지역, 목조건물이 밀집한 지역, 위험물의 저장 및 처리시설이 밀집한 지역
㉢ 그 밖에 시·도의 조례로 정하는 지역 또는 장소

06 ③
① 맞음, 운행기록장치를 장착해야 하는 소방자동차는 대통령령으로 정하는 소방펌프차, 소방물탱크차, 소방화학차, 소방고가차, 무인방수차, 구조차 및 그 밖에 소방청장이 필요하다고 인정하여 정하는 소방자동차이다.(영 제7조의15)
② 맞음, 소방청장은 소방자동차의 안전한 운행 및 교통사고 예방을 위하여 운행기록장치 데이터의 수집·저장·통합·분석 등의 업무를 전자적으로 처리하기 위한 시스템을 구축·운영할 수 있다.
③ 틀림, 소방청장 및 소방본부장은 운행기록장치 데이터 중 과속, 급감속, 급출발 등의 운행기록을 점검·분석해야 하며, 소방청장, 소방본부장 및 소방서장은 분석 결과를 소방자동차의 안전한 소방활동 수행에 필요한 교통안전정책의 수립, 교육·훈련 등에 활용할 수 있다.(규칙 제13조의3)
④ 맞음, 소방자동차 운행기록장치에 기록된 데이터를 6개월 동안 저장·관리해야 한다.(규칙 제13조)

07 ④
④ 틀림, 소방기술과 소방산업의 국외시장 개척에 관한 사업추진은 소방기술 및 소방산업의 국제경쟁력과 국제적 통용성을 높이기 위하여 소방청장이 수행하여야 할 업무이다. 안전원은 다음의 업무를 수행한다.(법 제41조)
1. 소방기술과 안전관리에 관한 **교육 및 조사·연구**
2. 소방기술과 안전관리에 관한 **각종 간행물 발간**
3. 화재 예방과 안전관리의식의 고취를 위한 **대국민 홍보**
4. 소방업무에 관하여 행정기관이 위탁하는 업무
5. 소방안전에 관한 국제협력
6. 그 밖에 회원에 대한 기술지원 등 **정관으로 정하는 사항**

08 ②
① 틀림, 관계인의 소방활동 등에 따른 법을 위반하여 화재, 재난·재해, 그 밖의 위급한 상황을 소방본부, 소방서 또는 관계 행정기관에 알리지 아니한 관계인에게는 500만원 이하의 과태료를 부과한다.
② 맞음, 소방자동차 전용구역에 차를 주차하거나 전용구역에의 진입을 가로막는 등의 방해행위를 한 자에게는 100만원 이하의 과태료를 부과한다.
③ 틀림, 위반행위의 횟수에 따른 과태료의 가중된 부과기준은 최근 1년간 같은 위반행위로 과태료 부과처분을 받은 경우에 적용한다. 이 경우 기간의 계산은 위반행위에 대하여 과태료 부과처분을 받은 날과 그 처분 후 다시 같은 위반행위를 하여 적발된 날을 기준으로 한다.
④ 틀림, 위반행위자가 법 위반상태를 시정하거나 해소하기 위하여 노력한 사실이 인정되는 경우, 부과권자는 개별기준에 따른 과태료의 2분의 1 범위에서 그 금액을 줄여 부과할 수 있다.

09 ①
① 틀림, 크기는 지름 50센티미터 이상의 원이 통과할 수 있어야 한다. "무창층(無窓層)"이란 지상층 중 다음의 요건을 모두 갖춘 개구부(건축물에서 채광·환기·통풍 또는 출입 등을 위하여 만든 창·출입구, 그 밖에 이와 비슷한 것을 말한다)의 면적의 합계가 해당 층의 바닥면적의 30분의 1 이하가 되는 층을 말한다.
1. 크기는 지름 50센티미터 이상의 원이 통과할 수 있을 것
2. 해당 층의 바닥면으로부터 개구부 밑부분까지의 높이가 1.2미터 이내일 것
3. 도로 또는 차량이 진입할 수 있는 빈터를 향할 것
4. 화재 시 건축물로부터 쉽게 피난할 수 있도록 창살이나 그 밖의 장애물이 설치되지 않을 것
5. 내부 또는 외부에서 쉽게 부수거나 열 수 있을 것

10 ③
③ 틀림, 차고·주차장으로 사용되는 바닥면적이 200제곱미터 이상인 층이 있는 건축물이나 주차시설이 동의 대상이다. 건축허가등의 동의 대상은 다음과 같다.
1. **연면적 400제곱미터 이상인 건축물** : 연면적이 400제곱미터 이상인 건축물이나 시설. 다만, 다음의 어느 하나에 해당하는 건축물이나 시설은 다음에서 정한 기준 이상인 건축물이나 시설로 한다.
   1) **학교시설**(「학교시설사업 촉진법」 제5조의2제1항에 따라 건축하려는) : 100제곱미터
   2) **노유자시설(老幼者施設) 및 수련시설** : 200제곱미터
   3) **정신의료기관**(「정신건강증진 및 정신질환자 복지서비스 지원에 관한 법률」 제3조제5호에 따른 정신의료기관으로 입원실이 없는 정신건강의학과 의원은 제외한다) : 300제곱미터
   4) **의료재활시설**(「장애인복지법」 제58조제1항제4호에 따른 장애인 의료재활시설) : 300제곱미터
2. 층수가 6층 이상인 건축물
3. 지하층 또는 무창층이 있는 건축물 : 바닥면적이 150제곱미터(공연장의 경우는 100제곱미터) 이상인 층이 있는 것
4. 주차시설 : 차고·주차장 또는 주차 용도로 사용되는 시설로서 다음의 하나에 해당하는 것
   1) 차고·주차장으로 사용되는 바닥면적이 200제곱미터 이상인 층이 있는 건축물이나 주차시설
   2) 승강기 등 기계장치에 의한 주차시설로서 자동차 20대 이상을 주차할 수 있는 시설

11 ①
수용인원의 산정방법은 다음과 같다.
1. **강의실·교무실·상담실·실습실·휴게실 용도로 쓰이는 특정소방대상물** : 해당 용도로 사용하는 바닥면적의 합계를 1.9㎡로 나누어 얻은 수
2. **강당, 문화 및 집회시설, 운동시설, 종교시설** : 해당 용도로 사용하는 바닥면적의 합계를 4.6㎡로 나누어 얻은 수(관람석이 있는 경우 고정식 의자를 설치한 부분에 있어서는 해당 부분의 의자수로 하고, 긴 의자의 경우에는 의자의 정면너비를 0.45m 나누어 얻은 수로 한다)
3. 계산 : 100명 + 200명 + 40명 = 350명
   1) 관람석이 없는 강당 1개, 바닥면적 460㎡ : 460 / 4.6 = 100명
   2) 강의실 10개, 각 바닥면적 38㎡ : 380 / 1.9 = 200명
   3) 휴게실 1개, 바닥면적 95㎡ : 95 / 1.9 = 50명

12 ④
ㄱ. 틀림, 수련시설·교육연구시설 내에 있는 학생 수용을 위한 기숙사나 복합건축물로서 연면적 5천㎡인 경우 스프링클러 설치 대상이다.
ㄴ. 틀림, 근린생활시설 중 산후조리원으로 바닥면적 600㎡ 이상 되는 것이 스프링클러설비 대상이며, 연면적 600㎡ 미만인 것은 간이스프링클러를 설치해야 한다.
ㄷ. 맞음, 숙박시설로 사용되는 바닥면적의 합계가 600㎡ 이상인 경우에는 모든 층에 스프링클러를 설치해야 하며, 숙박시설로 사용되는 바닥면적의 합계가 300㎡ 이상 600㎡ 미만인 경우에는 간이스프링클러를 설치해야 한다.
ㄹ. 맞음, 영화상영관의 용도로 쓰는 층의 바닥면적이 지하층 또는 무창층인 경우에는 500㎡ 이상, 그 밖의 층의 경우에는 1천㎡ 이상인 것은 스프링클러 설치 대상이다.

13 ①
① 맞음, 숙박시설로 사용되는 바닥면적의 합계가 300제곱미터 이상 600제곱미터 미만인 시설은 간이스프링클러설비를 설치해야 한다.
② 틀림, 교육연구시설 내에 합숙소로서 연면적이 100제곱미터 이상인 것이 간이스프링클러설비 설치 대상이다.
③ 틀림, 근린생활시설 중 조산원 및 산후조리원으로서 연면적 600제곱미터 미만인 시설이 간이스프링클러설비 설치 대상이다.
④ 틀림, 의료시설 중 정신의료기관 또는 의료재활시설로 사용되는 바닥면적의 합계가 300제곱미터 이상 600제곱미터 미만인 시설이 간이스프링클러설비 설치 대상이다.

14 ②

② 틀림, 간이스프링클러설비(또는 연소방지설비)를 설치해야 하는 특정소방대상물에 (스프링클러설비), (물분무소화설비) 또는 (미분무소화설비)를 화재안전기준에 적합하게 설치한 경우에는 그 설비의 유효범위에서 설치가 면제된다.(소방시설법 시행령 별표5)

15 ③

③ 틀림, ③은 지방소방기술심의위원회의 심의사항이다. 중앙소방기술심의위원회는 다음의 사항을 심의한다.
1. 화재안전기준에 관한 사항
2. 소방시설의 구조 및 원리 등에서 공법이 특수한 설계 및 시공에 관한 사항
3. 소방시설의 설계 및 공사감리의 방법에 관한 사항
4. 소방시설공사의 하자를 판단하는 기준에 관한 사항
5. 제8조제5항 단서에 따라 신기술·신공법 등 검토·평가에 고도의 기술이 필요한 경우로서 중앙위원회에 심의를 요청한 사항
6. 소방기술 등에 관하여 대통령령으로 정하는 다음의 사항(영 제20조)
   1) 연면적 10만제곱미터 이상의 특정소방대상물에 설치된 소방시설의 설계·시공·감리의 하자 유무에 관한 사항
   2) 새로운 소방시설과 소방용품 등의 도입 여부에 관한 사항
   3) 그 밖에 소방기술과 관련하여 소방청장이 소방기술심의위원회의 심의에 부치는 사항

16 ④

④ 틀림, 특정소방대상물의 관계인은 자체점검 결과 소화펌프 고장 등 대통령령으로 정하는 중대위반사항이 발견된 경우에는 지체 없이 수리 등 필요한 조치를 하여야 한다.(법 제23조 제1항) 대통령령으로 정하는 중대위반사항은 다음과 같다.(영 제34조)
1. 소화펌프(가압송수장치 포함), 동력·감시 제어반 또는 소방시설용 전원(비상전원 포함)의 고장으로 소방시설이 작동되지 않는 경우
2. 화재 수신기의 고장으로 화재경보음이 자동으로 울리지 않거나 화재 수신기와 연동된 소방시설의 작동이 불가능한 경우
3. 소화배관 등이 폐쇄·차단되어 소화수(消火水) 또는 소화약제가 자동 방출되지 않는 경우
4. 방화문 또는 자동방화셔터가 훼손되거나 철거되어 본래의 기능을 못하는 경우

17 ③

③ 틀림, 소방시설관리사 및 소방시설관리업에 대한 처분기준의 2분의 1의 범위에서 감경할 수 있는 사유는 다음과 같다.(규칙 별표8)
1. 위반행위가 사소한 부주의나 오류 등 과실로 인한 것으로 인정되는 경우
2. 위반의 내용·정도가 경미하여 관계인에게 미치는 피해가 적다고 인정되는 경우
3. 위반 행위자가 처음 해당 위반행위를 한 경우로서 5년 이상 소방시설관리사의 업무, 소방시설관리업 등을 모범적으로 해 온 사실이 인정되는 경우
4. 그 밖에 다음의 경미한 위반사항에 해당되는 경우 : 스프링클러설비 헤드가 살수반경에 미치지 못하는 경우, 자동화재탐지설비 감지기 2개 이하가 설치되지 않은 경우, 유도등이 일시적으로 점등되지 않는 경우, 유도표지가 정해진 위치에 붙어 있지 않은 경우.

④ 맞음, 처분권자는 고의 또는 중과실이 없는 위반행위자가 「소상공인기본법」제2조에 따른 소상공인인 경우에는 다음의 사항을 고려하여 개별기준에 따른 처분을 감경할 수 있다. 이 경우 그 처분이 영업정지인 경우에는 그 처분기준의 100분의 70 범위에서 감경할 수 있고, 그 처분이 등록취소(법 제35조제1항제1호·제4호·제5호를 위반하여 등록취소된 경우는 제외한다)인 경우에는 3개월의 영업정지 처분으로 감경할 수 있다. 다만, 마목에 따른 감경과 중복하여 적용하지 않는다.
1. 해당 행정처분으로 위반행위자가 더 이상 영업을 영위하기 어렵다고 객관적으로 인정되는지 여부
2. 경제위기 등으로 위반행위자가 속한 시장·산업 여건이 현저하게 변동되거나 지속적으로 악화된 상태인지 여부

18 ④

④ 틀림, "화재안전조사"란 소방청장, 소방본부장 또는 소방서장(이하 "소방관서장")이 소방대상물, 관계지역 또는 관계인에 대하여 소방시설등이 소방 관계 법령에 적합하게 설치·관리되고 있는지, 소방대상물에 화재의 발생 위험이 있는지 등을 확인하기 위하여 실시하는 현장조사·문서열람·보고요구 등을 하는 활동을 말한다. 소방청장, 소방본부장 또는 소방서장이 화재원인, 피해상황, 대응활동 등을 파악하기 위하여 자료의 수집, 관계인등에 대한 질문, 현장 확인, 감식, 감정 및 실험 등을 하는 일련의 행위를 말하는 것은 화재조사의 개념이다.

19 ②

① 틀림, 경유·등유 등 액체 연료탱크는 보일러 본체로부터 수평거리 1미터 이상의 간격을 두어 설치한다.
② 맞음, 화목 등 고체연료를 사용할 때에는 다음 사항을 지켜야 한다.
   1. 고체연료는 보일러 본체와 수평거리 2미터 이상 간격을 두어 보관하거나 불연재료로 된 별도의 구획된 공간에 보관할 것
   2. 연통은 천장으로부터 0.6미터 떨어지고, 연통의 배출구는 건물 밖으로 0.6미터 이상 나오도록 설치할 것
   3. 연통의 배출구는 보일러 본체보다 2미터 이상 높게 설치할 것
   4. 연통이 관통하는 벽면, 지붕 등은 불연재료로 처리할 것
   5. 연통재질은 불연재료로 사용하고 연결부에 청소구를 설치할 것
③ 틀림, 음식조리를 위하여 설치하는 설비의 경우, 열을 발생하는 조리기구로부터 0.15미터 이내의 거리에 있는 가연성 주요구조부는 단열성이 있는 불연재료로 덮어 씌워야 한다.
④ 틀림, 대통령령에서 규정한 사항 외에 화재 발생 우려가 있는 설비 또는 기구의 종류, 해당 설비 또는 기구의 위치·구조 및 관리와 화재 예방을 위하여 불을 사용할 때 지켜야 하는 사항은 시도의 조례로 정한다.

20 ①

① 틀림, 소방안전관리대상물의 관계인이 소방안전관리자 등을 선임한 경우 소방안전관리대상물의 출입자가 쉽게 알 수 있도록 소방안전관리자의 성명과 행정안전부령으로 정하는 다음의 사항을 게시하여야 한다.(법 제26조 제1항 및 규칙 제15조 제1항)
1. 소방안전관리대상물의 명칭 및 등급
2. 소방안전관리자의 성명, 선임일자, 연락처, 소방안전관리자의 근무 위치(화재 수신기 또는 종합방재실)

21 ③

③ 맞음, 대통령령으로 정하는 건설현장 소방안전관리대상물이란 다음의 어느 하나에 해당하는 특정소방대상물을 말한다.
1. 신축·증축·개축·재축·이전·용도변경 또는 대수선을 하려는 부분의 연면적 합계 1만 5천제곱미터 이상
2. 연면적이 5천제곱미터 이상인 것으로서 다음의 어느 하나에 해당하는 것
   ㉠ 지하층의 층수가 2개 층 이상인 것
   ㉡ 지상층의 층수가 11층 이상인 것
   ㉢ 냉동창고, 냉장창고 또는 냉동·냉장창고

22 ②
① 맞음, 소방안전관리대상물의 관계인은 소방훈련과 교육을 연 1회 이상 실시해야 한다. 다만, 소방본부장 또는 소방서장이 화재예방을 위하여 필요하다고 인정하여 2회의 범위에서 추가로 실시할 것을 요청하는 경우에는 소방훈련과 교육을 추가로 실시해야 한다.
② 틀림, 소방안전관리대상물 중 소방안전관리업무의 전담이 필요한 대통령령으로 정하는 소방안전관리대상물(특급 또는 1급 소방안전관리대상물)의 관계인은 소방훈련 및 교육을 한 날부터 30일 이내에 소방훈련 및 교육 결과를 행정안전부령으로 정하는 바에 따라 소방본부장 또는 소방서장에게 제출하여야 한다.(법 제37조 제2항)
③ 맞음, 소방본부장 또는 소방서장은 특급 및 1급 소방안전관리대상물의 관계인으로 하여금 소방훈련과 교육을 소방기관과 합동으로 실시하게 할 수 있다.
④ 맞음, 소방안전관리대상물의 관계인은 소방훈련과 교육을 실시했을 때에는 그 실시 결과를 소방훈련·교육 실시 결과 기록부에 기록하고, 이를 소방훈련 및 교육을 실시한 날부터 2년간 보관해야 한다.

23 ①
① 맞음, 「화재의 예방 및 안전관리에 관한 법률」 및 같은 법 시행령상 불특정 다수인이 이용하는 특정소방대상물의 근무자등에게 불시에 소방훈련과 교육을 실시할 수 있는 대통령령으로 정하는 소방안전관리대상물은 다음과 같다.
　㉠ 「소방시설 설치 및 관리에 관한 법률 시행령」별표 2 제7호에 따른 의료시설
　㉡ 「소방시설 설치 및 관리에 관한 법률 시행령」별표 2 제8호에 따른 교육연구시설
　㉢ 「소방시설 설치 및 관리에 관한 법률 시행령」별표 2 제9호에 따른 노유자 시설
　㉣ 그 밖에 화재 발생 시 불특정 다수의 인명피해가 예상되어 소방본부장 또는 소방서장이 소방훈련·교육이 필요하다고 인정하는 특정소방대상물

24 ③
③ 맞음, 화재예방안전진단의 범위는 다음과 같다.(법 제41조 제2항)
　1. 화재위험요인의 조사에 관한 사항
　2. 소방계획 및 피난계획 수립에 관한 사항
　3. 소방시설등의 유지·관리에 관한 사항
　4. 비상대응조직 및 교육훈련에 관한 사항
　5. 화재 위험성 평가에 관한 사항
　6. 화재예방진단을 위하여 대통령령으로 정하는 사항(영 제45조)
　　1) 화재 등의 재난 발생 후 재발방지 대책의 수립 및 그 이행에 관한 사항
　　2) 지진 등 외부 환경 위험요인 등에 대한 예방·대비·대응에 관한 사항
　　3) 화재예방안전진단 결과 보수·보강 등 개선요구 사항 등에 대한 이행 여부

25 ①
① 틀림, 법 제17조 제2항에 따른 화재예방 조치명령을 정당한 사유 없이 따르지 아니하거나 방해 또는 기피한 자는 300만원 이하의 벌금에 처한다. 화재안전조사 조치명령 등을 정당한 사유 없이 위반한 자는 3년 이하의 징역 또는 3천만원 이하의 벌금에 처한다.
② 맞음, 진단기관으로부터 화재예방안전진단을 받지 아니한 자, 관계인의 정당한 업무를 방해하거나, 조사업무를 수행하면서 취득한 자료나 알게 된 비밀을 다른 사람 또는 기관에게 제공 또는 누설하거나 목적 외의 용도로 사용한 자 및 자격증을 다른 사람에게 빌려 주거나 빌리거나 이를 알선한 자의 경우 1년 이하의 징역 또는 1천만원 이하의 벌금에 처한다.
③ 맞음, 화재안전조사를 정당한 사유 없이 거부·방해 또는 기피한 자, 소방안전관리자 등을 선임하지 아니한 자, 소방시설 및 방화구획 등이 법령에 위반된 것을 발견하였음에도 필요한 조치를 요구하지 아니한 소방안전관리자 등의 경우에는 300만원 이하의 벌금에 처한다.
④ 맞음, 피난유도 안내정보를 제공하지 아니한 자, 소방훈련 및 교육을 하지 아니한 자, 소방안전관리업무를 하지 아니한 특정소방대상물의 관계인 또는 소방안전관리대상물의 소방안전관리자 등의 경우에는 300만원 이하의 과태료를 부과한다.

제1회 소방전술

01	02	03	04	05	06	07	08	09	10	11	12	13	14	15	16	17	18	19	20	21	22	23	24	25
②	④	①	④	①	④	④	①	④	③	③	②	④	③	①	②	③	④	③	①	②	④	④	④	③

01 ②
기상조건별 관창배치 우선순위(조치요령)
① 풍속이 3m/sec 이하가 되면 방사열이 큰 쪽이 연소위험이 있으므로 그 방향을 중점으로 관창을 배치한다. ▶암기 : 3리 방사(셋이 방사)
② 풍속이 3m/sec를 초과하면 풍하측의 연소위험이 크므로 <u>풍하측을 중점으로</u> 관창을 배치한다. ▶암기 : 3초 풍하
③ 풍속이 5m/sec 이상이 되면 비화발생 위험이 있으므로 풍하측에 비화경계 관창을 배치한다. ▶암기 : 오리 비화
④ 강풍(대략 풍속 13m/sec 이상) 때는 풍횡측에 대구경 관창을 배치하여 협공한다.

02 ④
펄싱기법
롱펄싱 관창의 개폐조작은 2~5초 이내로 끊어서 조작한다.

03 ①
방화조 건물 관창 배치
❶ 뒷 면을 최우선으로 하고 ❷ 측면 ❸ 2층 및 1층의 순을 원칙으로 한다.
- 풍향, 주위의 건물배치를 고려하여 관창배치의 우선순위를 결정한다.
※ 참고 : 목조건물 관창배치와 혼동 주의!
❶ 화재의 뒷면, ❷ 측면 및 2층, ❸ 1층의 순으로 한다.(* 2층집 기준)

04 ④
급기구측에서 분무주수하여 기류를 이용하는 방법
① 관창 전개각도 60도 정도로 급기구를 완전히 덮을 수 있는 거리를 주수위치로 선정한다. 개구부가 넓은 경우에는 2구 이상의 분무주수로 실시한다.
② 관창압력은 0.6Mpa 이상 분무주수를 한다.
③ 배기구측에 진입대가 있을 때는 서로 연락을 취해 안전을 배려하면서 주수한다.

05 ①
건축물화재 진압시스템의 분석틀에서 자원
• 장비 • 인력 • 물(용수) • 소방시설 ▶암기 : 장인물소

화재 → 건물구조 → 위험노출 → 자원 → 조건

- 위치
- 크기

- 건물구조
- 거주인원
- 구획구조
- 높이

- 생명위험
- 재산위험
(인접건물)

- 장비
- 인력
- 물(용수)
- 소방시설

- 시간
(주/야)
- 기상

▶ 전체 암기(화건 위자(료)조건 순) : 이크 / 구인구이 / (인접)재생 / 장인물소 / (주야)시기

06 ④
붕괴위험성 평가의 약점
① 내화구조(안전도 1등급) : 콘크리트 바닥 층의 강도
② 준 내화구조(안전도 2등급) : 철재구조의 지붕 붕괴의 취약성
③ 조적조(안전도 3등급 건물) : 벽 붕괴(내부에서→ 외부로)
④ 중량 목구조(안전도 4등급) : 지붕과 바닥 층을 지탱하는 트러스트구조 연결부분
⑤ 경량 목구조(안전도 5등급) : 벽 붕괴(진압대원 매몰 가능성)

07 ④
아코디언형 적재
소방호스를 적재함 가장자리에 맞추어 겹겹이 세워서 적재하는 방법이다.
✪ 장점 : 적재하기가 쉽고 적재함에서 손쉽게 꺼내 운반할 수 있다.
✪ 단점 : 소방호스가 강하게 접히는 부분이 많다.

08 ①
구조대상자 운반법
소방식운반구출 : 공기호흡기를 착용한 상태에서 어깨를 이용, <u>장거리를 이동할 수 있는 방법</u>이다.

■ 핵심
① 단거리 운반법 : <u>안아올려</u> / <u>전진 후퇴</u> / <u>양쪽겨드랑이</u> / <u>1인확보</u> / 등에 업고. ▶암기 : 안전 양쪽 1등
② 농연 중 구출 : <u>전진 후퇴</u> / <u>뒤로 옷깃을 끌어당겨</u> / 등에 업고 / <u>모포</u> 이용. ▶암기 : 전동 모뒤
③ ① 단거리 운반법 + ② 농연 중 구출 : <u>전진 또는 후퇴 포복 구출</u> / 등에 업고 포복 구출, ▶암기 : 전동
④ 허리 부상 피하는 구출 : <u>안아올려</u> / <u>끈 운반</u> / <u>메어서</u> / <u>1인확보</u>
▶암기 : 안끈 메일

09 ④
내부에서 화점 확인 방법
화점에 가까울수록 연기의 농도는 진하고 유동은 크고 빠르며(계단, 덕트 등은 <u>제외</u>), 화점에서 멀수록 연기의 속도는 급속하게 저하한다. 만약, 연기의 유동속도가 완만하고, 열기가 적은 경우 화점에서 떨어져 있는 것으로 판단한다.

10 ③
열의 전달(이동)
① 전도는 고체나 정지상태의 유체 내에서 매질을 통한 접촉의 열이동이다.
② 대류는 공기, 물, 가스 등의 매질과 함께 고온→ 저온으로의 열의 흐름이다.
③ 복사는 <u>광파, 전파, 엑스레이</u> 등 매질없이 열의 흡수(반사·통과)되는 열 이동이다.

11 ③
저속분무 주수요령
연소가 활발한 구역에서는 공간 내의 고열이 있는 <u>상층부</u>를 향해 주수한다.
(* 직사주수: 천장을 우선 / 저속분무: 질식소화니까 상층부.)

12 ②
화재의 진행단계(성장기)
벽 근처에 있는 가연물들은 비교적 <u>적은 공기</u>를 흡수하고, 보다 높은 화염온도를 지닌다. 구석에 있는 가연물들은 <u>더욱 더 적은 공기</u>를 흡수하고, 가장 높은 화염온도를 지닌다.
↪ 온도: 중앙 ➡ 벽 ➡ 구석으로 갈수록 온도는 높아지고 공기 흡수율은 낮다.

13 ④
출동지령을 통하여 확인할 사항
① 사고발생 장소
② 사고의 종류 및 개요
③ 도로상황과 건물상황
④ 구조대상자(요구조자)의 숫자와 상태
⑤ 사고의 확대 등 위험요인과 구조활동 장애요인 여부

14 ③
장비선택 시 유의사항
① 사용목적이 ➡ 구조 활동에 적합한 장비(절단, 파괴, 잡아당기거나 끌어올리는)를 선택.
② 현장상황을 고려하여 선택(활동공간 협소, 인화물질의 존재, 감전위험성, 환기 등)
③ 긴급 상황에 맞는 것을 선택한다. ➡ 급할 때는 가장 능력이 높은 것
④ 동등의 효과가 얻어지는 경우는 ➡ 조작이 <u>간단한 것</u>을 선택한다.

15 ①
두겹고정매듭
로프 끝에 두 개의 고리를 만들어 활용하는 매듭으로 수직맨홀 등 좁은 공간으로 진입하거나 구조대상자를 구출하는 경우 유용하게 활용하며, 특히 완만한 경사면에서 확보없이 3명 이상이 한줄 로프를 잡고 등반하는 경우 중간에 위치한 사람들이 이 매듭을 만들어 어깨와 허리에 걸면 로프가 벗겨지지 않고 활동이 용이하다.

16 ②
엔진동력 장비의 경우 엔진오일의 점검
일반적인 2행정기관(동력절단기, 체인톱, 발전기 등)의 경우 <u>전용엔진오일 사용</u>하며, / 오일의 혼합량이 너무 많으면 시동이 잘 걸리지 않고 시동 후에도 매연이 심하다. / 반면 오일의 양이 적으면 엔진에 손상을 입어 기기의 수명이 단축될 수 있다.
▶ 연상 : 20대 최발동이가 기름기를 많이 먹으면 시동(숨쉬기)이 어렵고, 연기로 매연만 심하고, 기름기를 적게 먹으면 (몸속 엔진에 손상이 있어) 오래 살지 못하고 수명이 단축된다.

17 ③
정지형도르래
도르래와 쥬마를 결합한 형태의 장비로 도르래의 <u>역회전을 방지할 수 있어</u> 안전하게 작업이 가능하고 힘의 소모를 막을 수 있다. 도르래 부분만 사용할 수도 있고 쥬마, 베이직의 대체장비로도 사용이 가능하다.

18 ④
고층빌딩 검색요령
① 다층 중 고층빌딩 검색 : ❶ 불이 난 층 ➡ ❷ 바로 위층 ➡ ❸ 최상층 ➡ ❹ 이후 다른 층
(↪ 불난층 - 직상층 - 최상층 - 다른층 / ▶ 암기 : 불상최다)

19 ③
누출물질의 처리 방법
✚ 화학적 방법 : 유화처리, 응고, 흡수, 소독, 중화
✚ 물리적 방법 : 흡착, 덮기, 희석, 폐기, (밀폐, 격납), (세척, 제거), 흡입, 공기확산
▶ (화학적) **암기** : 유유흡수 소중 (* 연상기억 : 유흥주점 흡수가 소중)

20 ①
인체의 혈관계
동맥은 심장으로부터 조직으로 혈액을 이동시키며 오른심실에서 허파로 혈액을 이동시키는 허파동맥을 제외하고 모든 동맥은 산소가 풍부한 혈액으로 되어 있다. - 또한 동맥은 의지와 상관없이 자율적으로 움직이고 탄력있는 <u>불수의근</u>으로 두꺼운 벽을 가지고 있다.

21 ②
스타트 분류법
환자에 대한 의식, 호흡, 맥박을 확인하는 분류에서는 ①, ③, ④로 구분한다.
(* ② 응급 환자 : 의식 명료, 호흡수 30회/분 이하, 말초맥박 촉진 <u>가능</u>)

22 ④
근골격계
우리 몸은 206개의 뼈로 구성되어 있다. 척추는 머리에서 골반까지 연결되어 있으며 척수를 보호하는 역할을 한다. 척추는 성인 26(소아32~34)개의 척추골로 구성되어 있고 5부분[목뼈(7개), 등뼈(12개), 허리뼈(5개), 엉치뼈(성인 1개, 소아 5개), 꼬리뼈(성인 1개, 소아 3~5개)로 나눌 수 있다.
▶ (허리, 등, 목)**암기** : 허리가 올라하니, 등이 12를 걷어, 목을 7것이다.
※ 참고 :
① 골반은 엉덩뼈, 궁둥뼈, <u>두덩뼈</u>로 이루어져 있다.
② 복장뼈는 복장뼈자루, 복장뼈체(복장몸체), <u>칼돌기</u>로 구성되어 있다.
③ 다리는 정강뼈와 가쪽에 종아리뼈로 이루어져 있다. 종아리뼈의 먼쪽에는 <u>가쪽복사뼈</u>가 있고 정강뼈 먼쪽에는 <u>안쪽복사뼈</u>가 있다.

23 ④
예방접종
10년마다 예방접종이 필요한 것은 파상풍이다.
① 파상풍(매 10년 마다)
② B형 간염, 인플루엔자(매년)
③ 소아마비, 풍진, 홍역, 볼거리(유행성 이하선염)

24 ④
입인두 기도기 제반사항
입 가장자리에서 입안으로 넣은 후 90° 회전 시키는 방법이 있다.

25 ③
부목의 키워드
① 패드(성형)부목 - X-ray 촬영이 가능하다.
② 공기부목 - 온도와 압력의 변화에 예민하다.
③ 철사부목 - 신체에 적합하도록 변형이 가능하다.(* 철사이니까)
④ 긴척추고정판 - 척추손상의 환자를 고정하는 전신용 부목이다.

제2회 소방법령 I

01	02	03	04	05	06	07	08	09	10	11	12	13	14	15	16	17	18	19	20	21	22	23	24	25
④	①	②	③	③	④	②	①	④	②	④	②	①	③	②	④	③	②	①	②	①	④	②	③	②

01 ④
① 틀림, 중앙소방학교장 및 중앙119구조본부장은 소속 소방령에 대한 전보·휴직·직위해제·정직 및 복직에 대한 임용권을 가지며, 강등은 소방청장이 한다.
② 틀림, 소방청장은 시·도 소속 소방령 이상 소방준감 이하의 전보·휴직·직위해제·정직·복직 및 강등에 대한 임용권을 시·도지사에게 위임한다. 강임에 대한 권한은 대통령이 위임한 것이다.
③ 틀림, 소방정인 지방소방학교장에 대한 전보는 소방청장이 한다. 소방정인 지방소방학교장에 대한 휴직, 직위해제, 정직 및 복직은 소방청장의 위임에 의해 시·도지사가 한다.
④ 맞음, 119특수구조대 소속 소방경 이하의 구조대 안에서의 전보의 권한은 119특수구조대장이 가진다.(임용령 제3조 제4항)

02 ①
① 틀림, 임용권자(임용권의 위임을 받은 사람을 포함)가 소방공무원을 임용할 때에는 공무원임용서로써 하며, 신규채용·승진 또는 면직할 때에는 임용조사서를 첨부해야 한다. 임용제청권자가 소방공무원을 임용제청할 때에는 공무원 임용제청서로써 한다.(규칙 제2조)
③ 맞음, 소방청장은 소방공무원의 인사에 관한 통계보고의 제도를 정하여 시·도지사, 중앙소방학교장, 중앙119구조본부장 및 국립소방연구원장으로부터 정기 또는 수시로 필요한 보고를 받을 수 있다.
④ 맞음, 소방청장은 소방공무원의 임용, 인사교류, 교육훈련 등 인사에 관한 중요 사항을 시·도와 협의하기 위하여 소방공무원 인사협의회를 구성·운영할 수 있다.(임용령 제7조의2)

03 ②
② 틀림, 소방공무원채용시험 신체조건표는 ①,③,④ 및 다음과 같다.(규칙 별표 5)
 1. 시력 : 두 눈의 시력(교정시력을 포함한다)이 각각 0.8 이상이어야 한다.
 2. 혈압 : 고혈압(수축기혈압이 145mmHg을 초과하거나 확장기 혈압이 90mmHg을 초과하는 것) 또는 저혈압(수축기혈압이 90mmHg 미만이거나 확장기 혈압이 60mmHg 미만인 것)이 아닐 것
 3. 운동신경 : 운동신경이 발달하고 신경 및 신체에 각종 질환의 후유증으로 인한 기능상 장애가 없어야 한다.

04 ③
① 맞음, 외국어에 능통한 사람을 소방위 이하 계급의 소방공무원으로 경력경쟁채용을 할 수 있다(임용령 제15조 제7항)
② 맞음, 채용예정계급에 해당하는 자격증을 소지한 후 해당 분야에서 2년 이상 종사한 경력이 있는 사람을 소방령 이하의 소방공무원으로 경력경쟁채용을 할 수 있다(임용령 제15조 제3항)
③ 틀림, 소방공무원법 제7조 제2항 제3호의 규정에 의한 근무실적 또는 연구실적이 있는 사람의 경력경쟁채용등은 다음의 하나에 해당하는 사람으로 한정한다.(임용령 제15조 제4항)
 1. 국가기관 등의 근무경력 3년 이상 : 국가기관·지방자치단체·공공기관 그밖에 이에 준하는 기관의 임용예정직위에 관련 있는 직무분야의 근무 또는 연구경력이 3년 이상으로서 해당 임용예정계급에 상응하는 근무 또는 연구경력이 1년 이상인 사람
 2. 특수기술부문 또는 구조업무의 근무경력 2년 이상 : 소방공무원 외 공무원으로서 소방기관에서 「소방공무원 임용령」 별표1에 따른 특수기술부문(화재조사, 통신, 소방정·소방헬기 조종 및 정비, 장비, 전자계산, 구급, 회계)에 근무한 경력 또는 국가기관에서 구조업무와 관련 있는 직무 분야에 근무한 경력이 2년 이상으로서 해당 임용예정계급에 상응하는 근무 또는 연구경력이 1년 이상인 사람
 3. 퇴직소방공무원으로서 임용예정계급에 상응하는 근무경력이 1년 이상인 사람, 이 경우 소방공무원으로서의 퇴직사유 및 기간의 제한이 없으며 전력의 조회 및 퇴직사유의 확인 등의 절차가 필요 없다.
 4. 의무소방원으로 임용되어 정해진 복무를 마친 사람(소방사로 채용)

05 ③
① 맞음, 소방공무원 신규채용시험 및 승진시험과 소방간부후보생 선발시험은 소방청장이 실시한다.
② 맞음, 시·도 소속 소방경 이하 신규채용시험과 시·도 소속 소방장 이하의 계급으로의 승진시험은 시·도지사가 실시한다.
③ 틀림, 시·도지사는 시·도 소속 소방경 이하 소방공무원의 신규채용시험을 실시하는 경우 시험의 문제출제를 소방청장에게 의뢰할 수 있다. 이 경우 시험 문제출제를 위한 비용 부담 등에 필요한 사항은 시·도지사와 소방청장이 협의하여 정한다.
④ 맞음, 시험실시권자가 시험위원을 임명 또는 위촉할 경우에는 필기시험위원, 면접시험 및 실기시험위원은 각각 2명 이상으로 하되, 시험위원으로 임명 또는 위촉된 사람의 명단은 공개하지 않는다.(임용령 시행규칙 제27조, 개정 2022.6.3.)

06 ④
④ 맞음, 채용후보자명부는 채용후보자의 서류를 심사하여 임용적격자만을 대상으로 임용예정계급별로 시험성적 순위에 의하여 작성하되, 시험성적이 같을 경우에는 취업보호대상자, 필기시험 성적 우수자, 연령이 많은 사람의 순위에 따라 작성하여야 한다.(임용령 17조 및 시행규칙 제30조)
※ 소방공무원법의 동점자처리 기준

채용시험	선발예정인원에 불구하고 모두 합격 결정
승진대상자명부 작성	① 근무성적평정점이 높은 사람 ② 해당 계급에서 장기근무한 사람 ③ 바로 하위계급에서 장기근무한 사람 ④ 소방공무원으로 장기근무한 사람
승진시험	승진대상자명부 순위가 높은 순서

07 ②

② 틀림, 6월 이상 장기요양을 요하는 질병이 있는 경우에는 임용 유예의 사유이다. 채용후보자가 다음의 하나에 해당하는 경우에는 채용후보자의 자격을 상실한다.(임용령 제21조)
㉠ 채용후보자가 임용 또는 임용제청에 응하지 않은 경우
㉡ 채용후보자로서 받아야 할 교육훈련에 응하지 않은 경우
㉢ 채용후보자로서 받은 교육훈련과정의 졸업요건을 갖추지 못한 경우
㉣ 채용후보자로서 교육훈련을 받는 중 질병, 병역 복무 또는 그 밖에 교육훈련을 계속할 수 없는 불가피한 사정 외의 사유로 퇴교처분을 받은 경우
㉤ 채용후보자로서 품위를 크게 손상하는 행위를 함으로써 소방공무원으로서의 직무를 수행하기 곤란하다고 인정되는 경우(이 경우 임용심사위원회의 의결을 거쳐야 한다)
㉥ 법 또는 법에 따른 명령을 위반하여「소방공무원 징계령」제1조의2제1호에 따른 중징계 사유에 해당하는 비위를 저지른 경우
㉦ 법 또는 법에 따른 명령을 위반하여 경징계 사유에 해당하는 비위를 2회 이상 저지른 경우

08 ①

① 틀림, 기관의 신설준비는 2개월 이내 기간 동안 보직 없이 근무하게 할 수 있다. 임용권자 또는 임용제청권자는 법령에서 따로 정하거나 다음의 하나에 해당하는 경우를 제외하고는 소속 소방공무원을 하나의 직위에 임용해야 한다.(임용령 제25조 제4항)
㉠ 별도정원이 인정되는 휴직자의 복직, 파견된 자의 복귀 또는 파면·해임·면직된 자의 복귀 시에 해당 기관에 해당하는 계급의 결원이 없는 경우 : 그 계급의 정원에 최초로 결원이 생길 때까지
㉡ 결원보충이 승인된 6월 이상 위탁교육훈련 및 1년 이상의 장기 국외훈련을 위한 파견준비 : 2주 이내
㉢ 1년 이상의 해외 파견근무 : 2주 이내
㉣ 직제의 신설·개폐 시 기관의 신설준비 : 2개월 이내
② 맞음, 임용권자 또는 임용제청권자는 법령이 정하는 보직관리기준 외에 소방공무원의 보직에 관하여 필요한 세부기준(전보의 기준을 포함한다)을 정하여 실시하여야 한다.(임용령 제25조 제6항)
③ 맞음, 특수한 자격증을 소지한 사람은 특별한 사정이 없으면 그 자격증과 관련되는 직위에 보직하여야 한다.(임용령 제25조 제4항)
④ 맞음, 임용권자 또는 임용제청권자는 소방공무원을 보직하는 경우에는 특별한 사정이 없으면 배우자 또는 직계존속이 거주하는 지역을 고려하여 보직해야 한다.(임용령 제25조 제5항)

09 ④

① 맞음, 강임된 사람에게는 강임된 봉급이 강임되기 전보다 많아지게 될 때까지는 강임되기 전의 봉급에 해당하는 금액을 지급한다.(보수규정 제6조 제1항)
② 맞음, 보수는 다른 법령에 특별한 규정이 있는 경우를 제외하고는 현금 또는 요구불예금으로 지급한다. 보수는 본인에게 직접 지급하되, 출장, 항해, 그 밖의 부득이한 사유로 본인에게 직접 지급할 수 없을 때에는 본인이 지정하는 자에게 지급할 수 있다.(보수규정 제19조 제1항)
③ 맞음, 면직된 사람이 사무인계를 위하여 계속 근무한 경우에는 15일을 초과하지 아니하는 범위에서 실제 근무일에 따라 면직 당시의 보수를 일할 계산하여 지급할 수 있다.(보수규정 제25조 제3항)
④ 틀림, 직무수행능력이 부족하거나 근무성적이 극히 나쁜 사유로 직위해제된 사람은 봉급의 80퍼센트를 지급하며, 중징계 의결의 요구 또는 형사사건 기소의 사유로 직위해제된 사람은 봉급의 50퍼센트를 지급한다. 다만, 직위해제일부터 3개월이 지나도 직위를 부여받지 못한 경우에는 그 3개월이 지난 후의 기간 중에는 봉급의 30퍼센트를 지급한다.(보수규정 제29조 제1항)

10 ②

② 맞음, ㉠,㉡,㉢ 및 국내의 연구기관, 민간기관 및 단체에서의 업무수행·능력개발이나 국가정책수립과 관련된 자료수집 등을 위하여 필요한 경우의 파견기간은 2년 이내이며, 필요한 경우에는 총 파견기간이 5년을 초과하지 않는 범위에서 파견기간을 연장할 수 있다. 다른 기관의 업무폭주로 인한 행정지원의 경우 23.10.10 법령 개정으로 종전 1년 이내에서 2년 이내로 변경되었다.
㉣ 틀림, 국제기구, 외국의 정부 또는 연구기관에서의 업무수행 및 능력개발을 위해 필요한 경우 및「공무원 인재개발법」또는「지방공무원 교육훈련법」에 의한 교육훈련을 위하여 필요한 경우는 필요한 기간 파견이 가능하다.

11 ④

① 맞음, 소방청장, 중앙소방학교장, 중앙119구조본부장, 국립소방원장, 시·도지사, 지방소방학교장, 서울종합방재센터장, 소방서장, 119특수대응단장 및 소방체험관장 등 인사기록관리자는 인사기록의 적정한 관리를 위하여 관리담당자를 지정하여야 한다.(규칙 제10조)
② 맞음, 신규채용된 소방공무원의 인사기록은 초임보직 소방기관의 장이 작성하여야 하며, 작성한 인사기록을 인사기록의 보관 구분에 따라 직접 보관하거나 해당 소방공무원의 인사기록을 보관하는 소방기관의 장에게 송부해야 한다.(규칙 제12조 제1항 및 제2항)
③ 맞음, 소방공무원은 성명·주소 기타 인사기록의 기록내용을 변경하여야 할 정당한 사유가 있는 때에는 그 사유가 발생한 날부터 30일 이내에 소속 인사기록관리자에게 신고해야 한다.
④ 틀림, 중앙소방학교장 및 지방소방학교장은 교육훈련을 받은 자의 교육훈련성적을 교육훈련을 마친 날로부터 10일 이내에 인사기록관리자에게 보고 또는 통보하여야 한다.(규칙 제18조)

12 ②

① 맞음, 승진대상자명부를 작성할 경우 다음의 하나에 해당하는 경우에는 행정안전부령이 정하는 바에 따라 가점하여야 한다.(승진임용규정 제11조 제1항) 가점합계는 5점 이내로 한다.
㉠ 자격증을 소지한 경우
㉡ 학사·석사·박사학위를 취득하거나 언어능력이 우수한 경우
㉢ 격무·기피부서에서 근무한 경력이 있는 경우
㉣ 우수한 업무실적이 있는 경우
㉤ 소방청장이 실시하는 인사교류 경력이 있는 경우
② 틀림, 학위취득 및 언어능력 가점은 각각 0.5점 이내로 하며 총 0.5점을 초과할 수 없다.
③ 맞음, 격무·기피부서 근무경력 가점은 2.0점을 초과할 수 없으며, 소방공무원이 해당 계급에서 격무·기피부서에 근무한 때에는 근무한 날부터 가점평정한다.(시행규칙 제15조의2)
④ 맞음, 소방업무 관련 자격증과 전산관련 자격증의 가점은 각각 0.5점 이내이며, 총 0.5점을 초과할 수 없다. 전산관련 자격증 가점평정은 소방경 이하로 한한다.

13 ①

① 맞음, ㉠,㉡은 포함하며, ㉢,㉣은 제외한다.
1. 제외 되는 기간 : 승진소요최저근무연수에는 휴직기간, 직위해제기간, 징계처분기간 및 승진임용 제한기간은 포함하지 아니한다.
2. 휴직기간 중 다음의 경우는 승진소요 최저근무연수에 포함한다.
   1) 공무상 질병 등으로 인하여 휴직한 경우에 그 휴직기간
   2) 병역의무를 마치기 위하여 징집 등으로 인한 휴직기간(복무기간)
   3) 법률의 규정에 따른 의무를 수행하기 위하여 직무를 이탈하게 된 경우의 휴직기간(복무기간)
   4) 국제기구 등에 임시로 채용된 경우의 휴직기간(채용기간)
   5) 육아휴직 기간 : 육아휴직은 그 휴직 기간. 다만, 육아휴직을 대신하여 시간선택제전환소방공무원으로 지정되어 근무한 기간과 합산하여 자녀 1명당 3년을 초과할 수 없다.
   6) 국외유학을 위한 휴직 기간의 50퍼센트에 해당하는 기간
   7) 노동조합 전임자로 종사한 전임기간
3. 직위해제기간은 원칙적으로 승진소요최저근수연수에 포함하지 아니한다. 그러나 직위해제기간 중 다음의 직위해제기간은 포함한다.
   1) 중징계의결이 요구 중인 것을 이유로 직위해제처분을 받은 사람의 징계처분이 무효 또는 취소로 확정된 경우(관할 징계위원회가 징계를 하지 아니하기로 의결한 경우 포함)에 그 직위해제기간
   2) 형사사건 기소를 이유로 직위해제처분을 받은 사람의 형사사건이 법원의 판결에 따라 무죄로 확정된 경우에 그 직위해제기간

14 ③

① 맞음, 소방공무원 교육훈련규정 제17조에 따른 수료요건 또는 졸업요건을 갖추지 못한 사람에 대한 교육훈련성적은 평정하지 않는다.(승진임용규정 제10조 제3항)
② 맞음, 시보임용이 예정된 사람 또는 시보임용된 사람이 신임교육과정을 졸업한 경우에는 이를 임용예정 계급에서 받은 전문교육훈련성적으로 보아 평정한다.(승진임용규정 제10조 제4항)
③ 틀림, 소방령 이하 소방장 이상 계급의 직장훈련성적은 명부작성 기준일부터 최근 2년 이내에 해당 계급에서 4회 평정한 평정점의 평균으로 산정하며, 소방교 이하 계급의 직장훈련성적은 명부작성 기준일부터 최근 1년 이내에 해당 계급에서 2회 평정한 평정점의 평균으로 산정한다.(시행 24.9.30)
④ 맞음, 직장훈련성적 평정점을 산정하는 경우(신규임용 또는 승진임용되어 해당 계급에서 최초로 평정을 하는 경우는 제외한다)에 평정단위기간의 평정점이 없을 때에는 다음에 따라 산정한 평정점을 그 평정단위기간의 평정점으로 한다.(시행규칙 제19조 제6항 제1호)
   ㉠ 명부작성 기준일부터 가장 최근의 평정단위기간평정점이 없는 경우 : (그 전에 평정한 평정단위기간평정점+2.67점)/2
   ㉡ 명부작성 기준일부터 가장 오래된 평정단위기간평정점이 없는 경우 : (그 직후에 평정한 평정단위기간평정점+2.67점)/2
   ㉢ ㉠ 및 ㉡을 제외한 평정점이 없는 평정단위기간이 있는 경우 : 평정점이 없는 평정단위기간의 직전 및 직후에 평정한 평정단위기간평정점의 평균
   ㉣ 평정점이 없는 평정단위기간이 연속하여 2회 이상 있는 경우(각각의 평정점) : (연속하여 평정점이 없는 평정단위기간에 가장 가까운 최근의 평정단위기간평정점+2.67점)/2
※ 평정단위기간평정점이 없는 경우 산정을 위한 기본점수
   ㉠ 평정단위기간의 직장훈련성적평정점이 없는 경우 : 2.67점
   ㉡ 평정단위기간의 체력검정성적평정점이 없는 경우 : 2.5점
   ㉢ 평정단위기간의 근무성적평정점이 없는 경우 : 45점

15 ②

① 맞음, 경력평정은 평정일 현재 최저근무연수가 경과된 소방정 이하의 소방공무원을 대상으로 한다.(승진임용규정 제9조 제2항)
② 틀림, 경력평정대상기간의 산정기준는 승진소요최저근무연수 계산방법에 따른다. 다만, 승진임용제한기간 및 소방공무원으로 신규임용될 사람이 받은 교육훈련기간은 경력평정대상기간에 포함한다.(시행규칙 제10조 제1항) 휴직기간, 직위해제기간, 징계처분기간은 경력평정기간에서 제외하나 승진임용제한기간은 포함한다.
④ 맞음, 소방공무원의 경력평정기간은 다음과 같다.
   ㉠ 소방사 및 소방교 : 기본경력 최근 1년 6개월, 초과경력 6개월간
   ㉡ 소방장 : 기본경력 최근 2년, 초과경력 1년간
   ㉢ 소방위 : 기본경력 최근 2년, 초과경력 3년간
   ㉣ 소방경 : 기본경력 최근 3년, 초과경력 3년간
   ㉤ 소방령 : 기본경력 최근 3년, 초과경력 4년간
   ㉥ 소방정 : 기본경력 최근 3년간, 초과경력 2년간

16 ④

①,② 맞음, 승진에 필요한 요건을 갖춘 소방정 이하 소방공무원에 대하여는 다음의 비율에 따라 계급별로 승진대상자명부를 작성하여야 한다. 승진대상자명부를 작성함에 있어서 가점대상이 있을 경우에는 행정안전부령이 정하는 바에 따라 가점하여야 한다.

소방정	근무성적평정점 70퍼센트, 경력평정점 20퍼센트 및 교육훈련성적평정점 10퍼센트
소방령 이하	근무성적평정점 70퍼센트, 경력평정점 15퍼센트 및 교육훈련성적평정점 15퍼센트

③ 맞음, 승진대상자명부의 작성권자와 관할 승진심사위원회가 설치된 기관의 장이 다를 때에는 관할 승진심사위원회가 설치된 기관의 장이 승진대상자명부의 작성권자가 작성한 승진대상자명부를 통합하여 선 순위자 순으로 승진대상자통합명부를 작성한다.
④ 틀림, 승진대상자명부(통합명부)는 매년 4월 1일과 10월 1일을 기준으로 하여 작성한다.

17 ③

① 맞음, 승진심사위원회는 계급별 승진심사대상자명부의 선순위자(先順位者) 순으로 승진임용하려는 결원의 5배수의 범위에서 승진후보자를 심사·선발한다.(법 제16조 제2항)
② 맞음, 승진임용예정 인원수가 1~10명인 경우 승진임용예정 인원수의 1명당 5배수를 승진심사 대상으로 한다
③ 틀림, 승진임용예정 인원수가 11명 이상의 승진심사대상은 승진임용예정 인원수 10명을 초과하는 1명당 3배수 + 50명이다.
④ 맞음, 승진심사위원회는 승진심사대상자로서 승진임용의 제한자 및 승진시험에 응시할 수 없는 자에 대하여는 그 심사대상에서 제외한다.(승진임용규정 제23조)

18 ②

① 맞음, 제1차 시험 실시일 현재 소방공무원 승진임용규정 제5조 제1항의 규정에 의한 승진소요최저근무연수에 도달하여야 한다.
② 틀림, 시·도지사는 소방청장의 위임에 의해 시·도 소속 소방공무원의 소방장 이하 계급으로의 시험을 실시한다. 시·도지사는 시험의 문제출제를 소방청장에게 의뢰할 수 있다.(승진임용규정 제29조 제1항 및 제2항)
③ 맞음, 소방공무원의 승진시험은 시험실시권자가 정하는 날에 실시한다. 최종합격자는 제1차 시험 성적 50퍼센트, 제2차 시험 성적 10퍼센트 및 당해 계급에서의 최근에 작성된 승진대상자명부의 총평정점 40퍼센트를 합산한 성적의 고득점 순위에 의하여 결정한다.
④ 맞음, 최종합격자를 결정할 때 시험승진임용예정인원수를 초과하여 동점자가 있는 경우에는 승진대상자명부의 순위가 높은 순서에 따라 최종합격자를 결정한다.(승진임용규정 제34조, 시행 24.2.1.)

19 ①
① 틀림, 20년 이상 근속하고 정년퇴직일 전 1년 이상의 기간 중 자진하여 퇴직하는 사람으로서 재직 중 특별한 공적이 있다고 인정되는 사람을 대상으로 한다.(승진임용규정 제38조 제1항 제4호)
② 맞음, 명예퇴직 공적자의 특별승진은 소방정감 이하 계급으로의 승진임용이 가능하며, 해당 계급에서 행한 공적에 한정하지 않는다.(승진임용규정 제39조 제2호)
③ 맞음, 제38조제1항제4호(명예퇴직 유공자)에 따라 특별승진임용할 때에는 해당 소방공무원이 재직기간 중 중징계 처분 또는 다음의 어느 하나에 해당하는 사유로 경징계 처분을 받은 사실이 없어야 한다.(승진임용규정 제41조의2)
　㉠ 「국가공무원법」 제78조의2제1항 각 호(금품 및 향응 수수, 예산 및 기금의 횡령·유용·보조금 등의 징계 사유
　㉡ 「성폭력범죄의 처벌 등에 관한 특례법」 제2조에 따른 성폭력범죄
　㉢ 「성매매알선 등 행위의 처벌에 관한 법률」 제2조제1항제1호에 따른 성매매
　㉣ 「양성평등기본법」 제3조제2호에 따른 성희롱
　㉤ 「도로교통법」 제44조제1항에 따른 음주운전 또는 제2항에 따른 음주측정에 대한 불응
④ 맞음, 명예퇴직 유공자로 특별승진임용된 사람이 국가공무원법」 제74조의2에 해당하여 명예퇴직수당을 환수하는 경우에는 특별승진임용을 취소해야 한다. 이 경우 특별승진임용이 취소된 사람은 그 특별승진임용 전의 계급으로 퇴직한 것으로 본다.

20 ②
① 맞음, 소방기관의 장은 근무기강을 확립하기 위하여 소속 소방공무원의 복무를 점검하고, 의무 위반행위의 조사·방지 등의 조치를 해야 한다.
② 틀림, 소방청장은 소방기관(소방청은 제외한다)에 대하여 복무점검 또는 조치의 적정성을 확인하기 위해 필요한 자료의 제출을 요구할 수 있다. 다만, 소방청장은 필요하다고 인정되는 경우에는 직접 복무점검을 하거나 의무 위반행위를 조사할 수 있다.(소방공무원복무규정 제9조의2 제2항)
③ 맞음, 소방청장은 복무점검을 하거나 의무 위반행위를 조사한 경우에는 그 결과를 해당 소방기관의 장에게 통보해야 한다.
④ 맞음, 소방청장은 제출받은 자료를 검토한 결과 또는 복무점검이나 의무 위반행위를 조사한 결과, 시정·보완 등이 필요하다고 인정되는 경우에는 그 시정 또는 보완 등 필요한 조치를 요구할 수 있다.

21 ①
① 틀림, 법관은 고충심사위원회의 민간위원의 자격이 없다. 소방공무원 고충심사위원회의 민간위원은 다음의 어느 하나에 해당하는 사람 중에서 설치기관의 장이 위촉한다. 민간위원의 임기는 2년으로 하며, 한 번만 연임할 수 있다.(공무원고충처리규정 제3조의3 제5항)
　1. 소방공무원으로 20년 이상 근무하고 퇴직한 사람
　2. 대학에서 법학·행정학·심리학·정신건강의학 또는 소방학을 담당하는 사람으로서 조교수 이상으로 재직 중인 사람
　3. 변호사 또는 공인노무사로 5년 이상 근무한 사람
　4. 「의료법」에 따른 의료인

22 ④
④ 틀림, 직장훈련 결과에 대한 평가 및 확인은 직장훈련담당관의 직무이다. 소방기관의 장은 제7조제1항에 따른 기본정책 및 기본지침에 따라 다음 각 호의 사항이 포함된 직장훈련계획을 수립해야 한다.(교육훈련규정 제32조)
　1. 공직가치 확립 및 정부 시책에 대한 교육
　2. 팀 단위 소방전술훈련 및 개인 직무 전문기술훈련
　3. 신규채용자 및 보직변경자에 대한 실무적응교육훈련
　4. 체력향상을 위한 훈련
　5. 직장훈련 시간 총량 목표 및 관리에 관한 사항
　6. 그 밖에 부서별·직무분야별 전문성 강화를 위한 전문교육훈련

23 ②
② 맞음, 소방청장은 전시·사변 기타 이에 준하는 비상사태하에서는 2년의 범위 안에서 계급정년을 연장할 수 있다. 이 경우 소방령 이상의 소방공무원에 대하여는 행정안전부장관의 제청으로 국무총리를 거쳐 대통령의 승인을 받아야 한다.(법 제25조 제4항)

24 ③
① 맞음, 징계 등의 정도에 관한 기준은 소방청장이 정한다. 징계위원회는 징계등 사건을 의결할 때에는 징계등 혐의자의 혐의 당시 계급, 징계등 요구의 내용, 비위행위가 공직 내외에 미치는 영향, 평소 행실, 공적(功績), 뉘우치는 정도 또는 그 밖의 사정을 고려해야 한다.(징계령 제16조)
② 맞음, 징계의결등 요구권자는 신속한 징계절차 진행이 필요하다고 판단되는 징계등 사건에 대하여 관할 징계위원회에 우선심사를 신청할 수 있다.(시행 23.6.13. 징계령 제13조의3 제1항)
③ 틀림, 징계의결등 요구권자는 정년(계급정년 포함)이나 근무기간 만료 등으로 징계등 혐의자의 퇴직 예정일이 2개월 이내에 있는 징계등 사건에 대해서는 관할 징계위원회에 우선심사를 신청해야 한다.(시행 23.6.13. 징계령 제13조의3 제2항)
④ 맞음, 징계등 혐의자는 혐의사실을 모두 인정하는 경우 관할 징계위원회에 우선심사를 신청할 수 있다.(시행 23.6.13. 징계령 제13조의3 제3항)

25 ②
① 맞음, 소방청 징계위원회는 위원장 1명을 포함하여 17명 이상 33명 이하의 위원으로 구성하며, 기타 징계위원회는 위원장 1명을 포함하여 9명 이상 15명 이하의 위원으로 구성한다.(소방공무원징계령 제4조 제1항, 개정 22.3.15.)
② 틀림, 위원장은 해당 징계위원회가 설치된 기관의 장의 차순위 계급자가 된다. 다만 시·도 소방공무원 징계위원회가 설치된 기관의 장은 해당 징계위원회의 위원장을 소방정 이상의 소방공무원 중에서 임명할 수 있다.(징계령 제4조 제2항, 개정 23.6.13)
③ 맞음, 징계위원회의 회의는 위원장과 위원장이 회의마다 지정하는 4명 이상 6명 이하의 위원으로 구성한다. 이 경우 민간위원이 위원장을 포함한 위원 수의 2분의 1 이상 포함되어야 한다.
④ 맞음, 징계 사유가 다음의 어느 하나에 해당하는 징계 사건이 속한 징계위원회의 회의를 구성하는 경우에는 피해자와 같은 성별의 위원이 위원장을 제외한 위원 수의 3분의 1 이상 포함되어야 한다. (소방공무원징계령 제4조 제7항, 신설 2022. 3. 15.)
가. 「성폭력범죄의 처벌 등에 관한 특례법」에 따른 성폭력범죄
나. 「양성평등기본법」에 따른 성희롱

제2회 소방법령 II

01	02	03	04	05	06	07	08	09	10	11	12	13	14	15	16	17	18	19	20	21	22	23	24	25
①	④	②	③	②	③	④	②	①	③	②	③	③	④	①	④	④	②	④	①	②	④	①	③	①

01 ①
- ① 맞음, 사망자가 5인 이상 발생하거나 사상자가 10인 이상 발생한 화재, 재산피해액이 50억 원 이상 발생한 화재, 이재민이 100인 이상 발생한 화재 등은 보고 대상이다.
- ② 틀림, 재산피해액이 50억 원 이상 발생한 화재가 보고 대상이다.
- ③ 틀림, 「위험물안전관리법」 제2조제2항의 규정에 의한 지정수량의 3천배 이상의 위험물의 제조소·저장소·취급소에서 발생한 화재는 보고 대상이다.
- ④ 틀림, 항구에 매어둔 총 톤수가 1천톤 이상인 선박, 항공기, 발전소 또는 변전소에서 발생한 화재 등은 보고사항이다.

02 ④
- ① 맞음, 소방청장 및 시·도지사는 119종합상황실 등의 효율적 운영을 위하여 소방정보통신망을 구축·운영할 수 있다.(법 제4조의2 제1항)
- ② 맞음, 소방정보통신망의 안정적 운영을 위하여 소방정보통신망의 회선을 이중화할 수 있다. 이 경우 이중화된 각 회선은 다른 사업자로부터 제공받아야 한다.(법 제4조의2 제1항)
- ③ 맞음, 소방정보통신망은 회선 수, 구간별 용도 및 속도 등을 고려하여 설계·구축해야 하며, 회선을 이중화한 경우 하나의 회선에 장애가 발생하면 다른 회선으로 즉시 전환되도록 구축·운영해야 한다.(규칙 제3조의2 제1항 및 제2항)
- ④ 틀림, 소방청장 및 시·도지사는 소방정보통신망이 안정적으로 운영될 수 있도록 연 1회 이상 소방정보통신망을 주기적으로 점검·관리해야 한다.(규칙 제3조의2 제3항)

03 ②
- ① 맞음, 소방기관의 소방력에 관한 기준은 행정안전부령으로 정한다.(법 제8조 제1항)
- ② 틀림, 시·도지사는 소방력의 기준에 따라 관할구역의 소방력을 확충하기 위하여 필요한 계획을 수립하여 시행하여야 한다.(법 제8조 제2항) 소방력확충계획의 수립은 시·도지사가 수립한다.
- ③ 맞음, 소방자동차 등 소방장비의 분류·표준화와 그 관리 등에 필요한 사항은 따로 법률(소방장비관리법)로 정한다.(법 제8조 제3항)
- ④ 맞음, 국가는 소방장비의 구입 등 시·도의 소방업무에 필요한 경비의 일부를 보조한다.(법 제9조 제1항)

04 ③
- ① 맞음, 소방용 호스와 연결하는 소화전의 연결금속구의 구경은 65밀리미터 이상이 아니라 그 규격을 통일하여 65밀리미터로 하여야 한다.
- ② 맞음, 급수탑의 급수배관의 구경은 100밀리미터 이상으로 하며, 급수탑의 개폐밸브는 지상에서 1.5미터 이상 1.7미터 이하의 위치에 설치하여야 한다.
- ③ 틀림, 저수조의 흡수관의 투입구가 사각형의 경우에는 한 변의 길이가 **60센티미터** 이상, 원형의 경우에는 지름이 **60센티미터** 이상일 것
- ④ 맞음, 국토의 계획 및 이용에 관한 법률의 규정에 의한 주거지역·상업지역 및 공업지역에 설치하는 경우 소방대상물과의 수평거리를 100미터 이하가 되도록 할 것, 주거지역·상업지역 및 공업지역 외의 지역에 설치하는 경우 소방대상물과의 수평거리를 140미터 이하가 되도록 할

05 ②
- ① 맞음, 관계인은 화재를 진압하거나 구조·구급 활동을 하기 위하여 상설 조직체(「위험물안전관리법」 제19조 및 다른 법령에 따라 설치된 자체소방대를 포함한다)를 설치·운영할 수 있다.(시행, 2023. 5.16. 법 제20조의2 제1항)
- ② 틀림, 자체소방대는 소방대가 현장에 도착한 경우 소방대장의 지휘·통제에 따라야 한다.(법 제20조의2 제2항)
- ③ 맞음, 법 제20조의2 제3항 및 제4항
- ④ 맞음, 법 제20조의2제3항에 따라 소방청장, 소방본부장 또는 소방서장은 같은 조 제1항에 따른 자체소방대의 역량 향상을 위하여 다음에 해당하는 교육·훈련 등을 지원할 수 있다.
  1. 「소방공무원 교육훈련규정」 제2조에 따른 교육훈련기관에서의 자체소방대 교육훈련과정
  2. 자체소방대에서 수립하는 교육·훈련 계획의 지도·자문
  3. 「소방공무원임용령」제2조제3호에 따른 소방기관과 자체소방대와의 합동 소방훈련
  4. 소방기관에서 실시하는 자체소방대의 현장실습
  5. 그 밖에 소방청장이 자체소방대의 역량 향상을 위하여 필요하다고 인정하는 교육·훈련

06 ③
- ①,② 맞음, 화재예방, 소방활동 또는 소방훈련을 위하여 사용되는 소방신호의 종류와 방법은 행정안전부령으로 정하는데 소방신호에는 경계신호, 발화신호, 해제신호 및 훈련신호가 있으며, 소방신호의 방법은 그 전부 또는 일부를 함께 사용할 수 있다.
- ③ 틀림, 소방대의 비상소집 시에는 훈련신호를 발령한다.
- ④ 맞음, 사이렌에 의한 경계신호는 5초 간격을 두고 30초씩 3회 발령한다.

소방신호의 종류	타종	사이렌
경계신호(화재예방상 필요, 화재위험경보)	1타와 연2타를 반복	5초 간격, 30초씩 3회
발화신호(화재가 발생한 때)	난타	5초 간격, 5초씩 3회
해제신호(소화활동이 불필요)	상당한 간격을 두고 1타씩 반복	1분간 1회
훈련신호(훈련상 필요, 소방대의 비상소집)	연3타 반복	10초 간격, 1분씩 3회

07 ④
① 맞음, 소방활동구역의 설정권자는 소방대장이다.
② 맞음, 소방활동구역 안에 있는 소방대상물의 소유자·관리자 또는 점유자와 소방대장이 소방활동을 위하여 출입을 허가한 사람, 의사·간호사 그 밖에 구조·구급 업무종사자, 보도업무종사자, 수사업무종사자 등은 소방활동구역에 출입할 수 있다.
③ 맞음, 전기·가스·수도·통신·교통의 업무에 종사하는 사람으로서 원활한 소방활동을 위하여 필요한 사람은 소방활동구역에 출입할 수 있다.
④ 틀림, 경찰공무원은 소방대가 소방활동구역에 있지 아니하거나 관할 소방대장의 요청이 있는 때에는 소방활동구역의 출입을 제한하는 조치를 할 수 있다.(법 제23조 제2항)

08 ②
② 맞음, 제 21조 제2항을 위반하여 전용구역에 차를 주차하거나 전용구역에의 진입을 가로막는 등의 방해행위를 한 자에게는 100만원 이하의 과태료를 부과한다. 나머지는 200만원 이하의 과태료 부과 대상이다.
200만원 이하의 과태료 부과 대상은 다음과 같다.(법 제56조 제2항)
   1. 제17조의6 제5항을 위반하여 한국119청소년단 또는 이와 유사한 명칭을 사용한 자
   2. 제21조제3항을 위반하여 소방자동차의 출동에 지장을 준 자
   3. 제23조 제1항을 위반하여 소방활동구역을 출입한 사람
   4. 제44조의3을 위반하여 한국소방안전원 또는 이와 유사한 명칭을 사용한 자

09 ①
① 틀림, ①은 소방시설의 개념이다. 소방시설 등이란 소방시설과 비상구, 그 밖에 소방 관련 시설로서 대통령령으로 정하는 것을 말한다. 소화설비, 경보설비, 피난구조설비, 소화용수설비, 소화활동설비로 대통령령으로 정하는 것은 소방시설이다.
② 맞음, 화재안전성능"이란 화재를 예방하고 화재발생 시 피해를 최소화하기 위하여 소방대상물의 재료, 공간 및 설비 등에 요구되는 안전성능을 말한다.
③ 맞음, "화재안전기준"이란 소방시설 설치 및 관리를 위한 다음의 기준을 말한다.
   ㉠ **성능기준** : 화재안전 확보를 위하여 재료, 공간 및 설비 등에 요구되는 안전성능으로서 소방청장이 고시로 정하는 기준
   ㉡ **기술기준** : 가목에 따른 성능기준을 충족하는 상세한 규격, 특정한 수치 및 시험방법 등에 관한 기준으로서 행정안전부령으로 정하는 절차에 따라 소방청장의 승인을 받은 기준
④ 맞음 "특정소방대상물"이란 건축물 등의 규모·용도 및 수용인원 등을 고려하여 소방시설을 설치하여야 하는 소방대상물로서 대통령령으로 정하는 것을 말한다

10 ③
③ 맞음, 지하구란 전력·통신용의 전선이나 가스·냉난방용의 배관 또는 이와 비슷한 것을 집합 수용하기 위하여 설치한 지하 인공구조물로서 사람이 점검 또는 보수를 하기 위하여 출입이 가능한 것 중 다음의 어느 하나에 해당하는 것을 말한다.
   1) 전력 또는 통신사업용 지하 인공구조물로서 전력구(케이블 접속부가 없는 경우는 제외한다) 또는 통신구 방식으로 설치된 것
   2) 1) 외의 지하 인공구조물로서 폭이 (1.8)m 이상이고 높이가 (2)m 이상이며 길이가 (50)m 이상인 것

11 ②
② 틀림, 성능위주설계를 해야 할 대통령령으로 정하는 특정소방대상물(신축만 해당)은 다음과 같다.(영 제9조)
   1. **연면적 20만제곱미터 이상인 특정소방대상물** : 다만, 별표 2 제1호 가목에 따른 공동주택 중 주택으로 쓰이는 층수가 5층 이상인 주택(아파트등)은 제외한다.
   2. 50층 이상(지하층 제외)이거나 지상으로부터 높이가 200미터 이상인 아파트등
   3. 30층 이상(지하층 포함)이거나 지상으로부터 높이가 120미터 이상인 특정소방대상물(아파트등은 제외한다)
   4. 연면적 3만제곱미터 이상인 철도 및 도시철도 시설, 공항시설
   5. 별표 2 제16호의 창고시설 중 연면적 10만제곱미터 이상인 것 또는 지하층의 층수가 2개 층 이상이고 지하층의 바닥면적의 합계가 3만제곱미터 이상인 것
   6. 하나의 건축물에 「영화 및 비디오물의 진흥에 관한 법률」제2조제10호에 따른 영화상영관이 10개 이상인 특정소방대상물
   7. 「초고층 및 지하연계 복합건축물 재난관리에 관한 특별법」제2조제2호에 따른 지하연계 복합건축물에 해당하는 특정소방대상물
   8. 별표 2 제27호의 터널 중 수저(水底)터널 또는 길이가 5천미터 이상인 것

12 ③
① 맞음, 대형 이상의 특수자동차는 능력단위 2 이상인 소화기 1개 이상 또는 능력단위 1 이상인 소화기 2개 이상을 사용하기 쉬운 곳에 설치한다.
② 맞음, 중형 이하의 특수자동차는 능력단위 1 이상인 소화기 1개 이상을 사용하기 쉬운 곳에 설치한다.
③ 틀림, 승차정원 36인 이상 승합자동차는 능력단위 3 이상인 소화기 1개 이상 및 능력단위 2 이상인 소화기 1개 이상을 설치한다. 다만, 2층 대형승합자동차의 경우에는 위층 차실에 능력단위 3 이상인 소화기 1개 이상을 추가 설치한다.
 * 승차정원 15인 이하 승합자동차는 능력단위 2 이상인 소화기 1개 이상 또는 능력단위 1 이상인 소화기 2개 이상을 설치한다. 이 경우 승차정원 11인 이상 승합자동차는 운전석 또는 운전석과 옆으로 나란한 좌석 주위에 1개 이상을 설치한다.
④ 맞음, 승용자동차와 경형승용자동차는 능력단위 1 이상의 소화기 1개 이상을 사용하기 쉬운 곳에 설치 또는 비치한다

13 ③
③ 맞음, 같은 구(區) 내의 둘 이상의 특정소방대상물이 행정안전부령으로 정하는 연소 우려가 있는 구조인 경우에는 이를 하나의 특정소방대상물로 본다.(영 별표 4 제1호사목1) 영 별표 4 제1호사목1 후단에서 행정안전부령으로 정하는 연소(延燒) 우려가 있는 구조란 다음 각호의 기준에 모두 해당하는 구조를 말한다.(규칙 제17조)
   1. 건축물대장의 건축물 현황도에 표시된 대지경계선 안에 둘 이상의 건축물이 있는 경우
   2. 각각의 건축물이 다른 건축물의 외벽으로부터 수평거리가 1층의 경우에는 6미터 이하, 2층 이상의 층의 경우에는 10미터 이하인 경우
   3. 개구부가 다른 건축물을 향하여 설치되어 있는 경우

14 ④
① 틀림, 「건설산업기본법」제2조제4호에 따른 건설공사를 하는 자(공사시공자)는 특정소방대상물의 신축·증축·개축·재축·이전·용도변경·대수선 또는 설비 설치 등을 위한 공사 현장에서 인화성(引火性) 물품을 취급하는 작업 등 대통령령으로 정하는 작업(화재위험작업)을 하기 전에 설치 및 철거가 쉬운 화재대비시설을 설치하고 관리하여야 한다.(법 제15조 제1항)
② 틀림, 옥내소화전 또는 소방청장이 정하여 고시하는 기준에 맞는 소화기가 설치된 경우 간이소화장치를 설치한 것으로 본다.(영 별표 5의2 제2호) 따라서 옥내소화전이 설치된 특정소방대상물의 용도변경을 위한 내부 인테리어 변경공사를 시공하는 자는 간이소화장치를 설치하지 않아도 된다.
③ 틀림, 비상경보장치, 가스누설경보기, 간이피난유도선 및 비상조명등은 바닥면적이 150㎡ 이상인 지하층 또는 무창층의 화재위험작업현장에 설치해야 하는 임시소방시설이다.
④ 맞음, 간이소화장치, 비상경보장치, 간이피난유도선 및 비상조명등은 소방청장이 정하는 성능을 갖추어야 하며, 가스누설경보기는 형식승인 및 제품검사를 받은 것이어야 한다.

15 ①
① 맞음, 소방안전관리자로 선임된 소방시설관리사 및 소방기술사가 점검하는 경우 주된 점검인력인 소방시설관리사 또는 소방기술사 중 1명과 보조 점검인력 2명을 점검인력 1단위로 하되, 점검인력 1단위에 2명 이내의 보조점검인력을 추가할 수 있다. 이 경우 보조 점검인력은 해당 특정소방대상물의 관계인, 소방안전관리보조자 또는 관리업자 소속의 소방기술인력으로 할 수 있다.

* **소방시설관리업자가 점검하는 경우** : 주된 점검인력인 특급점검자 1명과 보조 점검인력 영 별표 9에 따른 주된 기술인력 또는 보조 기술인력 2명을 점검인력 1단위로 하되, 점검인력 1단위에 보조 점검인력으로 2명(같은 건축물을 점검할 때는 4명) 이내의 주된 기술인력 또는 보조 기술인력을 추가할 수 있다.

* **관계인이 점검하는 경우** : 주된 점검인력인 관계인 1명과 보조 점검인력 2명을 점검인력 1단위로 한다. 이 경우 보조 점검인력은 해당 특정소방대상물의 관계인, 소방안전관리자, 소방안전관리보조자 또는 관리업자 소속의 소방기술인력으로 할 수 있다.

② 틀림, 점검인력 1단위가 하루 동안 점검할 수 있는 특정소방대상물의 연면적(점검한도 면적)은 종합점검은 8,000㎡, 작동점검은 10,000㎡이다.
③ 틀림, 점검인력 1단위에 보조 기술인력을 1명씩 추가할 때마다 종합점검의 경우에는 2,000㎡, 작동점검의 경우에는 2,500㎡씩을 점검한도 면적에 더한다.
④ 틀림, 점검인력 1단위가 하루 동안 점검할 수 있는 아파트등의 세대수(점검한도 세대수)는 종합점검 및 작동점검에 관계없이 250세대로 한다. 점검인력 1단위에 보조 기술인력을 1명씩 추가할 때마다 60세대씩을 점검한도 세대수에 더한다.

16 ②
② 관리업의 등록기준에 미달한 경우 1차 위반은 경고처분으로 과징금 부과대상이 아니다.

위반행위	1차 위반	2차 위반	3차 위반
법 제22조에 따른 점검을 하지 않은 경우	영업정지 1개월	영업정지 3개월	등록취소 (대상 아님)
법 제22조에 따른 점검을 거짓으로 한 경우	경고 (대상 아님)	영업정지 3개월	등록취소 (대상 아님)
법 제29조제2항에 따른 등록기준에 미달하게 된 경우	경고 (대상 아님)	영업정지 3개월	등록취소 (대상 아님)
점검능력 평가를 받지 않고 자체점검을 한 경우	영업정지 1개월	영업정지 3개월	등록취소 (대상 아님)

17 ④
①,② 맞음, 피난시설, 방화구획 또는 방화시설의 폐쇄·훼손·변경 등의 행위를 한 자와 점검기록표를 기록하지 아니하거나 특정소방대상물의 출입자가 쉽게 볼 수 있는 장소에 게시하지 아니한 관계인은 300만원 이하의 과태료 부과 대상이다.
③ 맞음, 제52조제1항에 따른 명령을 위반하여 보고 또는 자료제출하지 아니하거나 정당한 사유 없이 관계 공무원의 출입 또는 검사를 거부·방해 또는 기피한 자는 300만원 이하의 과태료 부과 대상이다.
④ 틀림, 제23조 제1항 및 제2항을 위반하여 자체점검 결과 필요한 조치를 하지 아니한 관계인 또는 관계인에게 중대위반사항을 알리지 아니한 관리업자는 300만원 이하의 벌금에 처한다.

18 ②
② 틀림, 소방청장은 기본계획의 시행을 위하여 필요한 사항과 그 밖에 화재의 예방 및 안전관리와 관련하여 소방청장이 필요하다고 인정하는 사항이 포함된 시행계획을 시행 전년도 10월 31일까지 수립하여야 하며, 기본계획 및 시행계획을 계획 시행 전년도 10월 31일까지 관계 중앙행정관의 장과 시·도지사에 통보해야 한다.
③ 맞음, 관계 중앙행정기관의 장 및 시·도지사는 세부시행계획을 수립하여 계획 시행 전년도 12월 31일까지 소방청장에게 통보해야 한다.(영 제5조 제2항)
④ 맞음, 제4조 제1항부터 제7항까지에서 에서 규정한 사항 외에 기본계획, 시행계획 및 세부시행계획의 수립·시행에 필요한 사항은 대통령령으로 정한다.(법 제4조 제8항)

19 ④
① 맞음, ①과 다음의 경우에 화재안전조사를 실시할 수 있다.
1. 화재예방강화지구 등 법령에서 화재안전조사를 하도록 규정되어 있는 경우
2. 국가적 행사 등 주요 행사가 개최되는 장소 및 그 주변의 관계 지역에 대하여 소방안전관리 실태를 조사할 필요가 있는 경우
3. 재난예측정보, 기상예보 등을 분석한 결과 소방대상물에 화재의 발생 위험이 크다고 판단되는 경우
4. 그 밖의 긴급한 상황이 발생할 경우 인명 또는 재산 피해의 우려가 현저하다고 판단되는 경우
④ 틀림, 소방관서장은 화재안전조사를 실시하려는 경우 사전에 관계인에게 조사대상, 조사기간 및 조사사유 등을 우편, 전화, 전자메일 또는 문자전송 등을 통하여 통지하고 이를 대통령령으로 정하는 바에 따라 인터넷 홈페이지나 전산시스템 등을 통하여 공개하여야 한다.(법 제8조 제2항)

20 ①
① 틀림, 고체연료 보일러의 경우 고체연료는 보일러 본체와 수평거리 2미터 이상 간격을 두어 보관하거나 불연재료로 된 별도의 구획된 공간에 보관하여야 하며, 연통의 배출구는 보일러 본체보다 2미터 이상 높게 설치하여야 한다.
③ 맞음, 노 또는 화덕의 주위에는 녹는 물질이 확산되지 아니하도록 높이 0.1미터 이상의 턱을 설치해야 한다. 30만 킬로칼로리 이상의 노를 설치하는 경우 주요구조부는 불연재료 이상으로 하고, 창문과 출입구는 60분+ 방화문 또는 60분 방화문으로 설치해야 한다.
④ 맞음, 용접 또는 용단 작업장에서는 다음의 사항을 지켜야 한다. 다만, 「산업안전보건법」 제38조의 적용을 받는 사업장의 경우에는 적용하지 않는다.
㉠ 용접 또는 용단 작업장 주변 반경 5미터 이내에 소화기를 갖추어 둘 것
㉡ 용접 또는 용단 작업장 주변 반경 10미터 이내에는 가연물을 쌓아두거나 놓아두지 말 것

21 ②
① 맞음, 시·도지사는 다음의 어느 하나에 해당하는 지역을 화재예방강화지구로 지정하여 관리할 수 있다.(법 제18조 제1항)
㉠ 시장지역
㉡ 공장·창고가 밀집한 지역
㉢ 목조건물이 밀집한 지역
㉣ 노후·불량건축물이 밀집한 지역
㉤ 위험물의 저장 및 처리 시설이 밀집한 지역
㉥ 석유화학제품을 생산하는 공장이 있는 지역
㉦ 「산업입지 및 개발에 관한 법률」 제2조제8호에 따른 산업단지
㉧ 소방시설·소방용수시설 또는 소방출동로가 없는 지역
㉨ 물류시설의 개발 및 운영에 관한 법률 제2조 제6호에 따른 물류단지
㉩ 그 밖에 ㉠부터 ㉨까지에 준하는 지역으로서 소방청장·소방본부장 또는 소방서장이 화재예방강화지구로 지정할 필요가 있다고 인정하는 지역
② 틀림, 시·도지사가 화재예방강화지구로 지정할 필요가 있는 지역을 화재예방강화지구로 지정하지 아니하는 경우 소방청장은 해당 시·도지사에게 해당 지역의 화재예방강화지구 지정을 요청할 수 있다.
③ 맞음, 소방관서장은 화재예방지구 안의 소방대상물의 위치·구조 및 설비 등에 대하여 연 1회 이상 화재안전조사를 하여야 한다.
④ 맞음, 소방관서장은 화재안전조사를 한 결과 화재의 예방강화를 위하여 필요하다고 인정할 때에는 관계인에게 소방설비의 설치(보수, 보강을 포함한다)를 명할 수 있다.

22 ④
「화재의 예방 및 안전관리에 관한 법률」 및 같은 법 시행령상 소방안전관리업무의 전담이 필요한 소방안전관리대상물은 특급 및 1급 소방안전관리대상물이다. ④는 2급 소방안전관리대상물로 소방안전관리업무 전담 대상물이 아니다.
① 지상 60층인 아파트는 특급소방안전관리대상물이다.
②,③ 지하 3층, 지상 12층인 백화점과 연면적 11만 제곱미터인 국제공항은 1급 소방안전관리대상물이다.
④ 가연성 가스 1백톤을 저장·취급하는 공장은 2급 소방안전관리대상물이다.

23 ①
① 틀림, 지하층 제외 50층 이상이거나 지상으로부터 높이가 200미터 이상인 아파트가 특급 소방안전관리대상물이다.
② 맞음, 가연성 가스를 1천톤 이상 저장·취급하는 시설은 1급 소방안전관리대상물이다. 소방공무원으로 7년 이상 근무한 경력이 있는 사람은 1급 소방안전관리자 자격이 있으므로 1급 소방안전관리대상물의 소방안전관리자가 될 수 있다.
③ 맞음, 특급 및 1급 소방안전관리대상물은 동·식물원, 철강 등 불연성 물품을 저장·취급하는 창고, 위험물 저장 및 처리 시설 중 위험물 제조소 등, 지하구를 제외한다.
④ 맞음, 옥내소화전설비, 스프링클러설비, 물분무등소화설비를 설치하는 특정소방대상물은 2급 소방안전관리대상물이다.

24 ③
① 맞음, 소방청장은 강습교육과 실무교육의 대상·일정·횟수 등을 포함한 교육의 실시 계획을 매년 수립·시행해야 한다.
② 맞음, 소방청장은 강습교육을 실시하려는 경우에는 일시·장소, 그 밖에 교육 실시에 필요한 사항을 교육 실시 20일 전까지 인터넷 홈페이지에 공고해야 하며, 실무교육을 실시하려는 경우에는 교육 실시 30일 전까지 인터넷 홈페이지에 공고해야 한다.
③ 틀림, 소방안전관리자는 그 선임된 날부터 6개월 이내에 실무교육을 받아야 한다. 그 후에는 2년마다(최초 실무교육을 받은 날을 기준일로 하여 매 2년이 되는 해의 기준일과 같은 날 전까지를 말한다) 1회 이상 실무교육을 받아야 한다.(규칙 제36조 제2항)
④ 맞음, 소방청장은 해당 연도의 실무교육이 끝난 날부터 30일 이내에 그 결과를 소방본부장 또는 소방서장에게 통보해야 한다.

25 ①
① 틀림, 지하구 중 공동구가 아니라 전력용 및 통신용 지하구가 소방안전 특별관리시설물이다. 소방청장은 화재 등 재난이 발생할 경우 사회·경제적으로 피해가 큰 다음의 시설에 대해 소방안전 특별관리를 하여야 한다.(법 제40조 제1항)
1. 항만시설, 공항시설, 철도시설, 도시철도시설
2. 산업기술단지, 「문화유산의 보존 및 활용에 관한 법률」 제2조제3항의 지정문화유산 및 「자연유산의 보존 및 활용에 관한 법률」 제2조제5호에 따른 천연기념물등인 시설(시설이 아닌 지정문화유산 및 천연기념물등을 보호하거나 소장하고 있는 시설을 포함한다)
3. 영화상영관 중 수용인원 1,000명 이상인 영화상영관
4. 석유비축시설, 산업단지
5. 전력용 및 통신용 지하구
6. 천연가스 인수기지 및 공급망
7. 초고층 건축물 및 지하연계 복합건축물
8. 대통령령으로 정하는 것 : 발전사업자가 가동 중인 발전소, 점포가 500개 이상인 전통시장, 물류창고로서 연면적 10만 제곱미터 이상인 것과 가스공급시설
※ 항공철도기지 영(천) 석산 구천(연)초 발전 + 물류창고(연 10만), 가스공급시설

제2회 소방전술

01	02	03	04	05	06	07	08	09	10	11	12	13	14	15	16	17	18	19	20	21	22	23	24	25
③	④	②	②	③	②	②	③	③	④	③	①	②	②	①	②	②	③	③	③	①	③	④	②	①

01 ③
사다리를 활용한 주수
① 사다리 설치각도는 75도 이하를 원칙으로 한다.
② 방수자세는 사다리의 적정한 높이에서 가로대에 한쪽 발을 2단 밑의 가로대에 걸어 몸을 안정시킨 후 양손을 사용할 수 있도록 한다.
③ 어깨 거는 방법은 전개형 분무관창의 직사주수로 0.25Mpa가 한도이지만 / 허리대는 방법은 관창을 로프로 창틀 또는 사다리끝(선단)에 결속하면 0.3~0.4Mpa까지도 방수할 수 있다.
▶ 암기 : 어깨이오 허상사
④ 배기구의 경우는 직사주수로, 급기구의 경우는 직사주수 또는 분무주수를 한다.

02 ④
동력인출장치(P.T.O)
클러치와 변속기(밋션) 중간에 설치되어 엔진동력을 인출하여 펌프 등에 전달하는 장치.

03 ②
벽 파괴
굵기 9mm 이하의 철근은 철선절단기를 사용하고 그 이상인 경우는 동력절단기, 가스절단기 등을 사용하여 절단한다.
◐ 착암기, 대해머, 정, 동력절단기, 가스절단기, 철선절단기

04 ②
RI시설 화재 시 소방활동의 일반원칙
① 대원은 지휘자의 통제 하에 단독행동은 엄금한다.
② 배치위치는 풍상, 높은 장소로 한다.
③ 방사선 피폭방지를 꾀하기 위해 관계자, 장비를 활용, 위험구역을 설정하고 로프 등으로 표시한다.
④ 소방활동은 인명구조 및 대원 개개의 피폭방지를 최우선으로 한다.
⑤ 위험구역 내에서 소방활동을 실시한 경우는 기자재 및 인체의 오염검사를 실시한다.
⑥ 활동 중 외상을 입은 경우는 즉시 지휘자에게 보고한다.
⑦ 활동은 필요최소한도로 하고 위험구역 내의 진입시간을 짧게 한다.
⑧ 시설 관계자(방사선취급주임)를 확보하고, RI장비를 구비한 중앙119구조본부를 활용한다.

05 ③
재해의 예방대책에서 대책선정의 원칙 중 관리적 대책
관리적 대책은 다음의 조건이 충족되어야 한다.
① 적합한 기준 설정
② 각종 규정 및 수칙의 준수
③ 전 작업자의 기준 이해
④ 관리자 및 지휘자의 솔선수범
⑤ 부단한 동기 부여와 사기 향상
▶ 암기 : 설준이 동솔(* 설준이 통솔)

06 ②
연결송수관설비 (* 공통교재 2023년 3월 개정사항)
① 송수는 단독 펌프차대(펌프차)의 1구 송수, 소방용수가 먼 경우에 중계대형으로 한다.
② 송수계통이 2 이상일 때는 연합송수가 되므로 송수구 부분의 송수압력이 같아지도록 펌프를 운용하며, / 뒤에서 송수하는 펌프차대는 약 10% 정도 높은 압력으로 송수한다.

07 ②
방사선 피폭
인체의 외측에서 피부에 조사(照射)되는 것으로 투과력이 큰 γ선(감마선) 등이 위험하다. 외부 피폭 방호의 3대원칙으로는 거리, 시간, 차폐이며 내용으로는 ▶ 암기 : (외) 시거차(왜? 시계차)
① 거리는 멀리,
② 시간은 짧게,
③ 방사선의 종류에 적합한 방어물로 차폐하는 것이다.

08 ③
소화전 이외의 소방용수 흡수
① 흡수관은 저수조의 경우 최저부까지 넣지만 연못 등에서는 흡수관의 스트레이너가 오물에 묻힐 염려가 있으므로 적당한 길이로 투입한다.
② 수심이 얕은 흐르는 물의 경우에는 스트레이너를 물이 흐르는 역방향으로 투입하여 스트레이너가 떠오르는 것을 방지한다.

09 ③
백드래프트 대응전술
일반적으로 적절한 내부공격시점은 지붕에 개구부를 만들어 배연작업이 완료된 후에 실시하는 것이 원칙이다. / 배연작업 전에 창문이나 문을 통한 배연 또는 진입을 시도해서는 안 된다. / 하지만 불가피하게 개방을 해야 한다면 최대한 서서히 개방하도록 하고 급속한 연소현상에 대비하여 낮은 자세를 유지한다.

10 ④
출동로 선정원칙
① 화재현장까지 가장 가까운 도로일 것
② 출동순로의 가까운 곳에 소방용수가 있을 것
③ 주행하기 쉬운 도로일 것
④ 도로공사, 교통혼잡 등의 장해가 없을 것
⑤ 다른 소방대의 진입방향과 중복되지 않을 것
⑥ 배치 위치는 후착대에 장해가 되지 않는 위치로 할 것

11 ③
전략의 유형 3가지:
문제 상황에 효과적으로 대응하기 위한 기본방침(계획)으로 주로 최상위 현장조직(또는 지휘관)단위에서 적용되는 전략의 유형 3가지는
① 공격적 작전 ② 방어적 작전 ③ 한계적 작전에 해당된다.

12 ①
항공기 화재 특성
① 연료탱크가 주날개 안에 있기 때문에 <u>주날개 부근이 화재의 중심</u>이 되고 유출연료 등에 의하여 주위에 연소확대된다.
② 화재 후 단시간에 알루미늄 합금 등이 연소하여 외판 등의 금속부분이 용해된다.
③ 시가지에 추락해 출화한 경우는 지상건물로의 연소확대도 생기고 대재해로 발전한다.
④ 연료탱크에 손상이 없고 액체의 일부가 연소하는 경우는 연소가 비교적 완만하고 연소속도도 느리다.

13 ②
지휘대 요청
① 경계구역 설정이 필요하다고 판단되는 경우
② 구급대를 <u>2대 이상</u> 필요로 하는 경우 (* 구급대는 1대가 기본임)
③ 사고양상이 특이하고 고도의 판단을 필요로 하는 경우
④ 사고양상이 2개대 이상의 구조대의 대처를 필요로 하는 경우

14 ②
초기대응 절차(LAST)
현장확인 - 접근 - 상황의 안정화 - 후송 순 / 구체적으로 1단계 : 현장확인(Locate) ➡ 2단계 : 접근(Access) ➡ 3단계 : 상황의 안정화(Stabilization) ➡ 4단계 : 후송(Transport)

15 ①
구조활동 상황기록
① 구조차에 이동단말기가 설치되어 있는 경우에는 이동단말기로 구조활동일지를 작성할 수 있다.
② 구조대원은 '구조활동일지'에 구조활동상황을 상세히 기록하고, 소속 소방관서에 <u>3년간</u> 보관하여야 한다.
③ 구조대원은 근무중에 위험물·유독물 및 방사성물질에 노출되거나 감염성 질병에 걸린 구조대상자와 접촉한 경우에는 그 사실을 안 때부터 <u>48시간 이내</u>에 소방청장 등에게 보고하여야 한다.
④ 감염성 질병 및 유해물질 등 접촉 보고서를 작성하여 보고하고, '감염성 질병·유해물질 등 접촉보고서' 및 유해물질 등 접촉관련 '진료 기록부' 등은 구조대원이 <u>퇴직할 때까지</u> 소방공무원인사기록철에 함께 보관하여야 한다.

16 ②
캔틸레버형(외팔보) **붕괴**
① 각 붕괴의 유형 중에서 가장 안전하지 못하고 2차 붕괴에 가장 취약한 유형이다.
② 건물에 가해지는 충격에 의하여 한쪽 벽판이나 지붕 조립부분이 무너져 내리고 다른 한 쪽은 원형을 그대로 유지하고 있는 형태의 붕괴를 말한다.
③ 이때 구조대상자가 생존할 수 있는 장소는 각 층들이 지탱되고 있는 끝부분 아래에 생존공간이 생길 가능성이 많다. / "외팔보" 붕괴라고도 한다.

17 ②
승강로
승강로란? 카가 다니는 건물 콘크리트 속 수직공간을 말한다.
(*^^ 승강로 종류 : 이동케이블, 균형추, 로프, 레일)
▶ **암기** : 이균노래
※ "위치표시기"는 승장에 해당된다.
승장의 종류
① 도어틀
② 승장도어
③ 승장버튼
④ 위치표시기(인디게이터)

18 ③
수중탐색
① 줄을 이용한 탐색 : <u>직선탐색</u>, <u>원형탐색</u>, 왕복탐색, 반원탐색
▶ **암기** : 직원 양반
② 줄을 이용하지 않은 탐색 : <u>소용돌이 탐색</u>, 등고선탐색, U자 탐색
▶ **암기** : 소등u자

19 ③
직선도로의 경우 유도표지
시속 90km/h인 도로에서 사고가 발생한 경우 사고지점의 후방 15m 정도에 구조차량이 주차하고 후방으로 90m 이상 유도표지를 설치한다.

20 ③
구급대원이 환자에게 고지되어야 할 중요한 내용
① 환자에게 발생하거나 발생 가능한 진단명
② 응급검사 및 응급처치의 내용
③ 응급의료를 받지 <u>않을 경우</u>의 예상결과 또는 예후
④ 기타 응급환자가 설명을 요구하는 사항 등

21 ①
전염질환의 특징

질병	전염 경로	잠복기
① 뇌수막염(세균성)	입과 코의 분비물	2~10일
② 풍진	공기, 모태감염	10~12일
③ 백일해	호흡기계 분비물, 공기	6~20일
④ 수두	공기, 감염부위의 직접 접촉	11~21일
⑤ 이하선염	침 또는 침에 오염된 물질	14~24일
⑥ 폐렴(세균성, 바이러스성)	입과 코의 분비물	며칠
⑦ 포도상구균 피부질환	감염부위와의 직접 접촉 또는 오염된 물질과의 접촉	며칠
⑧ 결핵(TB)	호흡기계 분비(비말 등) 공기	2~6주
⑨ 간염	혈액, 대변, 체액, 오염된 물질	유형별로 몇 주~몇 개월
⑩ 후천성면역결핍증(AIDS)	HIV에 감염된 혈액, 성교, 수혈, 주사바늘, 모태감염	몇 개월 또는 몇 년

▶ ①~⑩ 잠복기의 끝자순 **암기** :
뇌풍 백수리 폐포 결간에(10, 12, 20, 21, 24, x, x, 2-6주, 주월, 월년)
▶ 위 질병명 다른말 표기 :
② 피부전염병 ③ 100일기침 ④ 피부발진 ⑤ 귀밑 볼부음(볼거리) ⑦ 식중독피부질환 ⑧ 폐결핵

22 ③

호흡기계 생리학
① 호흡의 주요 근육은 가로막, 늑간(갈비사이)근육으로 이루어 진다.
② 들숨은 능동적 과정으로 가로막과 갈비사이근의 수축으로 이루어진다.
  - 두 근육이 수축하면 가로막은 아래로 내려가고 갈비뼈는 위와 밖으로 팽창한다.
③ 날숨은 수동적인 과정으로 가로막과 갈비사이근의 이완으로 나타난다.
  - 두 근육이 이완되면 가로막은 올라가고 갈비뼈는 아래로 내려오면서 <u>수축한다</u>.
④ 공기는 허파꽈리로 들어오고 허파꽈리와 주위 모세혈관 사이에서는 가스교환이 이루어진다.

23 ④

자동심장충격기
① 환자의 무의식, 무호흡 및 무맥박을 확인한다.(도움요청 <u>포함</u>)
② 제세동을 시행한 후 즉시 <u>2분간</u> 심폐소생술을 시행한다.
③ <u>2분마다</u> 제세동이 재분석한다.
④ 겔로 덮인 큰 접착성 패드를 환자의 가슴에 부착하여 심폐소생술을 멈추는 시간을 최소화하며 연속적으로 제세동할 수 있으며 심실세동 및 무맥성 심실빈맥 외에는 제세동하지 않도록 도안된 장비이다.

24 ②

직접들어올리기
<u>직접들어올리기법은 척추손상이 없는 환자에게만</u> 사용할 수 있다. 2-3명의 구급대원이 환자의 옆에 무릎을 꿇고 앉아 한명은 머리와 등에 다른 한명은 엉덩이와 넙다리에 손을 넣고 구령에 맞춰 한쪽 무릎을 세우면서 환자를 들어 올리고 그 다음 팔을 굽혀 환자를 가슴으로 돌리며 일어선다.

25 ①

위험물질에 대한 처치 단계(최초반응자)
① <u>최초반응자</u>- 위험물질의 위험성을 인지하고 알리며 필요하다면 지원을 요청한다.
② 최초대응자 - 위험물로부터 사람과 재산을 보호한다. / 위험물로부터 안전한 거리에 위치한다. / 확대를 저지한다.
③ 전문처치자 - 위험물의 유출을 막거나 봉합, 정지시킨다. / 처치자에 대한 활동을 명령하거나 협조해 준다.

제3회 소방법령 I

01	02	03	04	05	06	07	08	09	10	11	12	13	14	15	16	17	18	19	20	21	22	23	24	25
④	②	③	②	④	①	③	①	④	②	③	②	①	④	③	②	②	④	③	②	①	④	②	④	①

01 ④

①,②,③ 맞음, 시·도지사는 그 관할구역안의 지방소방학교·서울종합방재센터·소방서 소속 소방공무원 중 소방경 이하[서울소방학교·경기소방학교 및 서울종합방재센터의 경우에는 소방령 이하]의 해당 기관안에서의 전보권과 소방위 이하의 소방공무원에 대한 휴직·직위해제·정직 및 복직에 관한 권한을 지방소방학교장·서울종합방재센터장·소방서장·119특수대응단장 또는 소방체험관장에게 다시 위임한다.(임용령 제3조 제6항) 시·도 소속 기관장의 위임임용권은 다음과 같다.
㉠ 해당기관 내 전보권 : 소속 소방경(서울·경기 소방학교장과 서울종합방재센터는 소방령) 이하
㉡ 휴직·직위해제·정직 및 복직에 관한 권한 : 소속 소방위 이하
④ 틀림, 이 경우에는 임용권을 직접 행사할 수 없다. 소방청장은 소방공무원의 정원의 조정 또는 소방기관 상호간의 인사교류 등 인사행정 운영상 필요한 때에는 임용권의 위임 규정에 불구하고 다음의 임용권을 직접 행사할 수 있다.
㉠ 중앙소방학교 및 중앙119구조본부 소속 소방공무원 중 소방령에 대한 전보·휴직·직위해제·정직 및 복직에 관한 권한과 소방경 이하의 소방공무원에 대한 임용권
㉡ 소방정인 지방소방학교장에 대한 휴직, 직위해제, 정직 및 복직에 관한 권한

02 ②

① 맞음, 소방공무원은 임용장 또는 임용통지서에 기재된 일자에 임용된 것으로 본다.(임용령 제4조 제1항)
② 틀림, 사망으로 인한 면직은 사망한 다음 날에 면직된 것으로 본다.
③ 맞음, 임용일자는 그 임용장 또는 임용통지서가 피임용자에게 송달되는 기간 및 사무인계에 필요한 기간을 참작하여 정하여야 한다.
④ 맞음, 순직자 특별승진에서 재직 중 사망한 경우 사망일의 전날을 임용일자로 하여 특별승진임용하나 퇴직 후 사망한 경우에는 퇴직일의 전날을 임용일자로 하여 특별승진임용한다.(임용령 제5조)

03 ③

① 맞음, 인사위원회는 위원장을 포함한 5명 이상 7명 이하의 위원으로 구성한다.
② 맞음, 위원장은 소방청에 있어서는 소방청 차장이, 시·도에 있어서는 소방본부장이 되며, 위원은 소속 소방정 이상의 소방공무원 중에서 임명한다. 위원장은 인사위원회의 사무를 총괄하며, 인사위원회를 대표한다. 위원장이 부득이한 사유로 직무를 수행할 수 없는 때에는 위원 중에서 최상위의 직위 또는 선임의 공무원이 그 직무를 대행한다.(임용령 제9조)
③ 틀림, 인사위원회의 위원장이 회의를 소집하고 그 의장이 된다. 회의는 재적 위원 3분의2 이상의 출석과 출석위원의 과반수의 찬성으로 의결한다.(임용령 제10조)
④ 맞음, 운영세칙 등 임용령에 규정된 것 외에 인사위원회의 운영에 관하여 필요한 사항은 인사위원회의 의결을 거쳐 위원장이 이를 정한다.(임용령 제13조)

04 ②

① 맞음, 시험실시권자는 소방공무원 공개경쟁채용시험을 실시하고자 할 때에는 임용예정계급, 응시자격, 시험과목에 관한 사항을 시험실시 20일 전까지 공고해야 한다.
② 틀림, 소방위 이상 및 소방간부후보생 선발시험의 출제수준은 소방행정의 기획 및 관리에 필요한 능력·지식을 검정할 수 있는 정도로 한다. 소방업무수행에 필요한 전문적 능력·지식을 검정할 수 있는 정도로 하는 것은 소방장 및 소방교의 출제수준이다.(임용령 제45조)
③ 맞음, 공개경쟁채용시험의 합격자를 결정할 때 선발예정인원을 초과하여 동점자가 있는 경우에는 그 선발예정인원에 불구하고 모두 합격자로 한다.
④ 맞음, 종전의 재직기관에서 감봉 이상의 징계처분을 받은 사람은 경력경쟁채용등을 할 수 없다. 다만, 징계처분의 기록이 말소된 사람은 그러하지 아니하다.(임용령 제15조 제1항)

05 ④

① 맞음, 의용소방대원을 소방사 계급의 소방공무원으로 임용하기 위해서는 경력요건으로 해당 지역에서 이미 5년 이상 의용소방대원으로 계속하여 근무하고 있어야 한다.
② 맞음, 소방서를 처음으로 설치하는 시·군 지역, ii) 소방서가 설치되어 있지 아니한 시·군 지역에 119지역대 또는 119안전센터를 처음으로 설치하는 경우 그 관할에 속하는 시지역 또는 읍·면 지역에서 그 지역에 소방서·119지역대 또는 119안전센터가 처음 설치된 날로부터 1년 이내에 그 지역의 소방공무원으로 임용하는 경우로 한정한다.
③ 맞음, 경력경쟁채용 등을 할 수 있는 인원은 처음으로 설치되는 소방서·119지역대 또는 119안전센터의 공무원의 정원 중 소방사 정원의 3분의 1 이내로 한다.
④ 틀림, 의용소방대원을 경력경쟁채용하는 경우 시험방법은 신체검사와 서류전형·종합적성검사, 면접시험, 체력시험 및 필기시험 또는 실시시험을 실시한다.

06 ①

① 틀림, 경력경쟁채용시험에서 체력시험과 면접시험을 실시하는 경우에는 체력시험성적 25퍼센트, 면접시험성적 75퍼센트의 비율로 합산한 성적으로 한다.

1. 면접시험만 실시(퇴직공무원 재임용, 5급 공채시험·변호사 시험합격자 임용)	면접 100%
2. 면접시험 + 체력시험(종전 장학금 졸업자)	면접 75%, 체력 25%
3. 면접시험 + 체력시험 + 필기(실기) : 연구, 기술, 자격증 소지자, 외국어 능통자, 의용소방대원, 경찰공무원 임용	면접 25%, 체력 25%, 필기(실기) 50%
4. 면접시험 + 체력시험 + 필기 + 실기	면접 25%, 체력 15%, 필기 30% + 실기 30%
5. 면접시험 + 필기(실기) : 체력시험 면제 시	면접 25%, 필기(실기) 75%

07 ③
① 맞음, 휴직기간·직위해제기간 및 징계에 의한 정직처분 또는 감봉처분을 받은 기간은 시보임용 기간에 포함하지 아니한다.
③ 틀림, 다음의 하나에 해당되는 경우에는 시보임용을 면제한다.(임용령 제23조 제2항)
 ㉠ 소방공무원으로서 상위계급에의 승진에 필요한 자격요건을 갖춘 자가 승진예정계급에 해당하는 계급의 공개경쟁채용시험에 합격하여 임용되는 경우
 ㉡ 정규의 소방공무원이었던 자가 퇴직 당시의 계급 또는 하위의 계급으로 임용되는 경우
④ 맞음, 교육을 받은 시보임용예정자에 대하여는 예산의 범위 안에서 임용예정계급의 1호봉에 해당하는 봉급의 80퍼센트에 상당하는 금액 등을 지급할 수 있다.(임용령 제24조 제3항)

08 ①
① 틀림, 이 경우 외근부서에 보직하여야 하는 것은 아니다. 신규채용을 통해 소방사로 임용된 사람은 최하급 소방기관에 보직해야 한다. 다만 행정안전부령이 정하는 자격증소지자를 해당 자격 관련 부서에 보직하는 경우에는 그렇지 않다.(임용령 제26조 제2항)
② 맞음, 소방간부후보생을 소방위로 임용할 때에는 최하급 소방기관(소방서 이하)에 보직하여야 한다.(임용령 제26조 제1항)
③ 맞음, 경력경쟁채용시험등을 통하여 채용된 소방공무원을 처음 임용하는 경우에는 그 시험실시 당시의 임용예정 직위 외의 직위에 임용할 수 없다.(임용령 제14조)
④ 맞음, 위탁교육훈련을 받은 소방공무원의 최초보직은 소방공무원교육훈련기관의 교수요원으로 하여야 한다. 위탁교육훈련이수자를 교수요원으로 보직할 수 없거나 곤란한 경우 교육훈련의 내용과 관련되는 직위에 보직하여야 한다.(임용령 제27조)

09 ④
④의 경우에는 파견 받을 기관장의 요청이 필요 없다. 소속 소방공무원을 파견하려면 파견받을 기관의 장이 임용권자 또는 임용제청권자에게 미리 요청하여야 하는 경우는 다음과 같다.
㉠ 공무원교육훈련기관의 교수요원으로 선발되거나 그밖에 교육훈련 관련 업무수행을 위하여 필요한 경우
㉡ 다른 기관의 업무폭주로 인한 행정지원
㉢ 다른 국가기관 또는 지방자치단체나 그 외의 기관·단체에서의 국가적 사업의 수행을 위하여 특히 필요한 경우
㉣ 관련 기관간의 긴밀한 협조가 필요한 특수업무를 공동수행하기 위하여 필요한 경우

10 ②
② 틀림, 별도정원이 인정되는 범위는 다음과 같다.
 1. 6개월 이상의 휴직
 2. 출산휴가와 연속되는 육아휴직 등
  1) 병가와 연속되는 「국가공무원법」 제71조제1항제1호에 따른 질병휴직을 명하는 경우로서 질병휴직을 명한 이후의 병가기간과 질병휴직기간을 합하여 6개월 이상인 경우
  2) 출산휴가와 연속되는 육아휴직을 명하는 경우로서 육아휴직을 명한 이후의 출산휴가기간과 육아휴직기간을 합하여 6개월 이상인 경우
  3) 육아휴직과 연속되는 출산휴가를 승인하는 경우로서 출산휴가를 승인한 이후의 육아휴직기간(출산휴가를 승인하면서 이와 연속된 육아휴직을 명하는 경우에는 해당 육아휴직기간을 포함한다)과 출산휴가기간을 합하여 6개월 이상인 경우
 3. 1년 이상의 파견
 4. 6개월 이상 교육훈련을 위한 파견(소방청과 소속기관 소속 소방공무원, 소방본부장 및 지방소방학교장)
 5. 정년 잔여기간이 1년 이내에 있는 자의 퇴직 후의 사회적응능력배양을 위한 연수
 6. 6개월 이상 위탁교육훈련(시·도지사가 임용권을 행사)
  1) 시·도지사가 훈련기간이 6개월 이상인 국외 위탁교육훈련계획을 수립·시행에 따라 결원보충이 필요한 경우
  2) 시·도지사가 소속 소방경 이하의 소방공무원을 대상으로 훈련기간이 6개월 이상인 국내 위탁교육훈련을 수립·시행에 따라 결원보충이 필요한 경우
  3) 소방청장이 「소방공무원 교육훈련규정」 제37조에 따라 수립하는 훈련기간이 6개월 이상인 교육훈련계획에 따라 교육훈련대상자의 직급 및 인원이 기관별로 결정된 경우

11 ③
① 맞음, 인사교류의 인원(연고지배치를 위한 경우 제외)은 필요한 최소한으로 하되, 소방청장이 시·도 간 교류인원을 정할 때에는 미리 해당 시·도지사의 의견을 들어야 한다.(임용령 제29조 제2항)
② 맞음, 소방청장이 인사교류계획을 수립함에 있어서 시·도지사로부터 교류대상자의 추천이 있거나 해당 시·도로 전입요청이 있는 경우에는 이를 최대한 반영하여야 하며, 해당 시·도지사의 동의 없이는 인사교류대상자의 직위를 미리 지정하여서는 아니 된다.
③ 틀림, 소방청장은 소방인력 관리를 위하여 필요한 경우에는 소방청과 시·도 간 및 시·도 상호 간의 인사교류를 제한할 수 있다.
④ 맞음, 소방청과 시·도 간 및 시·도 상호간에 인사교류를 하는 경우에는 인사교류 대상자 본인의 동의나 신청이 있어야 한다. 다만, 소방청과 그 소속기관 소속 소방공무원으로서 시·도 소속 소방공무원으로의 임용예정계급이 인사교류 당시의 계급보다 상위계급인 경우에는 동의를 받지 않을 수 있다.(임용령 제29조 제5항)

12 ②
② 틀림, 초임보직 소방기관이 지방소방학교인 경우 시·도지사가 보관한다. 소방공무원 인사기록(표준인사관리시스템으로 작성·유지·관리되는 인사기록은 제외)은 다음의 구분에 따른 소방기관의 장이 보관한다.(임용령 시행규칙 제13조 제1항)
 ㉠ 초임보직 소방기관이 소방청 또는 소방청의 소속기관인 경우 : 소방청장 또는 소방청 소속기관의 장
 ㉡ 초임보직 소방기관이 시·도 소속(지방소방학교, 소방서 등)인 경우 : 시·도지사
④ 맞음, 인사기록의 이관 : 소방공무원이 승진·전출 등으로 인사기록관리자를 달리하게 된 때에는 전 소속 인사기록관리자는 신 소속 인사기록관리자에게 지체 없이 다음의 내용을 송부해야 한다.
 ㉠ 인사기록카드 : 표준인사관리시스템을 통해 송부한다.
 ㉡ 최근 3년간(소방위 이하의 소방공무원인 경우에는 최근 2년간)의 근무성적평정표 및 경력·교육훈련성적·가점 평정표 사본(전자문서를 포함한다)

13 ①
① 틀림, 승진소요최저근무연수는 다음과 같다.(시행 24.9.30)
 ㉠ 소방정 : 3년 ㉡ 소방령과 소방경 : 2년
 ㉢ 소방위 이하 : 1년
② 맞음, 휴직·징계처분·직위해제기간 및 승진임용 제한기간은 승진소요최저근무연수에 포함하지 아니한다.
③ 맞음, 국외유학을 하게 되어 휴직한 경우에 그 휴직 기간의 50퍼센트에 해당하는 기간을 승진소요최저근무연수에 포함한다
④ 맞음, 승진소요최저근무연수는 시험승진에 있어서는 제1차 시험일의 전일을, 심사승진에 있어서는 승진심사 실시일의 전일을, 특별승진에 있어서는 승진임용예정일을 기준으로 각각 계산한다.(시행규칙 제3조 제1항)

14 ④

① 맞음, 소방공무원이 휴직, 직위해제나 그 밖의 사유로 근무성적평정 대상기간 중 실제 근무기간이 1개월 미만인 경우에는 근무평정을 하지 아니한다.(승진임용규정 제8조 제1항)

휴직, 직위해제 등의 사유로 실제 근무기간이 1개월 미만인 경우	근무평정을 하지 아니한다.
국외파견 등 교육훈련으로 실제 근무기간이 1개월 미만인 경우	직무에 복귀한 후 첫 번째 정기평정을 하기 전까지 최근 2회 근무성적평정결과의 평균을 평정으로 본다.

③ 맞음, 소방공무원이 전보된 경우에는 당해 소방공무원의 근무성적평정표를 그 전보된 기관에 이관하여야 한다. 다만 평정기관을 달리하는 기관으로 전보된 후 1개월 이내에 평정을 실시할 때에는 전출기관에서 전출 전까지의 근무기간에 해당하는 평정을 실시하여 송부하여야 하며, 전입기관에서는 송부된 평정결과를 참작하여 평정하여야 한다.(승진임용규정 제8조 제4항)

④ 틀림, 정기평정이후에 신규채용 또는 승진임용된 소방공무원에 대하여는 2월이 경과한 후의 최초의 정기평정일에 평정해야 한다. 다만, 강임된 공무원이 승진임용된 경우에는 강임되기 전의 계급에서의 평정을 기준으로 하여 즉시 평정하여야 한다.(승진임용규정 제8조 제5항)

15 ③

① 맞음, 소방청의 관·국 외 소속 소방정에 대한 1차 평정자는 소속 과장이며, 2차 평정자는 차장이다. 소방청의 관·국 소속 소방정에 대한 1차 평정자는 소속 국장이며, 2차 평정자는 차장이다.

② 맞음, 중앙소방학교 소속 소방정, 소방령, 소방경에 대한 1차 평정자는 중앙소방학교장이며, 2차 평정자는 차장이다.

③ 틀림, 국립소방연구원 소속 소방령에 대한 근무성적의 1차 평정자는 국립소방연구원장이며, 2차 평정자는 차장이다. 국립소방연구원 소속 소방경에 대한 근무성적의 1차 평정자는 소속 과장이며, 2차 평정자는 국립소방연구원장이다.

④ 맞음, 시·도 소방본부 소속 소방령에 대한 근무성적의 1차 평정자는 소속 과장이며, 2차 평정자는 시·도 소방본부장이다.

16 ②

① 맞음, 교육훈련성적평정은 연 2회 실시하되, 매년 3월 31일과 9월 30일을 기준으로 한다.

② 틀림, 소방위 계급의 경우 관리역량교육 대상이나 2025년까지는 관리역량교육성적 대신 전문능력성적을 반영한다. 따라서 현재 소방위 이하 소방공무원의 교육훈련성적평정은 전문능력성적 3점, 전문교육성적 3점, 직장훈련성적 4점 및 체력검정성적 5점의 4가지를 평정한다. 관리역량교육성적은 소방령과 소방경을 대상으로 관리역량교육과정을 수료한 자에게 부여한 평정점이다.

③ 맞음, 소방정의 소방정책관리자교육성적은 소방정책관리자교육과정을 수료한 자에게 부여하는 총 10점 이하의 평정점을 말하며, 관리역량교육성적은 관리역량교육과정을 수료한 자에게 부여하는 총 3점 이하의 평정점을 말한다.

④ 맞음, 전문교육성적은 다음의 교육과정을 수료한 자에게 부여하는 총 3점 이하의 평정점을 말한다.(규칙 제15조 제2항)
  ㉠ 「소방공무원교육훈련 규정」 제8조에 따른 소방공무원 교육훈련기관에서 행하는 신임교육 및 전문교육 과정
  ㉡ 공무원교육훈련기관의 직무관련 교육과정 및 임용권자가 인정하는 외부 교육기관의 직무관련 교육과정(해당 계급에서 1.0점을 초과할 수 없다.)
  ㉢ 소방공무원교육훈련기관 및 공무원교육훈련기관에서 실시하는 사이버교육 과정(해당 계급에서 1.0점을 초과할 수 없다.)

17 ②

① 맞음, 소방청장은 소방청 소속 소방공무원에 대한 승진심사대상자명부와 중앙소방학교·중앙119구조본부 소속 소방경 이상의 소방공무원, 국립소방연구원 소속인 소방령 이상의 소방공무원 및 소방정인 지방소방학교장의 승진대상자명부를 작성한다.(승진임용규정 제11조 제2항) 국립소방연구원 소속 소방경인 소방공무원의 승진대상자명부는 국립소방연구원장이 작성한다.

② 틀림, 중앙소방학교장 및 중앙119구조본부장은 소속 소방위 이하의 소방공무원의 승진대상자명부를 작성한다.

③ 맞음, 시·도지사는 소속 소방공무원 및 시·도 소속기관 소속 소방경 이상 소방공무원에 대한 승진대상자명부를 작성한다.

④ 맞음, 지방소방학교장, 서울종합방제센터장, 소방서장, 119특수대응단장 및 소방체험관장은 소속 소방위 이하의 소방공무원은 명부를 작성하며, 소방경 이상은 시·도지사가 작성한다.

18 ④

① 맞음, 승진대상자명부의 조정은 승진심사 또는 승진시험을 실시하는 날의 전일까지 할 수 있다.(승진임용규정 제13조 제1항)

④ 틀림, 승진대상자명부의 조정은 승진대상자명부 조정일전까지 조정사유가 확인된 경우 다음의 방법으로 실시한다.(시행규칙 제20조)
  ㉠ 전·출입자가 있는 경우에 전출기관은 승진대상자명부에서 전출자를 삭제하고 그 전출자의 평정관계서류를 전입기관에 이관하며, 전입기관은 이관받은 평정관계서류에 의하여 승진대상자명부의 해당 순위에 전입자를 기재한다.
  ㉡ 승진임용의 제한 사유 또는 승진심사대상 제외 사유가 발생하거나 소멸한 사람의 경우
    ⓐ 해당 사유가 발생한 경우 : 승진대상자명부에서 삭제하고, 승진제외자명부에 추가하며, 그 사유를 해당 서식의 비고란에 각각 적는다.
    ⓑ 해당 사유가 소멸한 경우 : 승진대상자명부에 추가하고, 승진제외자명부에서 삭제하며, 그 사유를 해당 서식의 비고란에 각각 적는다.
  ㉢ 경력평정 또는 교육훈련성적을 재평정한 경우에는 승진대상자명부의 비고란에 그 정정사유를 적는다.

19 ③

① 맞음, 소방공무원인사위원회는 위원장을 포함한 5명 이상 7명 이하의 위원으로 구성한다.

② 맞음, 소방청 중앙승진심사위원회는 위원장을 포함한 5명 이상 7명 이하로 구성한다.

③ 틀림, 보통승진심사위원회의 설치 및 구성은 다음과 같다.
  ㉠ 설치 : 소방청 및 대통령령으로 정하는 소속기관(중앙소방학교, 중앙119구조본부 및 국립소방연구원)에 보통승진심사위원회를 둔다. 다만, 시·도지사가 임용권을 행사하는 경우에는 시·도에 보통승진심사위원회를 둔다.(법 제16조 제1항)
  ㉡ 구성 : 위원장을 포함하여 5명 이상 9명 이하의 위원으로 구성한다.(승진임용규정 제18조)

④ 맞음, 소방청 소방공무원 징계위원회는 위원장 1명을 포함하여 17명 이상 33명 이하의 위원으로 구성하며, 기타 소방공무원 징계위원회는 위원장 1명을 포함하여 9명 이상 15명 이하의 위원으로 구성하며, 한다.

20 ②
① 맞음, 순직자 특별승진, 명예퇴직유공자 및 직무수행능력 탁월·포상 유공자의 특별승진의 경우에는 승진소요최저근무연수의 규정을 적용하지 아니한다.
② 틀림, 직무수행능력이 탁월하여 소방행정발전에 지대한 공헌실적이 있다고 임용권자가 인정한 사람과 인사혁신처장이 정하는 국무총리 이상의 포상을 받은 사람은 소방령 이하의 계급으로 승진시킬 수 있다.
③ 맞음, 창안등급에서 동상 이상을 받은 사람으로서 소방행정발전에 기여한 실적이 뚜렷한 사람은 해당 계급에서 행한 공적에 한정하여 소방령 이하의 계급으로 승진시킬 수 있다.
④ 맞음, 20년 이상 근속하고 정년퇴직일 전 1년 이상의 기간 중 자진하여 퇴직하는 사람으로서 재직 중 특별한 공적이 있는 사람은 소방정감 이하 계급으로의 승진할 수 있다.

21 ①
① 맞음, 화재진압 또는 구조구급활동을 할 때 소방공무원을 지휘·감독하는 자로서 법 제22조를 위반하여 정당한 이유 없이 그 직무수행을 거부 또는 유기하거나 소방공무원을 지정된 근무지에서 진출·후퇴 또는 이탈하게 한 자는 5년 이하의 징역 도는 금고에 처한다.(법 제34조 제3호, 시행 2020.4.1.)

22 ④
① 맞음, 소방기관의 장은 위탁교육훈련의 목적을 달성하기 위하여 위탁교육훈련 대상자의 훈련상황을 정기 또는 수시로 파악하여 훈련 및 복무에 필요한 지도·감독을 해야 한다.(제40조 제1항)
② 맞음, 위탁교육훈련 대상자는 훈련기간 중 다음의 하나에 해당하는 경우에는 소방청장 또는 시·도지사에게 즉시 보고하고 그 지시에 따라야 한다.(제40조 제4항)
③ 맞음, 국외에서 위탁교육훈련을 받고 있는 사람이 사직하려는 경우에는 귀국한 후에 소속 소방기관의 장에게 사직원을 제출해야 한다.(제40조 제5항)
 ㉠ 훈련의 기관 또는 기간 등을 변경하려는 경우
 ㉡ 훈련에 지장이 있을 정도의 질병·사고 등 신상의 변화가 생긴 경우
 ㉢ 국가 또는 지방자치단체에서 지급하는 교육훈련비 외의 장학금·기부금 또는 찬조금 등을 받으려는 경우
④ 틀림, 국외에서 위탁교육훈련을 받은 사람은 연구보고서를 작성하여 귀국보고일부터 30일 이내에 소방청장 또는 시·도지사에게 제출해야 한다.(소방공무원 교육훈련규정 제43조 제1항)

23 ②
① 맞음, 징계처분, 휴직처분, 면직처분, 그 밖에 의사에 반하는 불리한 처분에 대한 행정소송의 경우에는 소방청장을 피고로 한다. 다만, 시·도지사가 임용권을 행사하는 경우에는 관할 시·도지사를 피고로 한다.(법 제30조)
② 틀림, 소방청장은 모든 소방공무원에게 균등한 교육훈련의 기회가 주어지도록 교육훈련에 관한 종합적인 기획 및 조정을 하여야 하며, 소방공무원의 교육훈련을 위한 소방학교를 설치·운영하여야 한다.
③ 맞음, 소방공무원 중 소방총감과 소방정감에 대해서는 「국가공무원법」 제68조(신분보장) 본문을 적용하지 아니한다.(법 제33조 제2항)
④ 맞음, 시간선택제전환소방공무원의 근무시간은 1주당 15시간 이상 35시간 이하의 범위에서 임용권자가 정하되, 1일 최소 3시간 이상이어야 한다.

24 ④
① 맞음, 소방경 이하 소방공무원의 인사상담 및 고충을 심사하기 위하여 소방청, 시·도 및 대통령령으로 정하는 소방기관에 소방공무원 고충심사위원회를 둔다.(법 제27조 제1항)
② 맞음, 인사혁신처에 설치하는 중앙고충심사위원회는 소방공무원 고충심사위원회의 심사를 거친 소방공무원의 재심청구와 소방령 이상 소방공무원의 인사상담 및 고충심사를 담당한다.
③ 맞음, 소방공무원 고충심사위원회는 위원장 1명을 포함한 7명 이상 15명 이하의 공무원위원과 민간위원으로 구성하며, 이 경우 민간위원의 수는 위원장을 제외한 위원 수의 2분의 1 이상이어야 한다.(고충처리규정 제3조의3 제2항)
④ 틀림, 회의는 위원장과 위원장이 회의마다 지정하는 5명 이상 7명 이하의 위원으로 구성하며, 이 경우 민간위원이 3분의 1 이상 포함되어야 한다.(고충처리규정 제3조의3 제6항)

25 ①
① 틀림, 소방서 소방공무원징계위원회는 소속 소방위 이하의 경징계 사건을 관할한다. 시·도 소속 소방공무원의 징계사건, 시·도 소속 소방기관의 소방경 이상의 징계사건 및 시·도 소속 소방기관의 소방위 이하의 중징계사건은 시·도 소방공무원징계위원회에서 관할한다.
② 맞음, 시·도 소속 소방기관의 소방위 이하 소방공무원의 경징계 또는 징계부가금 부과 사건은 소속에 따라 지방소방학교, 서울종합방재센터, 소방서 소방공무원징계위원회에서 관할한다.
③ 맞음, 소방준감 이상 소방공무원의 징계등 사건은 국무총리 소속 중앙징계위원회의 관할이다.
④ 맞음, 국립소방연구원 징계위원회는 소속 소방령 이하의 소방공무원에 대한 경징계 사건 등을 관할한다.
 ㉠ 국립소방연구원 소속 소방령 이하에 대한 경징계사건 : 국립소방연구원 소방공무원징계위원회
 ㉡ 국립소방연구원 소속 소방정에 대한 징계사건과 소방령 이하에 대한 중징계사건 : 소방청 소방공무원징계위원회

제3회 소방법령 II

01	02	03	04	05	06	07	08	09	10	11	12	13	14	15	16	17	18	19	20	21	22	23	24	25
④	③	①	③	①	②	④	③	②	③	④	③	④	①	①	③	①	①	④	③	②	④	①	④	③

01 ④
① 맞음, 소방청장 또는 소방본부장은 소방시설, 소방공사 및 위험물 안전관리 등과 관련된 법령해석 등의 민원을 종합적으로 접수하여 처리할 수 있는 소방기술민원센터를 설치·운영할 수 있다.
② 맞음, 소방청장 또는 소방본부장은 「소방기본법」 제4조의2 제1항에 따른 소방기술민원센터를 소방청 또는 소방본부에 각각 설치·운영한다. 소방기술민원센터는 센터장을 포함하여 18명 이내로 구성한다.(영 제1조의2 제1항 및 제2항)
③ 맞음, 소방기술민원센터는 소방기술민원의 처리, 소방기술민원과 관련된 질의회신집 및 해설서 발간, 정보시스템의 운영·관리, 현장 확인 및 처리, 소방청장 또는 소방본부장이 필요하다고 인정하여 지시하는 업무를 처리한다.(영 제1조의2 제3항)
④ 틀림, 시행령에서 규정한 사항 외에 소방기술민원센터의 설치·운영에 필요한 사항은 소방청에 설치하는 경우에는 소방청장이 정하고, 소방본부에 설치하는 경우에는 해당 시·도의 규칙으로 정한다.(영 제1조의2 제5항)

02 ③
①,② 맞음, 소방의 역사와 안전문화를 발전시키고 국민의 안전의식을 높이기 위하여 소방청장은 소방박물관을, 시·도지사는 소방체험관(화재 현장에서의 피난 등을 체험할 수 있는 체험관을 말한다)을 설립하여 운영할 수 있다.(법 제5조 제1항)
③ 틀림, 소방박물관의 설립과 운영에 필요한 사항은 행정안전부령으로 정한다.
④ 맞음, 소방체험관의 설립과 운영에 필요한 사항은 행정안전부령으로 정하는 기준에 따라 시·도의 조례로 정한다.

	설립·운영	설립과 운영에 필요한 사항
소방박물관	소방청장	행정안전부령으로 정함
소방체험관	시·도지사	행정안전부령으로 정하는 기준에 따라 시·도의 조례로 정함

03 ①
① 틀림, 국고보조 대상사업의 기준보조율은 「보조금 관리에 관한 법률 시행령」에서 정하는 바에 따른다.
② 맞음, 소방용수시설 설치는 국고보조 대상사업이 아니다. 소방기본법 제9조 제2항에 따른 국고보조 대상사업의 범위는 다음과 같다.(영 제2조 제1항)
  ㉠ 다음 소방활동장비 및 설비의 구입 및 설치 : 소방자동차, 소방헬리콥터 및 소방정, 소방전용통신설비 및 전산설비, 그 밖에 방화복 등 소방활동에 필요한 소방장비
  ㉡ 소방관서용 청사의 건축(「건축법」 제2조제1항 제8호에 따른 건축인 신축, 증축, 개축, 재축, 이전을 말한다)
③ 맞음, 소방관서용 청사의 건축(「건축법」 제2조제1항 제8호에 따른 건축인 신축, 증축, 개축, 재축, 이전을 말한다)은 국고보조의 대상이다.

04 ③
① 맞음, 소방본부장이나 소방서장은 소방활동을 할 때에 긴급한 경우에는 이웃한 소방본부장 또는 소방서장에게 소방업무의 응원(應援)을 요청할 수 있다.(법 제11조 제1항) 소방업무에 관한 상호응원협정은 시·도지사가 체결하나 응원요청은 소방본부장이나 소방서장이 한다.
② 맞음, 소방업무의 응원을 위하여 파견된 소방대원은 응원을 요청한 소방본부장 또는 소방서장의 지휘에 따라야 한다.
③ 틀림, 시·도지사는 소방업무의 응원을 요청하는 경우를 대비하여 이웃하는 시·도지사와 협의하여 상호응원협정을 미리 규약으로 정하여야 한다.
④ 맞음, 상호응원협정은 다음의 사항이 포함되어야 한다.(규칙 제8조)
  1. **소방활동에 관한 사항** : 화재의 조사·경계·진압활동, 구조·구급업무의 지원
  2. 응원출동 : 대상지역 및 규모, 요청방법, 훈련 및 평가
  3. 다음 소요경비의 부담에 관한 사항 : 출동대원의 수당·식사 및 의복의 수선, 소방장비 및 기구의 정비와 연료의 보급, 그 밖의 경비

05 ①
① 틀림, 붕괴, 낙하 등이 우려되는 고드름, 나무, 위험구조물의 제거활동은 생활안전활동이다.

소방지원활동(산·자·대·피·행)	생활안전활동(나·포·구·조·방)
산불에 대한 예방·진압 자연재해에 따른 급수·배수 등 사고에 대비한 근접대기 화재 등으로 인한 피해복구 행정안전부령으로 정하는 것 : 훈련·방송제작 지원, 소방시설 오작동 신고에 따른 조치	고드름, 나무, 위험 구조물 제거 위해동물 등의 포획 및 퇴치 활동 끼임 등에 대한 구출 활동 단전사고 시 비상전원 등의 공급 방치하면 급박해질 우려가 있는 위험을 예방하기 위한 활동

06 ②
① 맞음, 소방공무원으로 3년 이상 근무한 경력이 있거나 소방공무원으로서 중앙소방학교 또는 지방소방학교에서 2주 이상의 소방안전교육사 관련 전문교육과정을 이수한 사람은 소방안전교육사시험 응시자격이 있다.
② 틀림, 국가기술자격의 직무분야 중 안전관리 분야의 기술사 자격을 취득한 사람, 기사자격을 취득하고 1년 이상 종사한 사람, 산업기사자격을 취득하고 3년 이상 종사한 사람은 소방안전교육사시험 응시자격이 있다.
③ 맞음, 소방청장은 대학에서 소방 관련 학과, 교육학과 또는 응급구조학과에서 조교수 이상으로 2년 이상 재직한 사람, 소방위 이상 소방공무원, 소방안전교육사 자격을 취득한 자 등을 응시자격심사위원 및 시험위원으로 임명 또는 위촉해야 한다.
④ 맞음, 한국소방안전원의 본회는 소방안전교육사를 2명 이상, 시·도지부에는 1명 이상을 배치하여야 한다.

07 ④

① 맞음, 모든 차와 사람은 소방자동차(지휘를 위한 자동차와 구조·구급차를 포함한다. 이하 같다)가 화재진압 및 구조·구급 활동을 위하여 출동을 할 때에는 이를 방해하여서는 아니 된다.(법 제21조 제1항)

② 맞음, 소방자동차가 화재진압 및 구조·구급 활동을 위해 출동하거나 **훈련**을 위하여 필요할 때에는 **사이렌**을 사용할 수 있다.(법 제21조 제2항)

③ 맞음, 모든 차와 사람은 소방자동차가 화재진압 및 구조·구급 활동을 위하여 사이렌을 사용하여 출동하는 경우에는 다음의 행위를 하여서는 아니 된다.(법 제21조 제3항)
  ㉠ 소방자동차에 진로를 양보하지 아니하는 행위
  ㉡ 소방자동차 앞에 끼어들거나 소방자동차를 가로막는 행위
  ㉢ 그 밖에 소방자동차의 출동에 지장을 주는 행위

④ 틀림, 소방자동차의 우선통행에 관하여는 소방기본법이 우선 적용된다. 소방기본법 제21조 제3항의 우선통행의 경우를 제외하고 소방자동차의 우선 통행에 관하여는 「도로교통법」에서 정하는 바에 따른다.(법 제21조 제4항)

08 ③

① 맞음, 소방청장 또는 시·도지사는 다음의 어느 하나에 해당하는 자에게 손실보상심의위원회의 심사·의결에 따라 정당한 보상을 하여야 한다.(법 제49조의2 제1항)
  ㉠ 생활안전활동에 따른 조치로 인하여 손실을 입은 자
  ㉡ 소방활동 종사로 인하여 사망하거나 부상을 입은 자
  ㉢ 주변 소방대상물 및 주정차된 차량(법령위반 제외)에 대한 강제처분으로 인하여 손실을 입은 자
  ㉣ 긴급조치로 인하여 손실을 입은 자
  ㉤ 소방기관 또는 소방대의 적법한 소방업무 또는 소방활동으로 인하여 손실을 입은 자

② 맞음, 손실보상을 청구할 수 있는 권리는 손실이 있음을 안 날부터 3년, 손실이 발생한 날부터 5년간 행사하지 아니하면 시효의 완성으로 소멸한다.(법 제49조의2 제2항)

③ 틀림, 소방청장 등은 손실보상심의위원회의 심사·의결을 거쳐 특별한 사유가 없으면 보상금 지급 청구서를 받은 날부터 60일 이내에 보상금 지급 여부 및 보상금액을 결정하여야 한다. 소방청장 등은 보상금 지급여부 및 보상금액 결정일부터 10일 이내에 행정안전부령으로 정하는 바에 따라 결정 내용을 청구인에게 통지하고, 보상금을 지급하기로 결정한 경우에는 특별한 사유가 없으면 통지한 날부터 30일 이내에 보상금을 지급하여야 한다.

④ 맞음, 소방활동 종사 사상자의 보상금액 등의 기준으로 사망자 보상금액 기준, 부상등급의 기준, 부상등급별 보상금액 기준, 보상금 지급순위의 기준 및 부상금의 환수 기준이 있다.(시행령 별표 2의4)
  ㉠ 사망자의 보상금액 기준 :「의사상자 등 예우 및 지원에 관한 법률 시행령」제12조제1항에 따라 보건복지부장관이 결정하여 고시하는 보상금에 따른다.
  ㉡ 부상등급의 기준 :「의사상자 등 예우 및 지원에 관한 법률 시행령」제2조 및 별표 1에 따른 부상범위 및 등급에 따른다.
  ㉢ 부상등급별 보상금액 기준 :「의사상자 등 예우 및 지원에 관한 법률 시행령」제12조제2항 및 별표 2에 따른 의사자의 부상등급별 보상금에 따른다.
  ㉣ 보상금 지급순위의 기준 :「의사상자 등 예우 및 지원에 관한 법률」제10조의 규정을 준용한다.
  ㉤ 보상금의 환수 기준 :「의사상자 등 예우 및 지원에 관한 법률」제19조의 규정을 준용한다.

09 ②

① 틀림, 같은 건축물에 해당 용도로 쓰는 바닥면적의 합이 300제곱미터 미만인 공연장과 종교집회장이 근린생활시설이다. 바닥면적의 합이 300제곱미터 이상인 공연장은 문화 및 집회시설이며, 바닥면적의 합이 300제곱미터 이상인 종교집회장은 종교시설이다.

② 맞음, 종합병원, 병원, 치과병원, 한방병원, 전염병원, 요양병원, 마약진료소, 정신의료기관 및 장애인 의료재활시설은 모두 의료시설이다. 의료시설과 다음과 같다.
  ㉠ 병원 : 종합병원, 병원, 치과병원, 한방병원, 요양병원
  ㉡ 격리병원 : 전염병원, 마약진료소, 그 밖에 이와 비슷한 것
  ㉢ 정신의료기관
  ㉣ 「장애인복지법」제58조제1항제4호에 따른 장애인 의료재활시설

③ 틀림, 야외음악당, 야외극장, 관망탑, 휴게소, 어린이회관, 공원유원지 또는 관광지에 부수되는 건축물이 관광 휴게시설이다. 관광진흥법에 따른 유원시설업의 시설은 위락시설이다.

④ 틀림, 체육관 및 운동장으로서 관람석이 없거나 관람석의 바닥면적의 합계가 1,000제곱미터 미만인 것이 운동시설이다. 체육관 및 운동장으로서 관람석의 바닥면적의 합계가 1,000제곱미터 이상인 것은 문화 및 집회시설이다.

10 ③

③ 틀림, 물분무등소화설비를 설치하여야 하는 특정소방대상물은 ①,②,④ 및 다음과 같다.
1. 기계장치에 의한 주차시설을 이용하여 20대 이상의 차량을 주차할 수 있는 시설
2. 특정소방대상물에 설치된 전기실·발전실·변전실·축전지실·통신기기실 또는 전산실, 그 밖에 이와 비슷한 것으로서 바닥면적이 300㎡ 이상인 것
3. 예상 교통량, 경사도 등 터널의 특성을 고려하여 행정안전부령으로 정하는 터널 : 물분무소화설비를 설치하여야 한다.
4. 지정문화유산 또는 천연기념울 등으로서 소방청장이 국가유산청장과 협의하여 정하는 것

④ 맞음, 이 경우 물분무등소화설비 중 이산화탄소, 할론 또는 할로겐화합물 및 불활성기체소화설비를 설치하여야 한다. 소화수를 수집·처리하는 설비가 설치되어 있는 중·저준위방사성폐기물의 저장시설에는 스프링클러설비를 설치하여야 한다.

11 ④

④ 맞음, 단독경보형감지기를 설치해야 하는 특정소방대상물은 다음의 어느 하나에 해당하는 것으로 한다.
1. 교육연구시설·수련시설 내에 있는 기숙사 또는 합숙소로서 연면적 2천㎡ 미만인 것
2. 자동화재탐지설비 설치대상에 해당하지 않는 수련시설(숙박시설이 있는 것만 해당한다)
3. 연면적 400㎡ 미만의 유치원
4. 공동주택 중 연립주택 및 다세대주택(연동형으로 설치해야 한다)

12 ③

② 맞음, 다음의 어느 하나에 해당하는 경우에는 기존 부분에 대해서는 증축 당시의 소방시설의 설치에 관한 대통령령 또는 화재안전기준을 적용하지 않는다.(영 제15조 제1항 단서)
1. 기존 부분과 증축 부분이 내화구조로 된 바닥과 벽으로 구획된 경우
2. 기존 부분과 증축 부분이「건축법 시행령」제46조제1항제2호에 따른 자동방화셔터 또는 같은 영 제64조제1항제1호에 따른 60분+ 방화문으로 구획되어 있는 경우
3. 자동차 생산공장 등 화재 위험이 낮은 특정소방대상물 내부에 연면적

33제곱미터 이하의 직원 휴게실을 증축하는 경우
4. 자동차 생산공장 등 화재 위험이 낮은 특정소방대상물에 캐노피(3면 이상에 벽이 없는 구조의 캐노피를 말한다)를 설치하는 경우
③ 틀림, 특정소방대상물이 용도변경되는 경우에는 용도변경되는 부분에 대해서만 용도변경 당시의 소방시설의 설치에 관한 대통령령 또는 화재안전기준을 적용한다.
④ 맞음, 다음의 어느 하나에 해당하는 경우에는 특정소방대상물 전체에 대하여 용도변경 전에 해당 특정소방대상물에 적용되던 소방시설의 설치에 관한 대통령령 또는 화재안전기준을 적용한다.
1. 특정소방대상물의 구조·설비가 화재연소 확대 요인이 적어지거나 피난 또는 화재진압활동이 쉬워지도록 변경되는 경우
2. 용도변경으로 인하여 천장·바닥·벽 등에 고정되어 있는 가연성 물질의 양이 줄어드는 경우

13 ④
④ 틀림, 방염성능기준은 다음의 기준의 범위에서 소방청장이 정하여 고시하는 바에 따른다.(영 제31조 제2항)
1. 버너의 불꽃을 제거한 때부터 불꽃을 올리며 연소하는 상태가 그칠 때까지 시간은 20초 이내일 것
2. 버너의 불꽃을 제거한 때부터 불꽃을 올리지 않고 연소하는 상태가 그칠 때까지 시간은 30초 이내일 것
3. 탄화한 면적은 50제곱센티미터 이내, 탄화한 길이는 20센티미터 이내일 것
4. 불꽃에 의하여 완전히 녹을 때까지 불꽃의 접촉 횟수는 3회 이상일 것
5. 소방청장이 정하여 고시한 방법으로 발연량을 측정하는 경우 최대연기밀도는 400 이하일 것

14 ①
① 맞음, 이 경우 주된 점검인력으로 소방시설관리사 경력 5년 이상인 특급점검자 1명 이상, 보조 점검인력으로 고급점검자 이상 1명 이상 및 중급점검자 이상 1명 이상이다.

구분	주된 점검인력	보조 점검인력
가. 50층 이상 또는 성능위주설계를 한 특정소방대상물	소방시설관리사 경력 5년 이상인 특급점검자 1명 이상	고급점검자 이상 1명 이상 및 중급점검자 이상 1명 이상
나. 특급소방안전관리대상물(가목 제외)	소방시설관리사 경력 3년 이상인 특급점검자 1명 이상	고급점검자 이상 1명 이상 및 초급점검자 이상 1명 이상
다. 1급·2급 소방안전관리대상물	소방시설관리사 경력 1년 이상인 특급점검자 1명 이상	중급점검자 이상 1명 이상 및 초급점검자 이상 1명 이상
라. 3급 소방안전관리대상물	특급점검자 1명 이상	초급점검자 이상의 기술인력 2명 이상

15 ①
① 틀림, 특정소방대상물의 관계인은 자체점검 결과 소화펌프 고장 등 대통령령으로 정하는 중대위반사항이 발견된 경우에는 지체 없이 수리 등 필요한 조치를 하여야 한다.
② 맞음, 관리업자등(관리업자 또는 소방안전관리자로 선임된 소방시설관리사 및 소방기술사)은 자체점검을 실시한 경우에는 그 점검이 끝난 날부터 10일 이내에 소방시설등 자체점검 실시결과 보고서(전자문서 보고서 포함)에 소방청장이 정하여 고시하는 소방시설등점검표를 첨부하여 관계인에게 제출해야 한다.(규칙 제23조 제1항)
③ 맞음, 관계인은 자체점검이 끝난 날부터 15일 이내에 소방시설등 자체점검 실시결과 보고서(전자문서보고서 포함)에 다음의 서류를 첨부하여 소방본부장 또는 소방서장에게 서면이나 소방청장이 지정하는 전산망을 통하여 보고해야 한다.(규칙 제23조 제2항)
  ㉠ 점검인력 배치확인서(관리업자가 점검한 경우만 해당한다)
  ㉡ 별지 제10호서식의 소방시설등의 자체점검 결과 이행계획서
④ 맞음, 소방본부장 또는 소방서장은 법 제24조제2항에 따라 자체점검 결과를 공개하는 경우 30일 이상 법 제48조에 따른 전산시스템 또는 인터넷 홈페이지 등을 통해 공개해야 한다.(영 제36조 제1항)

16 ③
③ 맞음, ㉠,㉢,㉤ 및 거짓이나 그 밖의 부정한 방법으로 시험에 합격한 경우 1차 위반 시 자격취소 처분을 해야 한다. ㉡ 점검능력 평가를 받지 않고 자체점검한 경우 제1차 위반 경고, 제2차 위반 자격정지 6월, 3차 위반 자격취소이다. ㉣의 자체점검을 하지 아니한 경우 제1차 위반 자격정지 1개월, 제2차 위반 자격정지 6개월, 3차 위반 자격취소이며, 거짓으로 한 경우에는 제1차 위반 경고, 제2차 위반 자격정지 6월, 3차 위반 자격취소이다.

17 ①
① 틀림, 소방청장은 법 제50조제1항에 따라 화재안전기준 중 기술기준에 대한 법 제19조 각 호에 따른 관리·운영 권한을 국립소방연구원장에게 위임한다.(영 제48조 제1항)
② 맞음, 소방청장은 소방용품의 형식승인, 성능인증의 업무 등을 한국소방산업기술원에 위탁할 수 있다.
③ 맞음, 소방청장은 제37조제3항 및 제40조제2항에 따른 제품검사 업무를 기술원 또는 전문기관에 위탁할 수 있다.(법 제50조 제3항)
④ 맞음, 소방청장은 제14조제3항에 따른 건축 환경 및 화재위험특성 변화 추세 연구에 관한 업무를 대통령령으로 정하는 바에 따라 화재안전 관련 전문연구기관에 위탁할 수 있다. 이 경우 소방청장은 연구에 필요한 경비를 지원할 수 있다.(법 제50조 제6항)

18 ①
① 맞음, 소방청장은 화재예방정책을 체계적·효율적으로 추진하고 이에 필요한 기반 확충을 위하여 화재의 예방 및 안전관리에 관한 기본계획을 5년마다 수립·시행하여야 한다.(법 제4조 제1항)
소방청장은 기본계획을 시행하기 위한 계획을 계획 시행 전년도 10월 31일까지 수립해야 한다.(영 제4조 제1항)

19 ④
① 맞음, 쌓는 높이는 10미터 이하가 되도록 하고, 쌓는 부분의 바닥면적은 50제곱미터(석탄·목탄류의 경우에는 200제곱미터) 이하가 되도록 하여야 한다.
② 맞음, 살수설비를 설치하거나, 방사능력 범위에 해당 특수가연물이 포함되도록 대형수동식소화기를 설치하는 경우에는 쌓는 높이를 15미터 이하, 쌓는 부분의 바닥면적을 200제곱미터(석탄·목탄류의 경우에는 300제곱미터) 이하로 할 수 있다.
③ 맞음, 실외에 쌓아 저장하는 경우 쌓는 부분이 대지경계선, 도로 및 인접 건축물과 최소 6미터 이상 간격을 두고, 실내에 쌓아 저장하는 경우 주요구조부는 내화구조이면서 불연재료여야 하고, 다른 종류의 특수가연물과 같은 공간에 보관하지 않을 것. 다만, 내화구조의 벽으로 분리하는 경우는 그렇지 않다.
④ 틀림, 쌓는 부분 바닥면적의 사이는 실내의 경우 1.2미터 또는 쌓는 높이의 1/2 중 큰 값 이상으로 간격을 두어야 하며, 실외의 경우 3미터 또는 쌓는 높이 중 큰 값 이상으로 간격을 두어야 한다.

20 ③

③ 맞음, 전력용 및 통신용 지하구가 있는 지역은 소방안전 특별관리시설물로 화재예방강화지구의 지정대상지역이 아니다. 화재예방강화지구의 지정대상지역은 다음과 같다.

있는 지역(4)	시장지역, 석유화학제품을 생산하는 공장이 있는 지역, 산업단지, 물류단지
밀집 지역(4)	공장·창고가 밀집 지역, 목조건물 밀집 지역, 노후·불량주택 밀집지역, 위험물의 저장 및 처리시설 밀집 지역
없는 지역(1)	소방시설·소방용수시설 또는 소방출동로가 없는 지역
인정 지역(1)	소방청장·소방본부장 또는 소방서장이 화재예방강화지구로 지정할 필요가 있다고 인정하는 지역

21 ②

② 틀림, 특급 소방안전관리대상물에 선임해야 하는 소방안전관리자의 자격은 다음의 어느 하나에 해당하는 사람으로서 특급 소방안전관리자 자격증을 발급받은 사람이다.(영 별표 4 제1호 나목)
1. 소방기술사 또는 소방시설관리사의 자격이 있는 사람
2. 소방설비기사의 자격을 취득한 후 5년 이상 1급 소방안전관리대상물의 소방안전관리자로 근무한 실무경력(소방안전관리업무 대행자를 감독하는 소방안전관리자 근무경력 제외)이 있는 사람
3. 소방설비산업기사의 자격을 취득한 후 7년 이상 1급 소방안전관리대상물의 소방안전관리자로 근무한 실무경력이 있는 사람
4. 소방공무원으로 20년 이상 근무한 경력이 있는 사람
5. 소방청장이 실시하는 특급 소방안전관리대상물의 소방안전관리에 관한 시험에 합격한 사람

22 ④

④ 틀림, 행정안전부령으로 정하는 소방안전관리에 관한 업무수행에 관한 기록·유지 업무는 소방안전관리대상물의 소방안전관리자의 업무이다. 관계인은 ①,②,③의 업무를 수행해야 한다.

관계인과 소방안전관리자의 공통 업무	㉠ 피난시설, 방화구획 및 방화시설의 관리 ㉡ 소방시설이나 그 밖의 소방 관련 시설의 관리 ㉢ 화기(火氣) 취급의 감독 ㉣ 화재발생 시 초기대응 ㉤ 그 밖에 소방안전관리에 필요한 업무
소방안전관리자의 업무	㉥ 소방계획서의 작성 및 시행 ㉦ 자위소방대 및 초기대응체계의 구성, 운영 등 ㉧ 소방훈련 및 교육 ㉨ 소방안전관리에 관한 업무수행에 관한 기록·유지

23 ①

① 틀림, 지하층을 제외한 층수가 11층 이상이어야 한다. 관리의 권원이 분리된 특정소방대상물은 다음과 같다.(법 제35조)
1. 복합 건축물(지하층을 제외한 층수가 11층 이상 또는 연면적 3만제곱미터 이상인 건축물)
2. 지하상가(지하의 인공구조물 안에 설치된 상점 및 사무실, 그 밖에 이와 비슷한 시설이 연속하여 지하도에 접하여 설치된 것과 그 지하도를 합한 것을 말한다)
3. 그 밖에 대통령령으로 정하는 특정소방대상물(법 제21조 제3호) : 판매시설 중 도매시장, 소매시장 및 전통시장

24 ④

① 맞음, 공항시설 중 여객터미널의 연면적이 1천제곱미터 이상인 공항시설이 화재예방안전진단의 대상이다.
②,③ 맞음, 안전진단 대상 중 연면적 5천제곱미터 이상인 것은 다음과 같다. 이 경우 소방안전 특별관리시설물의 관계인은 안전진단기관으로부터 정기적으로 안전진단을 받아야 한다.(법 제41조 제1항)
  ㉠ 항만시설 중 여객이용시설 및 지원시설의 연면적이 5천제곱미터 이상인 항만시설
  ㉡ 철도시설 중 역 시설의 연면적이 5천제곱미터 이상인 철도시설
  ㉢ 도시철도시설 중 역사 및 역 시설의 연면적이 5천제곱미터 이상인 도시철도시설
  ㉣ 발전소 중 연면적이 5천제곱미터 이상인 발전소
④ 틀림, 가스공급시설 중 화재예방안전진단의 대상은 다음과 같다.
  ㉠ 가스공급시설 중 가연성 가스 탱크의 저장용량의 합계가 100톤 이상이거나 저장용량이 30톤 이상인 가연성 가스 탱크가 있는 가스공급시설
  ㉡ 전력용 및 통신용 지하구 중 공동구
  ㉢ 천연가스 인수기지 및 공급망 중 가스시설

25 ③

① 맞음, 제41조 제4항을 위반하여 화재예방안전진단 결과를 제출하지 아니한 자는 300만원 이하의 과태료를 부과하나 제37조 제2항을 위반하여 기간 내에 소방훈련 및 교육결과를 제출하지 아니한 자는 200만원 이하의 과태료를 부과한다.
② 맞음, 소방설비등의 설치 명령을 정당한 사유 없이 따르지 아니한 자는 200만원 이하의 과태료, 실무교육을 받지 아니한 소방안전관리자 및 소방안전관리보조자는 100만원 이하의 과태료를 부과한다.
③ 틀림, 소방훈련 및 교육 결과의 지연 제출기간이 1개월 미만인 경우 50만원의 과태료를, 1개월 이상 3개월 미만인 경우 100만원의 과태료, 3개월 이상이거나 제출하지 않은 경우 200만원의 과태료를 부과한다.
④ 맞음, 화재예방법 제52조 제1항부터 제3항까지에 따른 과태료는 대통령령으로 정하는 바에 따라 소방청장, 시·도지사, 소방본부장 또는 소방서장이 부과·징수한다.(법 제52조 제4항)

제3회 소방전술

01	02	03	04	05	06	07	08	09	10	11	12	13	14	15	16	17	18	19	20	21	22	23	24	25
④	④	④	①	④	③	③	①	③	③	④	①	①	④	②	②	②	③	③	③	④	①	④	④	②

01 ④
저속분무의 특성 등
기류, 산소를 적게하기 위하여 주수목표 측의 개구부 면적을 적게 한다.
④ 주수목표 측의 개구부 면적을 적게 하고, 외벽면의 개구부를 크게 하면 배연, 배열효과가 크고 대원의 피로를 적게 할 수 있다

02 ④
이산화탄소·할로겐화합물 소화설비 유의사항
① 소방대 지시에 의해 가스를 방출시킨 경우
  ㉠ 연소실체를 파악하고, 사용의 유무를 판단한다.
  ㉡ 전역 방출방식에 있어서는 방출 전에 대피경보를 발한다.
  ㉢ 수동기동장치의 가스방출 버튼 덮개 개방에 따른 경보울림에 유의한다.(* 사이렌 경보가 발한 후가 아니면 조작할 수 없는 구조가 되므로)
  ㉣ 수동기동장치가 오작동의 경우에는 용기밸브 또는 방출밸브가 개방할 때까지의 시간 내에(방출지연 장치 20초~30초로 설정.) 복구완료시까지 소화가스의 방출정지 버튼을 누른상태로 유지하여 방출을 차단한다. (* ㉣번 2023년 3월 17일 개정 사항)

03 ④
소방펌프 조작 시 일어날 수 있는 현상
소방펌프 내부에서 흡입양정이 높거나, 유속의 급변 또는 와류의 발생, 유로에서의 장애 등에 의해 압력이 국부적으로 포화증기압 이하로 내려가 기포가 발생되는 현상이 일어날 수 있는데, 이 현상을 캐비테이션(공동현상)이라 한다.

> ■ The 쉬운 개념용어
> • 공동현상 : 공기방울이 생기며 동(動)작하는 현상(=펌핑 시 배관 등에 air가 찼다고 한다)
> • 수격현상 : 수(水)의 격렬함.(=물이 배관 등을 흐르다가 부딪치고, 물 흐름과 압력변동이 생긴다)
> • 서징(맥동)현상 : 맥박치듯한 동작으로 압력·유량운동.(펌프 운전시 송출압력·유량이 주기적 변동현상)

04 ①
고층건물 화재진압전술
화점을 확인한 시점에서 전진지휘소를 "직하층"에 설치하고, / 자원대기소를 전진지휘소 아래층에 설치한다. / 경계대는 화점의 직상층 계단 또는 직상층에 배치한다.

경계대
화점층
전진지휘소(공격팀)
자원대기소(교대공간)

05 ④

외부에서 화점 확인 방법
"외부에서 화점 확인 방법"은 ①②③번의 3가지이고 ④번 공조설비 등이 정지하고 있는 경우 또는 공조설비 등이 없는 경우에는 연기가 있는 최하층을 확인하는 것은 "내부에서 화점확인 방법" 이다. (* ② 참고 : 연기는 먼저 백색에서 나오고 나중에 흑색으로 변한다.)

06 ③
옥내진입 및 행동요령
① 어두운 곳에서는 조명기구로 발밑을 조명하면서 자세를 낮추고 벽체 등을 따라 진입한다.
② 2개 이상의 계단통로가 있고 급기계단, 배기계단으로 나뉘어 있을 때는 연기가 적은 급기계단으로 진입한다.
③ 진입은 반드시 2명 1조로, 생명로프를 신체에 결착하여 진입하고 단독행동은 피한다.
④ 자동폐쇄식 방화문을 통과하여 진입하는 경우는 쐐기 또는 빗장 등을 사용하여 퇴로에 필요한 폭의 개구부를 확보한다.

07 ③
소방호스 지지요령
① 소방호스의 지지점은 결합부의 바로 밑이 가장 효과적이다.
② 충수된 소방호스의 중량은 65mm가 80kg, / 40mm가 50kg이다.
③ 4층 이하의 경우는 진입층에서 고정한다.
  ▶ 암기 : 사진 고정하고,
④ 5층 이상의 경우는 진입층 및 중간층에서 고정한다.
  ▶ 암기 : 5층진입 중
⑤ 지지, 고정은 송수되기 전에 임시고정을 실시하고 송수된 후 로프가 미끄러지지 않도록 고정한다.

08 ①
백드래프트와 플래시오버의 비교
발생빈도 : 백드래프트보다 플래시오버가 발생빈도가 높다.

09 ③
화재대응메뉴얼의 종류
① 표준매뉴얼
② 실무매뉴얼
③ 특수화재대응매뉴얼
④ 대상별 대응매뉴얼
  ▶ 암기 : 대실표 특수(대응)

10 ③
공기호흡기의 사용 가능시간 산출공식

$$사용가능시간(분) = \frac{\{충전압력(kgf/cm^2) - 탈출소요압력(kgf/cm^2)\} \times 용기용량(l)}{분당 호흡량(l/분)}$$

충전압력 285kgf/cm²의 6.8ℓ 용기를 사용하여 경보 벨이 울릴 때까지 사용할 경우, 활동 대원이 매분 23ℓ의 공기를 소비한다고 하면,

$$사용가능시간(분) = \frac{(285-55) \times 6.8}{23} = 약 68(분)$$

(* **암산** : 분자 285-55= 230 / 분모 23을 먼저 약분하여 × 용기 6.8 L = 68분)

11 ④
피난 유도원의 임무와 행동에서 계단 등 수직 피난
피난에 사용하는 계단 등의 우선 순위는 원칙으로 ❶ 옥외계단 ❷ 피난교 ❸ 특별피난계단 ❹ 옥외피난용 사다리 및 피난계단의 순서로 한다.
▶ **암기** : 외교특사계

12 ①
지하실 등
① 자탐(자동화재탐지)설비 수신기의 작동표시 등을 확인하여 공조(공기조화)설비 등은 모두 정지시킨다.
② 소방활동 정보카드 및 관계자의 도면에 의해 내부구조를 확인한다.
③ 벽, 문, 천장, 바닥에 손을 접촉하여 온도변화에 의해 확인한다.
④ 연기의 농도가 짙고 열기가 높은 방향으로 거슬러 가면서 확인한다.

13 ①
잠수물리
수중으로 들어가면 기압과 수압을 동시에 받게 된다. 수중에서 실제로 받는 압력을 절대압이라 한다. 즉, 물속 10m에서는 (물 위 1기압과 물속 1기압을 합하여) 2기압 상태가 된다.

14 ④
정적 로프
① 신장율이 5% 미만 정도로 하중을 받아도 잘 늘어나지 않는다.
② 마모 내구성이 강하고 파괴력에 견디는 힘이 높다.
③ 유연성이 낮아 조작이 불편하고 추락 시 하중이 그대로 전달되는 결점이 있다.
④ 뻣뻣하며 검정이나 흰색, 노란색 등 단일 색상으로 만들어져 외형만으로도 비교적 쉽게 구분이 가능하다.
▶ **연상** : 움직임이 없이(스태틱) 뻣뻣한 검흰노 (껌있노?)

15 ②
도르래 사용
도르래를 사용하는 경우 물체의 중량을 W, 필요한 힘을 F로 했을 때, F는 물체가 매달려 있는 줄의 가닥수에 반비례하며 물체가 움직인 거리에도 반비례한다. 즉 로프를 3m 당겼을 때 물체가 1m 이동하도록 도르래가 설치되었다면 필요한 힘은 1/3로 줄어든다.

16 ②
유압식 절단기(유압 카트기)
유압절단기는 엔진펌프에서 발생시킨 유압을 활용하여 물체를 절단하는 장비이다.
절단 날이 하향 10°~15° 각도를 유지하도록 절단하여야 날이 미끄러지지 않고 절단이 용이하다. (*^^ **연상**: 가위처럼 날을 보통 10~15도 벌려서 사용하는 절단기이다)

▬ 유압 절단기 ▬

17 ②
산소중독
인체의 산소사용 가능 범위는 약 0.16기압~1.6기압 범위이다. 산소부분압이 0.16기압 이하면 저산소증이 발생하고 산소분압이 1.4~1.6기압이 될 때 산소중이 나타난다. 아래 표를 참고한다.

수심	산소부분압	수심	산소부분압
수면(공기 중)	0.2	수심 40m	1.0
수심 10m	0.4	수심 50m	1.2
수심 20m	0.6	수심 60m	1.4
수심 30m	0.8	수심 70m	1.6

✪ 산소는 공기 중 0.21(21%) 부분압이니 수면에서는 약 0.2가 된다. 수심 10m마다 1기압씩 증가된다.

18 ④
각 색상이 가지는 의미
① 빨간색 : 가연성(Flammable) (불상징)
② 오렌지색 : 폭발성(Explosive) (▶ 오랜폭발)
③ 노란색 : 산화성(Oxidizer) (▶ 노란산)
④ 녹 색 : 불연성(Non-Flammable) (풀상징)
⑤ 파란색 : 금수성(Not Wet) (물상징)
⑥ 백 색 : 중독성(Inhalation) (창백상징)
▶ 연상: 청급이가 발가벗고 노란산에서 / 녹불 백중 오랜 폭발했다

19 ①
열화상카메라
① 열화상 카메라 : 야간 또는 농연 등으로 시계가 불량한 지역에서 물체의 온도 차이를 감지하여 화면상에 표시함으로서 화점탐지, 인명구조 등에 활용하는 장비이다.

20 ④
죽음에 대한 정서적 반응(부정)
부정- 첫 번째 정서 반응으로 의사의 실수라 믿으며 기적이 일어나길 바란다. ※ 부정- 분노 - 협상 - 우울 - 수용 ▶ **암기**: 부분 협상 우수

21 ④
심폐소생술의 합병증(가슴압박이 적절하여도 발생하는 합병증)

가슴압박이 적절하여도 발생하는 합병증	① 갈비뼈골절 ② 복장뼈골절 ③ 심장좌상 ④ 허파좌상 ▶ **암기** : 갈보자자
부적절한 가슴압박으로 발생하는 합병증	① 상부 갈비뼈 또는 하부갈비뼈의 골절 ② 기흉 ③ 간 또는 지라의 손상 ④ 심장파열 ⑤ 심장눌림증 ⑥ 대동맥손상 ⑦ 식도 또는 위점막의 파열

22 ①
벤튜리마스크
벤튜리마스크 – 특수한 용도로 산소를 제공할 경우에 사용되며 표준 얼굴마스크에 연결된 공급 배관을 통해 특정 산소 농도를 공급해 주는 호흡기구

23 ④
비말에 의한 전파
비말에 의한 전파로 관련 질환 : 폐렴, 인두염, 뇌수막염, 중이염, 풍진, 부비동염, 인플루엔자, 패혈증, 유행성 귀밑샘염(유행성 이하선염), 결핵, 백일해 등
▶ **암기** : 폐인 뇌중풍 부인 폐귀(패기가) 경백(하다)
※ **참고** – 공기전파: 홍역, 수두, 결핵 ▶ **암기**: 홍수결

24 ④
주 들것 사용 시 유의사항
바닥이 고르지 못하다면 4명의 대원이 주 들것의 네 모서리에 위치해 환자를 이동시킨다.

25 ②
감염 기본예방법
사용한 바늘은 다시 뚜껑을 씌우거나, 구부리거나, 자르지 말고 그대로 주사바늘통에 즉시 버린다.

제4회 소방법령 I

01	02	03	04	05	06	07	08	09	10	11	12	13	14	15	16	17	18	19	20	21	22	23	24	25
③	④	①	②	③	①	③	①	④	③	④	②	①	③	④	①	③	④	①	③	①	②	①	③

01 ③

① 맞음, "임용"이란 신규채용·승진·전보·파견·강임·휴직·직위해제·정직·강등·복직·면직·해임 및 파면을 말한다.(법 제2조 제1호, 영 제2조 제1호)

② 맞음, "소방기관"이라 함은 소방청·특별시·광역시·특별자치시·도·특별자치도와 중앙소방학교·중앙119구조본부·국립소방연구원·지방소방학교·서울종합방재센터, 소방서, 119특수대응단 및 소방체험관을 말한다.(영 제2조 제3호)

③ 틀림, "필수보직기간"이란 소방공무원이 다른 직위로 전보되기 전까지 현 직위에서 근무하여야 하는 최소기간을 말한다.(영 제2조 제3호)

④ 맞음, "최하급소방기관"이란 소방청, 중앙소방학교, 중앙119구조본부, 국립소방연구원, 시·도의 소방본부, 지방소방학교 및 서울종합방재센터를 제외한 소방기관을 말한다.(규칙 제19조)

02 ④

① 맞음, 소방청장 권한의 위임에 의해 시·도지사는 시·도 소속 소방령 이상 소방준감 이하의 소방공무원에 대한 전보, 휴직, 직위해제, 강등, 정직 및 복직에 관한 권한과 소방정인 지방소방학교장에 대한 휴직, 직위해제, 정직 및 복직에 관한 권한을 가진다.

② 맞음, 소방청장 권한의 위임에 의해 중앙119구조본부장과 중앙소방학교장은 소속 소방령의 전보·휴직·직위해제·정직 및 복직에 관한 권한과 소속 소방경 이하의 소방공무원에 대한 임용권을 가진다.

③ 맞음, 중앙소방학교장과 중앙119구조본부장은 소속 소방경 이하의 소방공무원에 대한 임용권을 가진다. 다만, 소속 소방공무원을 승진시키려면 미리 소방청장에게 보고하여야 한다.(영 제3조 제7항)

④ 틀림, 중앙119구조본부장은 119특수구조대 소속 소방경 이하 소방공무원에 대한 119특수구조대 안에서의 전보권을 119특수구조대장에게 다시 위임한다.(영 제3조 제4항) 그러나 휴직·직위해제·정직 및 복직에 대한 권한은 재위임의 대상이 아니다.

03 ①

① 틀림, 시험실시권자는 소방공무원 공개경쟁채용시험을 실시하고자 할 때에는 임용예정계급, 응시자격 등에 관한 사항을 시험실시 20일 전까지 공고하여야 한다.

② 맞음, 채용시험의 출제수준은 다음과 같다.(임용령 제45조)
  ㉠ 소방위 이상 및 소방간부후보생 선발시험 : 소방행정의 기획 및 관리에 필요한 능력·지식을 검정할 수 있는 정도
  ㉡ 소방장 및 소방교 : 소방업무수행에 필요한 전문적 능력·지식을 검정할 수 있는 정도
  ㉢ 소방사 : 소방업무수행에 필요한 기본적인 능력·지식을 검정할 수 있는 정도

③ 맞음, 종합적성검사는 직무수행에 필요한 적성과 자질을 종합적으로 검정하는 것으로 종합적성검사 결과는 면접시험에 반영한다.

04 ②

㉠ 맞음, 공무원재해보상법에 따라 공무상 질병 또는 부상으로 휴직한 경우 휴직기간의 만료로 직권면직되어 퇴직한 소방공무원은 5년 이내 퇴직당시의 계급으로 재임용할 수 있다.

㉡ 틀림, 사업용조종사 자격증 소지자는 소방경 이하 소방공무원 채용할 수 있다.

㉢ 맞음, 소방에 관한 전문기술교육을 받은 사람은 소방경 이하의 소방공무원으로 경력경쟁채용할 수 있다.

㉣ 틀림, 외국어에 능통한 사람을 소방위 이하 소방공무원으로 임용할 수 있다. 이 경우 외국어 능력은 해당 외국어를 모국어로 사용하는 국가의 국민이 고등학교교육 또는 이에 준하는 학교교육을 마치고 작문이나 회화를 할 수 있는 수준이어야 한다.

05 ③

① 맞음, 신규채용시험에 합격한 사람 등 채용후보자등록대상자는 행정안전부령으로 정하는 바에 따라 임용권자 또는 임용제청권자에게 채용후보자 등록을 하여야 하며, 등록을 하지 아니한 사람은 소방공무원으로 임용될 의사가 없는 것으로 본다.

② 맞음, 임용권자 또는 임용제청권자는 등록서류를 심사하여 임용적격자에 한하여 채용후보자명부에 등재하고 등록확인증을 본인에게 보내야 한다. 다만, 교육훈련통지서로 등록확인증을 갈음할 수 있다.(임용령 시행규칙 제29조 제2항)

③ 틀림, 채용후보자명부의 유효기간은 2년으로 하되, 임용권자는 필요에 따라 1년의 범위에서 그 기간을 정하여 연장할 수 있으며, 채용후보자명부의 유효기간을 연장한 때에는 이를 즉시 본인에게 알려야 한다.(임용령 제18조)

④ 맞음, 임용권자는 채용후보자명부에 등재된 사람 중 그 명부의 유효기간이 만료될 때까지 임용되지 아니한 사람에 대하여는 해당 기관에 그 직급에 해당하는 정원이 따로 있는 것으로 보고 임용할 수 있다. (임용령 제19조 제3항)

06 ①

① 틀림, 임용권자 또는 임용제청권자는 채용후보자가 다음의 하나에 해당하는 경우에는 채용후보자명부의 유효기간의 범위 안에서 기간을 정하여 임용 또는 임용제청을 유예할 수 있다. 다만 유예기간 중이라도 그 사유가 소멸하는 경우에는 임용 또는 임용제청을 하여야 한다.(임용령 제20조 1항)
  ㉠ 학업의 계속
  ㉡ 6월 이상의 장기요양을 요하는 질병이 있는 경우
  ㉢ 병역의무복무를 위하여 징집 또는 소집되는 경우
  ㉣ 임신하거나 출산한 경우
  ㉤ 임용 또는 임용제청의 유예가 부득이하다고 인정되는 경우

② 맞음, 임용의 유예를 받고자 하는 자는 그 사유를 증명할 수 있는 자료를 첨부하여 임용권자가 정하는 기간 내에 유예를 원하는 기간을 명시하여 신청하여야 한다.

③ 맞음, 임용권자 또는 임용제청권자는 채용후보자명부의 유효기간 범위 안에서 그 기간을 정하여 임용을 유예할 수 있다.

07 ③

③ 틀림, 임용권자 또는 임용제청권자는 전직공무원이나 공공기관에서 근무한 경력을 가진 사람을 임용할 경우에는 전에 근무하였던 기관장에게 전력조회서에 의하여 전력을 조회해야 한다. 다만, 소방공무원의 채용시험에 필요하다고 인정하는 경우에는 시험실시권자가 전력을 조회할 수 있다. 전력조회서를 받은 기관의 장은「임용령 시행규칙」별지 제2호 서식의 전력조사회보서에 의해 20일 이내에 회보하여야 한다.(임용령 시행규칙 제6조)

④ 맞음, 응시수수료는 다음의 어느 하나에 해당하는 경우에는 해당 금액을 반환해야 한다.(임용령 제49조 제3항)
  ㉠ 응시수수료를 과오납한 경우에는 그 과오납한 금액
  ㉡ 시험실시권자의 귀책사유로 시험에 응시하지 못한 경우에는 납부한 응시수수료의 전액
  ㉢ 시험실시일 3일 전까지 응시의사를 철회하는 경우에는 납부한 응시수수료의 전액

08 ②

① 맞음, 시험실시권자나 임용권자는「국가공무원법」제45조의3 제1항 전단에 따라 합격 또는 임용을 취소하려는 경우에는 채용비위심의위원회의 심의를 거쳐야 한다.(임용령 제51조의2 제2항)

② 틀림, 시험실시권자나 임용권자는 채용비위심의위원회의 회의를 개최하기 10일 전까지 다음의 사항을 당사자에게 통지해야 한다.(임용령 제51조의2 제3항)
  ㉠ 합격 또는 임용 취소의 내용과 사유
  ㉡ 소명 기한
  ㉢ 소명 방법
  ㉣ 소명하지 않는 경우의 처리 방법
  ㉤ 그 밖에 소명에 필요한 사항

③ 맞음, 합격 또는 임용 취소 여부를 심의하기 위하여 시험실시권자나 임용권자 소속으로 채용비위심의위원회를 둔다. 심의위원회의 회의는 재적위원 과반수의 찬성으로 의결한다.(임용령 제51조의3 제1항 및 제5항)

④ 맞음, 채용비위심의위원회는 위원장 1명을 포함하여 5명 이상 8명 이내의 위원으로 성별을 고려하여 구성한다. 위원장은 시험실시권자나 임용권자로 하거나 시험실시권자나 임용권자가 지명하는 소속 공무원으로 한다.(임용령 제51조의3 제2항 및 제3항)

09 ④

① 맞음, 임용권자 또는 임용제청권자는 법령이 정하는 보직관리기준 외에 소방공무원의 보직에 관하여 필요한 세부기준(전보의 기준을 포함)을 정하여 실시하여야 한다.(임용령 제25조 제6항)

② 맞음, 소방본부장 또는 소방서장 직위에 임용된 소방공무원은 해당 직위에 2년 이상 근무한 경우에는 다른 직위로 전보하여야 한다. 다만, 인사운영상 필요한 경우에는 제외한다.(규칙 제19조의2 제1항)

③ 맞음, 임용권자 또는 임용제청권자는 소방여건과 정기인사 주기 등을 고려하여 1년의 범위에서 전보시기를 조정할 수 있다.

④ 틀림, 임용권자는 소속 소방공무원을 연속하여 3회 이상 소방서장으로 보직해서는 안된다. 다만, 인사운영상 필요한 경우에는 제외한다.(규칙 제19조의2 제2항)

10 ③

㉠ 틀림, 소방령 이하의 소방공무원을 그 배우자 또는 직계존속이 거주하는 시·도 지역의 소방기관으로 전보하는 경우가 필수보직기간 1년에 대한 예외이다. 소방공무원 필수보직기간 1년에 대한 예외는 다음과 같다.(임용령 제28조 제1항)
  1. 직제상의 최저단위 보조기관 내에서의 전보의 경우
  2. 기구의 개편, 직제 또는 정원의 변경으로 인한 전보의 경우
  3. 임용권자를 달리하는 기관간의 전보의 경우
  4. 당해 소방공무원의 승진 또는 강임의 경우
  5. 임용예정직위에 관련된 2월 이상의 특수훈련경력이 있는 자 또는 임용예정직위에 상응한 6월 이상의 근무경력 또는 연구 실적이 있는 자를 당해 직위에 보직하는 경우
  6. 징계처분을 받은 경우
  7. 형사사건에 관련되어 수사기관에서 조사를 받고 있는 경우
  8. 공개경쟁채용시험에 합격하고 시보임용 중인 경우
  9. 소방령 이하의 소방공무원을 그 배우자 또는 직계존속이 거주하는 시·도 지역의 소방기관으로 전보하는 경우
  10. 임신 중인 소방공무원 또는 출산 후 1년이 지나지 않은 소방공무원의 모성보호, 육아 등을 위해 필요한 경우
  11. 소방기관의 장이 보직관리를 위하여 전보할 필요가 있다고 특별히 인정하는 경우
  12. 소방공무원을 전문직위로 전보하는 경우

11 ④

①,② 맞음, 다른 국가기관에서 국가적 사업의 수행, 행정지원, 특수업무의 공동수행에 따른 파견 중 직제상 파견에는 인사혁신처장과 협의 없이 소속 소방공무원을 파견하거나 파견기간을 연장할 수 있으며, 파견기간 종료 전에 파견자를 복귀시킬 수 있다. 또한 파견기간은 2년을 초과할 수 있고, 총 파견기간은 5년을 초과하여 연장할 수 있다.(임용령 제30조의5, 신설 23.10.10.)

③ 맞음, 화재 진압 업무에 동원된 소방공무원으로서 상관의 직무상 명령에 불복하거나 복종의 의무를 위반하여 직장을 이탈한 자는 5년 이하의 징역 또는 금고에 처한다.

④ 틀림, 소방공무원이 재난현장에서 화재진압을 위한 직무 등을 수행하다가 공무상 질병 또는 부상을 입어 휴직하는 경우 그 휴직기간은 5년 이내로 하되 의학적 소견 등을 고려하여 대통령령으로 정하는 바에 따라 3년의 범위에서 연장할 수 있다.(법 제24조의2, 시행 24.8.14)

12 ①

① 틀림, ②,③ 맞음, 6개월 이상 파견의 경우 소방청과 그 소속기관 소속 소방공무원이 대상이다. 다음의 별도정원에 해당하여 결원을 보충하는 경우에 소방청장은 미리 행정안전부장관과 협의하여야 하며, 시·도지사는 행정안전부장관의 승인을 받아야 한다.
  ㉠ 임용령 제30조 제1항에 따른 1년 이상의 파견
  ㉡ 6개월 이상 교육훈련을 위한 파견 : 제30조 제1항 제4호(교육훈련을 위한 파견)에 따른 소방청과 그 소속기관 소속 소방공무원, 소방본부장 및 지방소방학교장에 대한 6개월 이상 파견

④ 맞음, 시·도지사가 임용권을 행사하는 소방령 이하의 소방공무원을 보충하는 경우에는 행정안전부장관의 승인을 받지 않고 보충할 수 있다.(임용령 제31조 제2항 단서)

13 ②

② 틀림, ②는 소방기념장에 대한 설명이다. 소방기장은 다음의 구분에 따라 수여하며, 수여대상자의 세부기준은 소방청장이 정한다.
  ㉠ 소방지휘관장 : 소방령 이상인 소방기관의 장에게 수여
  ㉡ 소방근속기장 : 소방공무원으로 일정 기간 이상 근속한 사람에게 수여
  ㉢ 소방공로기장 : 표창을 받은 사람 또는 소방활동 시 공로가 인정된 사람에게 수여
  ㉣ 소방경력기장 : 각 보직에서 일정 기간 이상 근무한 경력이 있는 사람에게 수여
  ㉤ 소방기념장 : 국가 주요행사 또는 주요사업과 관련된 업무 수행 시 공헌한 사람에게 수여

14 ①

① 틀림, 징계처분의 말소제한기간은 강등 9년, 정직 7년, 감봉 5년, 견책 3년이다. 직위해제처분의 말소제한기간은 2년이며, 불문경고처분의 말소제한기간은 1년이다.
② 맞음, 징계처분에 대해서는 말소제한기간의 경과, 징계처분의 무효 또는 취소의 확정, 일반사면이 있을 때 처분기록이 말소된다.

징계처분 기록의 말소	① 말소제한 기간의 경과 : 징계처분의 집행이 종료된 날로부터 강등 9년, 정직 7년, 감봉 5년, 견책 3년의 기간이 경과한 때 ② 징계처분의 무효 또는 취소의 확정 ③ 징계처분에 대한 일반사면이 있은 때
직위해제처분 기록의 말소	① 직위해제처분의 종료일(복직명령을 받은 날)로부터 2년이 경과한 때 ② 직위해제처분의 무효・취소
불문기록의 말소	불문(경고)처분을 한 날로부터 1년이 경과한 때 말소

③ 맞음, 직위해제처분의 종료일(복직명령을 받은 날)부터 2년이 경과하는 때 처분기록은 말소한다.
④ 맞음, 기록의 말소는 인사기록카드상의 당해 처분기록에 말소된 사실을 표기하는 방법에 의한다. 다만 소청심사위원회나 법원에서 징계처분 및 직위해제처분의 무효 또는 취소의 결정이나 판결이 확정된 때에 그 해당 사유발생일 이전에 징계 또는 직위해제처분을 받은 사실이 없는 때에는 인사기록카드를 재작성하여야 한다.(규칙 제14조의2 제3항) 징계처분 및 직위해제처분의 말소방법, 절차 등에 관하여는 「공무원 인사기록・통계 및 인사사무 처리 규정」에 따른 징계 등 처분기록 말소의 예에 따른다.(규칙 제14조의2 제4항)

15 ③

③ 틀림, 통상적인 근무시간보다 짧게 근무하는 시간선택제전환소방공무원의 근무기간은 다음의 기준에 따라 승진소요최저근무연수의 기간에 포함한다.(개정 25.1.24. 승진임용규정 제5조 제8항)
 ㉠ 해당 계급에서 시간선택제전환소방공무원으로 근무한 1년 이하의 기간은 그 기간 전부
 ㉡ 해당 계급에서 시간선택제전환소방공무원으로 근무한 1년을 넘는 기간은 근무시간에 비례한 기간
 ㉢ 해당 계급에서 육아휴직을 대신하여 시간선택제전환소방공무원으로 지정되어 근무한 기간은 대상 자녀별로 각각 3년의 범위에서 그 기간 전부
④ 맞음, 육아휴직은 그 휴직 기간을 승진소요최저근무연수에 포함한다. 다만, 제1항의 기간에 포함하는 기간은 제8항제3호에 따라 육아휴직을 대신하여 시간선택제전환소방공무원으로 지정되어 근무한 기간과 합산하여 자녀 1명당 3년을 초과할 수 없다.(승진임용규정 제5조 제2항 1호 라목)

16 ④

① 맞음, 근무성적평정점을 조정하기 위하여 승진대상자명부작성 단위기관별로 근무성적평정조정위원회를 둘 수 있다.(규칙 제9조 제1항)
② 맞음, 조정위원회는 피평정자의 상위직급 공무원 중에서 조정위원회가 설치된 기관의 장이 지정하는 3인 이상 5인 이하의 위원으로 구성한다. (규칙 제9조 제2항)
③ 맞음, 조정위원회의 위원장은 평정결과가 분포비율과 맞지 아니할 경우 조정위원회를 소집하여 근무성적평정을 분포비율에 맞도록 조정할 수 있다. 분포비율의 조정결과 조정 전의 평정등급에서 아래등급으로 조정된 자의 조정점은 그 조정된 아래등급의 최고점으로 한다.(규칙 제9조 제3항 및 제4항)
④ 틀림, 조정위원회가 설치된 기관의 장은 근무성적평정의 조정결과가 심히 부당하다고 인정되는 경우에는 당해 조정위원회의 위원장에게 이의 재조정을 요구할 수 있다.(규칙 제9조 제5항)

17 ③

시・도 소속 소방공무원의 근무성적 평정자는 다음과 같다.

	1차 평정자	2차 평정자
소방정	시・도 소방본부장	부단체장 (지방소방학교장은 차장)
소방령 소방경	소속 기관장 (단 소방본부는 소속 부서장)	시・도 소방본부장
소방위 이하	소속 부서장(과장, 안전센터장)	소속 기관장

※ 소방위 본인이 부서장인 경우에는 해당 소방서의 인사 주무과장(소방행정과장)이 1차 평정자이다.

① 맞음, 소방서에 근무하는 소방정의 1차 평정자 시・도 소방본부장, 2차 평정자 부단체장이다.
② 맞음, 소방본부에 근무하는 소방령의 1차 평정자는 소속 부서장(과장), 2차 평정자는 시・도 소방본부장이다.
③ 틀림, 서울종합방재센터에 근무하는 소방경과 소방령의 1차 평정자는 서울종합방재센터장, 2차 평정자는 시・도 소방본부장이다.
④ 맞음, 시・도지사는 소방정 계급 소방공무원의 1차 평정자를 소방준감 계급의 과장급 소방공무원 중에서 지정할 수 있으며, 이 경우 2차 평정자는 소속 시・도의 소방본부장이 된다.(개정 24.1.11)

18 ①

① 틀림, 승진대상자명부는 승진에 필요한 요건을 갖춘 소방정 이하의 소방공무원에 대해서는 다음의 비율에 따라 계급별로 승진대상자명부를 작성하여야 한다.(시행 24.9.30)
 ㉠ 소방정 : 근무성적평정점 70퍼센트, 경력평정점 20퍼센트 및 교육훈련성적 10퍼센트
 ㉡ 소방령 이하 : 근무성적평정점 70퍼센트, 경력평정점 15퍼센트 및 교육훈련성적 15퍼센트
② 맞음, 승진대상자명부 및 승진대상자통합명부는 매년 4월 1일과 10월 1일을 기준으로 하여 작성한다. 승진대상자명부는 작성기준일로부터 20일 이내에 작성하여야 한다.(승진임용규정 제11조 제4항)
③ 맞음, 근무성적평정점을 산정하는 경우에 평정단위기간의 평정점이 없을 때에는 다음에 따라 산정한 평정점을 그 평정단위기간의 평정점으로 한다.
 ㉠ 명부작성 기준일부터 가장 최근의 평정단위기간평정점이 없는 경우 : (그 직전에 평정한 평정단위기간평정점 + 45점)/2
 ㉡ 명부작성 기준일부터 가장 오래된 평정단위기간평정점이 없는 경우 : (그 직후에 평정한 평정단위기간평정점 + 45점)/2
 ㉢ 위 ㉠, ㉡을 제외한 평정점이 없는 평정단위기간이 있는 경우 : 평정점이 없는 평정단위기간의 직전 및 직후에 평정한 평정단위기간평정점의 평균점
 ㉣ 평정점이 없는 평정단위기간이 연속하여 2회 이상 있는 경우(각각의 평정점) : (연속하여 평정점이 없는 평정단위기간에 가장 가까운 최근의 평정단위기간평정점 + 45점)/2
④ 맞음, 근무성적평정점을 산정하거나 직장훈련성적 및 체력검정성적 평정점을 산정하는 경우로서 신규임용 또는 승진임용되어 해당 계급에서 최초로 평정을 하는 경우에는 해당 평정점을 그 평정단위기간의 평정점 평균으로 한다.(시행규칙 제19조 제7항)

19 ③

① 맞음, 승진심사는 연1회 이상 승진심사위원회가 설치된 기관의 장이 정하는 날에 실시한다. 다만, 승진심사를 실시한 후에 승진시험을 실시하여 선발된 인원이 당해 계급의 승진임용예정인원수에 미달되거나 소방공무원의 증원 기타 특별한 사유가 있는 경우 추가로 승진심사를 실시할 수 있다.(승진임용규정 제16조)
② 맞음, 승진심사를 하기 위하여 소방청에 중앙승진심사위원회를 두고, 소방청 및 그 속속기관과 시・도에 보통승진심사위원회를 둔다.

③ 틀림, 승진심사위원회의 위원장이 부득이한 사유로 직무를 수행할 수 없는 때에는 위원장이 미리 지명한 위원이 그 직무를 대행한다.(승진임용규정 제17조 제5항 및 제18조 제4항)
④ 맞음, 소방준감으로의 승진심사 또는 예정인원수가 2명 이내인 승진심사의 경우 제1단계 사전심의를 생략하고 제2단계 본심사만으로 승진임용예정자를 선발할 수 있다.(시행규칙 제25조 제4항)

20 ④
① 맞음, 정당한 사유 없이 훈련을 중도에 포기하거나 훈련에서 탈락된 경우에는 소요경비의 2분의 1을 반납하여야 한다. 의무복무를 이행하지 않은 경우 소요경비×(의무복무 개월수 - 근무 개월수)/ 의무복무 개월수를, 위탁교육훈련 중 복귀명령을 받고도 정당한 사유 없이 직무에 복귀하지 않은 경우 소요경비 전액을 반납하여야 한다.
③ 맞음, 교수요원은 다음의 자격 또는 능력을 갖춘 자이어야 한다.
  ㉠ 담당분야 관련 : 실무·연구 또는 강의경력이 3년 이상, 자격증 소지자, 석사 이상의 학위를 소지자, 6개월 이상 교육훈련 이수자, 조교수 이상의 자격을 갖춘 사람
  ㉡ 담당분야 관련 학식과 경험이 풍부한 사람으로서 교육훈련기관의 장이 인정하는 사람
④ 틀림, 소방기관의 장은 실질적이고 체계적인 직장훈련을 실시하기 위하여 소속 소방공무원의 직장훈련 시간 총량 목표를 정하고 개인별로 관리해야 한다.

21 ①
① 틀림, 소방청장은 교육훈련기관에서의 교육, 직장훈련 및 위탁교육훈련의 내용·방법 및 성과 등을 정기 또는 수시로 확인·평가하여 이를 개선·발전시켜야 하며, 확인·평가 등에 필요한 사항은 소방청장이 정한다.(교육훈련규정 제9조)
② 맞음, 소방기관의 장은 교육훈련대상자로 선발된 소방공무원에게 예산의 범위에서 입학금·등록금 및 그 밖에 교육훈련에 드는 경비를 지급할 수 있다.(교육훈련규정 제10조)
③ 맞음, 임용권자 또는 임용제청권자는 6개월 이상의 위탁교육훈련을 받은 소방공무원에 대해서는 특별한 경우를 제외하고 6년의 범위에서 교육훈련기간과 같은 기간(국외 위탁교육훈련의 경우에는 교육훈련기간의 2배에 해당하는 기간으로 한다) 동안 교육훈련 분야와 관련된 직무 분야에서 복무하게 해야 한다.(교육훈련규정 제11조 제2항)
④ 맞음, 가상현실 훈련장과 소방시설 실습장, 전문구급훈련장, 화재조사훈련장, 수난구조훈련장은 옥내 훈련시설이며, 산악구조 훈련장, 소방종합훈련탑, 대응전술훈련장 등은 옥외 훈련시설이다.

22 ③
③ 틀림, 창안등급 동상 이상을 받은 사람으로서 소방행정발전에 기여한 실적이 뚜렷한 사람은 별개의 유공자 특별승진의 내용이다. "직무수행능력이 탁월하여 소방행정발전에 지대한 공헌실적이 있다고 인정되는 자"의 범위는 다음의 하나에 해당하는 자로 한다.(소방공무원 승진임용규정 시행규칙 제33조)
  ㉠ 천재·지변·화재 기타 이에 준하는 재난에 있어서 위험을 무릅쓰고 헌신 분투하여 다수의 인명을 구조하거나 재산의 피해를 방지한 사람
  ㉡ 창의적인 연구와 헌신적인 노력으로 소방제도의 개선 및 발전에 기여한 사람
  ㉢ 교수요원으로 3년 이상 근무한 자로서 소방교육발전에 현저한 공이 있는 사람
  ㉣ 기타 소방청장이 특별승진을 공약한 특별한 사항에 관하여 공을 세운 사람

23 ②
1. 행정소송의 피고 : 징계처분, 휴직처분, 면직처분, 그 밖에 의사에 반하는 불리한 처분에 대한 행정소송의 경우에는 소방청장을 피고로 한다. 다만, 소방공무원법 제6조제3항 및 제4항(대통령과 소방청장의 임용권의 일부를 대통령령으로 정하는 바에 따라 시·도지사에 위임하는 경우)에 따라 시·도지사가 임용권을 행사하는 경우에는 관할 시·도지사를 피고로 한다.(법 제30조)
2. 사례 : 징계처분에 대한 행정소송에서 임용권을 위임한 경우에는 관할 시·도지사를 피고로 하여 제기한다. 서울특별시 ○○소방서에 근무하는 소방위 갑(甲)에 대한 임용권은 소방청장의 위임에 의해 시·도지사가 임용권을 행사하는 경우이므로 서울특별시장을 피고로 하여 소송을 제기한다.

24 ①
① 틀림, 대학에서 법률학·행정학 또는 소방 관련 학과 조교수 이상으로 재직 중인 사람이어야 한다. 소방공무원 징계위원회의 민간위원의 자격은 다음과 같다.(소방공무원 징계령 제4조 제4항)

소방청 및 시·도 징계위원회	㉠ 법관·검사 또는 변호사로 10년 이상 근무한 사람 ㉡ 대학에서 법률학·행정학 또는 소방관련 학과 부교수 이상으로 재직 중인 사람 ㉢ 소방공무원으로 소방정(지방소방정) 이상의 직위에서 근무하고 퇴직한 사람으로서 퇴직일부터 3년이 지난 사람 ㉣ 민간부문에서 인사·감사 업무를 담당하는 임원급 또는 이에 상응하는 직위에 근무한 경력이 있는 사람
기타 징계위원회	㉠ 법관·검사 또는 변호사로 5년 이상 근무한 사람 ㉡ 대학에서 법률학·행정학 또는 소방 관련 학과 조교수 이상으로 재직 중인 사람 ㉢ 소방공무원으로 20년 이상 근속하고 퇴직한 사람으로서 퇴직일부터 3년이 지난 사람 ㉣ 민간부문에서 인사·감사 업무를 담당하는 임원급 또는 이에 상응하는 직위에 근무한 경력이 있는 사람

25 ③
① 맞음, 징계위원회의 위원 중 징계등 혐의자의 친족 또는 직근 상급자(징계 사유가 발생한 때의 직근 상급자였던 사람을 포함한다)나 그 징계등 사유와 관계가 있는 사람은 그 징계등 사건의 심의·의결에 관여하지 못한다.(소방공무원 징계령 제15조)
②,④ 맞음, 징계등 혐의자는 위원 중에서 불공정한 의결을 할 우려가 있다고 의심할 만한 타당한 이유가 있을 때에는 그 사실을 서면으로 소명하고 해당 위원의 기피를 신청할 수 있다. 징계위원회는 기피신청이 있는 때에는 재적위원 과반수의 출석과 출석위원 과반수의 찬성으로 기피 여부를 의결하여야 한다. 이 경우 기피신청을 받은 위원은 그 의결에 참여하지 못한다.(징계령 제15조 제2항·제3항)
③ 틀림, 징계위원회의 위원은 제척 사유에 해당하면 스스로 해당 징계등 사건의 심의·의결을 회피하여야 하며, 기피 사유에 해당하면 회피할 수 있다.(징계령 제15조 제4항)

제4회 소방법령 II

01	02	03	04	05	06	07	08	09	10	11	12	13	14	15	16	17	18	19	20	21	22	23	24	25
②	④	①	②	②	③	②	③	①	④	②	③	①	④	③	①	③	②	④	④	②	③	①

01 ②

① 맞음, 시·도의 화재 예방·경계·진압 및 조사, 소방안전교육·홍보와 화재, 재난·재해 그 밖의 위급한 상황에서의 구조·구급 등의 업무를 수행하는 소방기관의 설치에 관하여 필요한 사항은 대통령령으로 정한다.(법 제3조 제1항)

② 틀림, 소방업무를 수행하는 소방본부장 또는 소방서장은 그 소재지를 관할하는 특별시장·광역시장·특별자치시장·도지사 또는 특별자치도지사의 지휘와 감독을 받는다. 소방청장은 화재 예방 및 대형 재난 등 필요한 경우 시·도 소방본부장 및 소방서장을 지휘·감독할 수 있다.(법 제3조 제2항 및 제3항)

③ 맞음, 시·도에서 소방업무를 수행하기 위하여 시·도지사 직속으로 소방본부를 둔다.(법 제3조 제4항)

④ 맞음, 소방기관 및 제4항의 소방본부에는 「지방자치단체에 두는 국가공무원의 정원에 관한 법률」에도 불구하고 대통령령으로 정하는 바에 따라 소방공무원을 둘 수 있다.(법 제3조의2)

02 ④

① 맞음, 「소방기본법」제4조제3항의 규정에 의한 종합상황실은 소방청과 특별시·광역시·특별자치시·도 또는 특별자치도의 소방본부 및 소방서에 각각 설치·운영하여야 한다.(규칙 제2조 제1항)

② 맞음, 소방청장, 소방본부장 및 소방서장은 화재, 재난·재해, 그 밖에 구조·구급이 필요한 상황이 발생하였을 때에 신속한 소방활동(소방업무를 위한 모든 활동을 말한다. 이하 같다)을 위한 정보의 수집·분석과 판단·전파, 상황관리, 현장 지휘 및 조정·통제 등의 업무를 수행하기 위하여 119종합상황실을 설치·운영하여야 한다.(법 제4조 제1항)

③ 맞음, 119종합상황실의 실장(종합상황실에 근무하는 자 중 최고 직위에 있는 자, 최고 직위에 있는 자가 2인 이상인 경우에는 선임자를 말한다))은 재난상황의 발생 신고 접수, 사고 수습, 하급 소방기관에 대한 출령지령 또는 동급 이상의 소방 및 유관 기관에 대한 지원요청, 재난상황의 전파 및 보고, 재난상황이 발생한 현장에 대한 지휘 및 피해현황의 파악, 재난상황 수습에 필요한 정보수집 및 제공 등의 업무를 수행한다.

④ 틀림, 소방본부에 설치하는 119종합상황실에는 대통령령으로 정하는 바에 따라 경찰공무원을 둘 수 있다.(시행 24.7.31. 법 제4조 제2항)

03 ①

① 맞음, 소방청장은 해당 시·도의 소방력만으로는 소방활동을 효율적으로 수행하기 어려운 화재, 재난·재해, 그 밖의 구조·구급이 필요한 상황이 발생하거나 특별히 국가적 차원에서 소방활동을 수행할 필요가 인정될 때에는 각 시·도지사에게 행정안전부령으로 정하는 바에 따라 소방력을 동원할 것을 요청할 수 있다. 동원 요청을 받은 시·도지사는 정당한 사유 없이 요청을 거절하여서는 아니 된다.(법 제11조의2 제1항 및 제2항)

04 ②

① 맞음, 관계인은 화재를 진압하거나 구조·구급 활동을 하기 위하여 상설 조직체(「위험물안전관리법」제19조 및 다른 법령에 따라 설치된 자체소방대를 포함한다)를 설치·운영할 수 있다.(시행, 2023. 5.16. 법 제20조의2 제1항)

② 틀림, 자체소방대는 소방대가 현장에 도착한 경우 소방대장의 지휘·통제에 따라야 한다.(법 제20조의2 제2항)

③ 맞음, 법 제20조의2 제3항 및 제4항의 규정이다.

④ 맞음, 법 제20조의2제3항에 따라 소방청장, 소방본부장 또는 소방서장은 같은 조 제1항에 따른 자체소방대의 역량 향상을 위하여 다음에 해당하는 교육·훈련 등을 지원할 수 있다.(규칙 제11조)
  1. 「소방공무원 교육훈련규정」제2조에 따른 교육훈련기관에서의 자체소방대 교육훈련과정
  2. 자체소방대에서 수립하는 교육·훈련 계획의 지도·자문
  3. 소방기관과 자체소방대와의 합동 소방훈련
  4. 소방기관에서 실시하는 자체소방대의 현장실습
  5. 그 밖에 소방청장이 자체소방대의 역량 향상을 위하여 필요하다고 인정하는 교육·훈련

05 ②

① 맞음, 소방활동종사명령에 따라 소방활동에 종사한 사람은 시·도지사로부터 소방활동의 비용을 지급받을 수 있다. 다만, 다음의 하나에 해당하는 사람의 경우는 그러하지 아니하다.(법 제24조 제3항)
  ㉠ 소방대상물에 화재, 재난·재해, 그 밖의 위급한 상황이 발생한 경우 그 **관계인**
  ㉡ 고의 또는 과실로 화재 또는 구조·구급 활동이 필요한 **상황을 발생시킨 사람**
  ㉢ 화재 또는 구조·구급현장에서 **물건을 가져간 사람**

② 틀림, 소방본부장, 소방서장 또는 소방대장은 사람을 구출하거나 불이 번지는 것을 막기 위하여 긴급하다고 인정할 때에는 화재가 발생하거나 불이 번질 우려가 있는 소방대상물 외의 소방대상물에 대하여 강제처분을 할 수 있다.(법 제25조 제2항)

③ 맞음, 시·도지사는 소방활동에 방해가 되는 주차 또는 정차된 차량의 제거나 이동을 위하여 견인차량과 인력 등을 지원한 자에게 시·도의 조례로 정하는 바에 따라 비용을 지급할 수 있다.(법 제25조 제5항)

④ 맞음, 정당한 사유 없이 소방용수시설 또는 비상소화장치를 사용하거나 효용을 해하거나 그 정당한 사용을 방해한 자는 5년 이하의 징역 또는 5천만 원 이하의 벌금에 처한다.

06 ③

① 맞음, 국가는 소방산업(소방용 기계·기구의 제조, 연구·개발 및 판매 등에 관한 일련의 산업)의 육성·진흥을 위하여 필요한 계획의 수립 등 행정상·재정상의 지원시책을 마련하여야 한다.(법 제39조의3)

② 맞음, 국가는 소방산업과 관련된 소방기술의 개발을 촉진하기 위하여 기

술개발을 실시하는 자에게 그 기술개발에 드는 자금의 전부나 일부를 출연하거나 보조할 수 있다.(법 제39조의5 제1항)
③ 틀림, 국가는 우수소방제품의 전시·홍보를 위하여「대외무역법」제4조 제2항에 따른 무역전시장 등을 설치한 자에게 다음에서 정한 범위에서 재정적인 지원을 할 수 있다.(법 제39조의5 제2항)
  ㉠ 소방산업전시회 운영에 따른 경비의 일부
  ㉡ 소방산업전시회 관련 국외 홍보비
  ㉢ 소방산업전시회 기간 중 국외의 구매자 초청 경비
④ 맞음, 소방청장은 소방기술 및 소방산업의 국제경쟁력과 국제적 통용성을 높이기 위하여 다음의 사업을 추진하여야 한다.(법 제39조의7 제2항)
  ㉠ 소방기술 및 소방산업의 국제 협력을 위한 조사·연구
  ㉡ 소방기술 및 소방산업에 관한 국제 전시회, 국제 학술회의의 개최 등 국제 교류
  ㉢ 소방기술 및 소방산업의 국외시장 개척
  ㉣ 그 밖에 소방기술 및 소방산업의 국제경쟁력과 국제적 통용성을 높이기 위하여 필요하다고 인정하는 사업

07 ④

①,② 맞음, 소방청장은 안전원에 대하여 업무·회계 및 재산에 관하여 필요한 사항을 보고하게 하거나, 소속 공무원으로 하여금 안전원의 장부·서류 그 밖의 물건을 검사하게 할 수 있고 보고 또는 검사의 결과 필요하다고 인정되면 시정명령 등 필요한 조치를 할 수 있다.(법 제48조)
③ 맞음, 소방청장은 이사회의 중요의결 사항, 회원의 가입·탈퇴 및 회비에 관한 사항, 사업계획 및 예산에 관한 사항, 기구 및 조직에 관한 사항, 그 밖에 소방청장이 위탁한 업무의 수행 또는 정관에서 정하고 있는 업무의 수행에 관한 사항의 업무를 감독하며, 이 중에서 사업계획 및 예산에 관하여는 소방청장의 승인을 얻어야 한다.(영 제0조 제1항 및 제2항)
④ 틀림, 소방청장은 **안전원의 업무감독**을 위하여 필요한 자료의 제출을 명하거나「소방시설 설치 및 관리에 관한 법률」제50조(권한의 위임·위탁),「소방시설공사업법」제33조(권한의 위임·위탁) 및「위험물안전관리법」제30조(권한의 위임·위탁 등)의 규정에 의하여 위탁된 업무와 관련된 규정의 개선을 명할 수 있다.

08 ②

② 틀림, 제25조 **제2항 및 제3항에 따른 처분**(화재가 발생하거나 불이 번질 우려가 있는 소방대상물·토지 외 소방대상물·토지에 대한 강제처분 및 소방활동에 방해되는 주정차 차량의 이동 처분)을 방해한 자 또는 정당한 사유 없이 그 처분에 따르지 아니한 자는 **300만원 이하의 벌금**에 처한다. 제25조 제1항에 따른 처분(화재가 발생한 소방대상물 등에 대한 강제처분)을 방해한 자 또는 정당한 사유 없이 그 처분에 따르지 아니한 자는 **3년 이하의 징역 또는 3천만원 이하의 벌금**에 처한다.

09 ③

① 맞음, 내화구조로 된 하나의 특정소방대상물이 개구부 및 연소 확대 우려가 없는 내화구조의 바닥과 벽으로 구획되어 있는 경우에는 그 구획된 부분을 각각 별개의 특정소방대상물로 본다. 성능위주설계를 해야 하는 범위를 정할 때에는 하나의 특정소방대상물로 본다.(영 별표2 비고)
② 맞음, 둘 이상의 특정소방대상물이 내화구조로 된 연결통로로 연결된 경우에는 연결통로가 벽이 없는 구조로서 그 길이가 6m 이하인 경우와 **벽이 있는 구조로서 그 길이가 10m 이하**인 경우에는 이를 하나의 특정소방대상물로 본다.

③ 틀림, 둘 이상의 특정소방대상물의 연결통로 또는 지하구와 소방대상물의 양쪽에 다음의 어느 하나에 적합한 경우에는 각각 별개의 특정소방대상물로 본다.
  ㉠ 화재 시 경보설비 또는 자동소화설비의 작동과 연동하여 자동으로 닫히는 자동방화셔터 또는 60분+ 방화문이 설치된 경우
  ㉡ 화재 시 자동으로 방수되는 방식의 드렌처설비 또는 개방형 스프링클러헤드가 설치된 경우
④ 맞음, 특정소방대상물의 지하층이 지하상가와 연결되어 있는 경우 해당 지하층의 부분을 지하상가로 본다.

10 ①

① 틀림, 내진설계 적용 대상이 되는 특정소방대상물에 설치해야 하는 소방시설은 다음과 같다.(영 제15조의2)
  ㉠ 옥내소화전설비
  ㉡ 스프링클러설비
  ㉢ 물분무등소화설비 : 물 분무 소화설비, 미분무소화설비, 포소화설비, 이산화탄소소화설비, 할론소화설비, 할로겐화합물 및 불활성기체소화설비, 분말소화설비, 강화액소화설비, 고체에어로졸소화설비

11 ④

① 맞음, 지하상가로서 연면적 1천 제곱미터 이상인 것은 제연설비, 무선통신보조설비, 스프링클러설비, 자동화재탐지설비를 설치해야 한다.
② 맞음, 근린생활시설 중 의원, 치과의원, 한의원으로 입원실이 있는 시설과 종합병원 등은 자동화재속보설비를 설치해야 한다.

자동화재 속보설비	· 치과병원, 한방병원, 병원, 종합병원, 한방병원 및 요양병원(의료재활시설 제외), 전통시장, 노유자생활시설 · 입원실이 있는 의원, 치과의원, 한의원, 조산원 및 조산원 · 노유자시설로서 바닥면적 500 이상 층이 있는 것 · 숙박시설이 있는 수련시설로서 바닥 500 이상 층이 있는 것
자동화재 탐지설비	· 요양병원, 지하구, 전통시장, 노유자생활시설 · 정신의료기관, 의료재활시설 바닥면적 300 이상 · 근린생활 연면적 600 이상, 목욕장 1,000 이상, 교육 연구시설, 수련시설 및 동물 및 식물 관련 시설 2,000 이상

③ 맞음, 수용인원이 100명 영화상영관은 공기호흡기, 제연설비, 휴대용비상조명등 등을 설치해야 한다.
④ 틀림, 터널로서 길이가 1,00미터 이상인 것은 옥내소화전설비, 연결송수관설비 및 자동화재탐지설비를 설치해야 한다.

12 ②

② 틀림, 펄프공장의 작업장은 스프링클러설비, 상수도소화용수설비 및 연결살수설비를 설치하지 아니할 수 있다.

구분	특정소방대상물	면제소방시설
화재 위험도가 낮은 특정소방대상물	불연성 건축재료 등의 가공공장·기계조립공장·주물공장	옥외소화전 및 연결살수설비
화재안전기준을 적용하기 어려운 특정소방대상물	펄프공장의 작업장, 음료수공장의 세정·충전 작업장	스프링클러설비, 상수도소화용수설비 및 연결살수설비
	정수장, 수영장, 목욕장, 농예·축산·어류양식용 시설	자동화재탐지설비, 상수도소화용수설비 및 연결살수설비
화재안전기준을 달리 적용해야 하는 특수한 용도·구조의 특정소방대상물	원자력발전소, 중·저준위 방사성폐기물의 저장시설	연결송수관설비 및 연결살수설비
자체소방대가 설치된 특정소방대상물	자체소방대가 설치된 위험물 제조소등에 부속된 사무실	옥내소화전설비, 소화용수설비, 연결살수설비 및 연결송수관설비

13 ③
① 맞음, 소방청에 중앙소방기술심의위원회를, 특별시·광역시·특별자치시·도 및 특별자치도에 지방소방기술심의위원회를 둔다.(법 제11조의2)
② 맞음, 법 제11조의2 제1항에 따른 중앙소방기술심의위원회는 성별을 고려하여 위원장을 포함한 60명 이내의 위원으로 구성한다. 회의는 위원장과 위원장이 회의마다 지정하는 6명 이상 12명 이하의 위원으로 구성하고, 중앙위원회는 분야별 소위원회를 구성·운영할 수 있다.(영 제18조의2 제1항, 제3항)
③ 틀림, 법 제11조의2 제2항에 따른 지방소방기술심의위원회는 위원장을 포함하여 5명 이상 9명 이하의 위원으로 구성한다.(영 제18조의2 제2항)
④ 맞음, 연면적 10만제곱미터 이상의 특정소방대상물에 설치된 소방시설의 설계·시공·감리의 하자 유무에 관한 사항과 새로운 소방시설과 소방용품의 도입여부에 관한 사항은 중앙소방기술심의위원회의 심의사항이다.

14 ①
① 맞음, 특정소방대상물의 관계인은 **해당 특정소방대상물의 소방시설등이 신설된 경우에는** 건축물을 사용할 수 있게 된 날부터 60일 이내에 자체점검하여야 한다.(법 제22조 제1항)
② 틀림, 간이스프링클러설비(주택전용 간이스프링클러설비는 제외한다) 또는 자동화재탐지설비가 설치된 특정소방대상물의 작동점검은 다음의 기술인력이 점검할 수 있다.
 ㉠ 관계인
 ㉡ 관리업에 등록된 기술인력 중 소방시설관리사
 ㉢ 「소방시설공사업법 시행규칙」별표 4의2에 따른 특급점검자
 ㉣ 소방안전관리자로 선임된 소방시설관리사 및 소방기술사
③ 틀림, 자체점검은 점검 장비를 이용하여 점검해야 하며, 연1회 이상(특급은 반기에 1회 이상) 실시한다.(규칙 별표 3)
④ 틀림, 작동점검은 특정소방대상물의 사용승인일(건축물의 경우에는 건축물관리대장 또는 건물 등기사항증명서에 기재되어 있는 날)이 속하는 달의 말일까지 실시한다. 다만 종합점검 대상은 종합점검을 받은 달부터 6개월이 되는 달에 실시한다.

15 ④
① 맞음, 방염성능기준 이상의 실내장식물 등을 설치하여야 하는 특정소방대상물은 다음과 같다.(영 제30조)
1. 근린생활시설 중 의원, 체력단련장, 공연장 및 종교집회장
2. 건축물의 옥내에 있는 문화 및 집회시설, 종교시설, 운동시설(수영장은 제외한다)
3. 의료시설, 교육연구시설 중 합숙소,
4. 노유자시설, 숙박이 가능한 수련시설, 숙박시설,
5. 다중이용업소, 방송통신시설 중 방송국 및 촬영소
6. 위의 시설에 해당하지 않는 것으로서 층수가 11층 이상인 것(아파트는 제외)
② 맞음, 창문에 설치하는 커튼류(블라인드 포함)와 카펫, 두께가 2밀리미터 미만인 벽지류(종이벽지는 제외), 암막, 무대막 등은 제조 또는 가공공정에서 방염처리를 한 물품에 해당된다.
③ 맞음, 실내장식물은 건축물 내부의 천장이나 벽에 부착하거나 설치하는 것으로서 가구류, 너비 10센티미터 이하인 반자돌림대 및 「건축법」제52조에 따른 내부마감재료는 제외한다.
④ 틀림, 대통령령에서 규정하는 방염성능기준 범위는 탄화한 면적의 경우 50제곱센티미터 이내, 탄화한 길이는 20센티미터 이내이다.

16 ③
① 맞음, 형식승인을 받은 자는 그 소방용품에 대하여 소방청장이 실시하는 제품검사를 받아야 한다.(법 제37조 제3항)
② 맞음, 형식승인의 방법·절차 등과 제품검사의 구분·방법·순서·합격 표시 등에 필요한 사항은 행정안전부령으로 정한다.(제4항)
③ 틀림, 하나의 소방용품에 두 가지 이상의 형식승인 사항 또는 형식승인과 성능인증 사항이 결합된 경우에는 두 가지 이상의 형식승인 또는 형식승인과 성능인증 시험을 함께 실시하고 하나의 형식승인을 할 수 있다.(법 제37조 제10항)
④ 맞음, 외국의 공인기관으로부터 인정받은 신기술 제품은 형식승인을 위한 시험 중 일부를 생략하여 형식승인을 할 수 있다.(제8항)

17 ③
① 맞음, 300만원 이하의 과태료 부과대상이며, 위반회수에 따라 1차 위반 100, 2차 위반 200, 3차 위반 300만원의 과태료를 부과한다.
② 맞음, 관계인에게 점검 결과를 제출하지 아니하거나 소속 기술인력의 참여 없이 자체점검을 한 관리업자는 위반횟수와 관계없이 300만원 과태료를 부과한다.
③ 틀림, 소방시설등의 점검결과의 지연 보고 기간이 1개월 이상이거나 보고하지 않은 경우에는 200만원의 과태료를 부과한다.
 ㉠ 지연 보고 기간이 10일 미만인 경우 : 50
 ㉡ 지연 보고 기간이 10일 이상 1개월 미만인 경우 : 100
 ㉢ 지연 보고 기간이 1개월 이상이거나 보고하지 않은 경우 : 200
 ㉣ 점검 결과를 축소·삭제하는 등 거짓으로 보고한 경우 : 300
④ 맞음, 등록사항 변경신고 또는 지위승계신고에서 지연 신고 기간이 1개월 이상 3개월 미만인 경우에는 100만원의 과태료를 부과한다.
 ㉠ 지연 신고 기간이 1개월 미만인 경우 : 50
 ㉡ 지연 신고 기간이 1개월 이상 3개월 미만인 경우 : 100
 ㉢ 지연 신고 기간이 3개월 이상이거나 신고하지 않은 경우 : 200
 ㉣ 거짓으로 신고한 경우 : 300

18 ①
① 틀림, 소방관서장은 화재안전조사를 실시하려는 경우 사전에 관계인에게 조사대상, 조사기간 및 조사사유 등을 우편, 전화, 전자메일 또는 문자전송 등을 통하여 통지하여야 한다.(법 제8조 제2항) 소방관서장은 화재안전조사를 실시하려는 경우 사전에 조사대상, 조사기간 및 조사사유 등 조사계획을 소방청, 소방본부 또는 소방서의 인터넷 홈페이지나 법 제16조제3항에 따른 전산시스템을 통해 7일 이상 공개해야 한다.(영 제8조 제2항)

19 ③
③ 틀림, 소방관서장은 옮긴 물건 등을 보관하는 경우에는 그 날부터 14일 동안 소방관서의 인터넷 홈페이지에 그 사실을 공고해야 하며 옮긴 물건 등의 보관기간은 공고기간의 종료일 다음 날부터 7일까지로 한다.
④ 맞음, 소방관서장은 보관기간이 종료된 때에는 보관하고 있는 옮긴 물건 등을 매각해야 한다. 다만, 보관하고 있는 옮긴 물건등이 부패·파손 또는 이와 유사한 사유로 정해진 용도로 계속 사용할 수 없는 경우에는 폐기할 수 있다. 소방관서장은 보관하던 옮긴 물건등을 매각한 경우에는 지체 없이 「국가재정법」에 따라 세입조치를 해야 한다.(영 제17조 제3항 및 제4항)

20 ②
① 맞음, 소방관서장은 대통령령으로 정하는 바에 따라 화재예방강화지구 안의 소방대상물의 위치·구조 및 설비 등에 대하여 화재안전조사를 연1회 이상 실시하여야 한다.(법 제18조 제3항 및 영 제20조 제1항)

② 틀림, 소방관서장은 화재예방강화지구 안의 관계인에 대하여 소방에 필요한 훈련 및 교육을 연 1회 이상 실시할 수 있다.(법 제18조 제5항 및 영 제20조 제2항)
③ 맞음, 소방관서장은 소방에 필요한 훈련 및 교육을 실시하려는 경우에는 화재예방강화지구 안의 관계인에게 훈련 또는 교육 10일 전까지 그 사실을 통보해야 한다.(영 제20조 제3항)
④ 맞음, **시 · 도지사**는 대통령령으로 정하는 바에 따라 화재예방강화지구의 지정 현황, 화재안전조사의 결과, 소방설비등의 설치 명령 현황, 소방훈련 및 교육 현황 등이 포함된 화재예방강화지구에서의 화재예방 및 경계에 필요한 자료를 매년 작성 · 관리하여야 한다.(법 제18조 제6항)

21 ④
위원장은 위원 중에서 호선하고, 위원은 다음의 사람으로 한다.
1. 화재안전과 관련되는 법령이나 정책을 담당하는 관계 기관의 소속 직원으로서 대통령령으로 정하는 사람
   ㉠ 행정안전부·산업통상자원부·보건복지부·고용노동부·국토교통부 화재안전 관련 법령이나 정책을 담당하는 고위공무원단에 속하는 일반직공무원(이에 상당하는 특정직공무원 및 별정직공무원 포함) 중에서 해당 중앙행정기관의 장이 지명하는 사람 각 1명
   ㉡ 소방청에서 화재안전 관련 업무를 수행하는 소방준감 이상의 소방공무원 중에서 소방청장이 지명하는 사람
2. 소방기술사 등 대통령령으로 정하는 화재안전과 관련된 분야의 학식과 경험이 풍부한 전문가로서 소방청장이 위촉한 사람
   ㉠ 소방기술사
   ㉡ 안전원, 기술원, 화재보험협회, 가스안전공사, 전기안전공사에서 화재안전 관련 업무를 수행하는 사람으로서 해당 기관이나 법인 또는 단체의 장이 추천하는 사람
   ㉢ 대학교나 공인된 연구기관에서 부교수 이상의 직(職) 또는 이에 상당하는 직에 있거나 있었던 사람으로서 화재안전 또는 관련 법령이나 정책에 전문성이 있는 사람

22 ④
① 맞음, **대행할 수 있는 소방안전관리대상물은 다음과 같다.**
   ㉠ 지상층의 층수가 11층 이상인 1급 소방안전관리대상물(연면적 1만5천제곱미터 이상인 특정소방대상물과 아파트는 제외한다)
   ㉡ 2급 또는 3급 소방안전관리대상물
② 맞음, 관리업자가 대행할 수 있는 소방안전관리업무는 다음과 같다.
   ㉠ 피난시설, 방화구획 및 방화시설의 관리
   ㉡ 소방시설이나 그 밖의 소방 관련 시설의 관리
③ 맞음, 자동화재탐지설비 또는 간이스프링클러설비가 설치된 3급 소방안전관리대상물의 경우 초급점검자 이상 1명 이상을 배치한다.
④ 틀림, 스프링클러설비, 물분무등소화설비 또는 제연설비가 설치된 1급 또는 2급 소방안전관리대상물의 경우에는 중급점검자 이상 1명 이상 배치할 수 있다. 다만 연면적 5천제곱미터 미만으로서 스프링클러설비가 설치된 1급 또는 2급 소방안전관리대상물의 경우에는 초급점검자를 배치할 수 있다.(규칙 별표 1)

23 ②
① 맞음, 소방안전관리대상물의 관계인은 그 장소에 근무하거나 거주하는 사람 등에게 소화·통보·피난 등의 훈련과 소방안전관리에 필요한 교육을 하여야 하고, 피난훈련은 그 소방대상물에 출입하는 사람을 안전한 장소로 대피하고 유도하는 훈련을 포함하여야 한다.
② 틀림, 소방안전관리대상물의 관계인은 소방훈련과 교육을 연 1회 이상 실시해야 한다. 다만, 소방서장이 화재예방을 위하여 필요하다고 인정하여 2회의 범위 안에서 추가로 실시할 것을 요청하는 경우에는 소방훈련과 교육을 추가로 실시해야 한다.(규칙 제36조 제1항)
③ 맞음, 소방본부장 또는 소방서장은 특급, 1급 소방안전관리대상물의 관계인으로 하여금 소방훈련을 소방기관과 합동으로 실시하게 할 수 있다.
④ 맞음, 전담 소방안전관리대상물(특급 또는 1급 소방안전관리대상물)의 관계인은 소방훈련 및 교육을 한 날부터 30일 이내에 소방훈련 및 교육 결과를 행정안전부령으로 정하는 바에 따라 소방본부장 또는 소방서장에게 제출하여야 한다.(법 제37조 제2항)

24 ③
② 맞음, 대통령령으로 정하는 불시 소방훈련·교육의 대상이 되는 특정소방대상물은 다음과 같다.(영 제39조)
   1. 의료시설, 교육연구시설, 노유자 시설
   2. 그 밖에 화재 발생 시 불특정 다수의 인명피해가 예상되어 소방본부장 또는 소방서장이 소방훈련·교육이 필요하다고 인정하는 특정소방대상물
③ 틀림, 불시 소방훈련·교육 실시 10일 전까지 불시 소방훈련·교육 계획서를 통지해야 한다.

25 ①
① 틀림, 소방안전관리자 자격증을 다른 사람에게 빌려주거나 빌리거나 이를 알선한 자는 1년 이하의 징역 또는 1천만원 이하의 벌금에 처한다. 다음의 어느 하나에 해당하는 자는 3년 이하의 징역 또는 3천만원 이하의 벌금에 처한다.
   1. 제14조제1항 및 제2항(화재안전조사 결과)에 따른 조치명령을 정당한 사유 없이 위반한 자
   2. 제28조제1항(소방안전관리자 선임명령) 및 제2항에 따른 명령(업무의 이행명령)을 정당한 사유 없이 위반한 자
   3. 제41조제5항(화재예방안전진단 결과)에 따른 보수·보강 등의 조치명령을 정당한 사유 없이 위반한 자
   4. 거짓이나 부정한 방법으로 안전진단기관으로 지정을 받은 자

제4회 소방전술

01	02	03	04	05	06	07	08	09	10	11	12	13	14	15	16	17	18	19	20	21	22	23	24	25
④	④	④	①	①	③	②	④	③	③	②	④	②	①	②	②	②	④	③	①	③	②	①	④	②

01 ④
소화의 용어
부촉매(억제) 소화법은 더 이상 연소생성물인 이산화탄소·일산화탄소·수증기 등의 생성을 억제시킴으로써 소화하는 원리로 <u>화학적</u> 소화방법에 해당한다.

02 ④
사다리를 이용한 진입요령
① 사다리는 1인을 원칙으로 하며 수직 전후 지지각도는 <u>75도 이하</u>를 원칙으로 한다.
② 베란다의 난간에는 강도가 약한 것이 많으므로 원칙적으로 설치하지 <u>않는다</u>.
③ 인접 건물로 진입할 때는 여러 개의 <u>복식사다리</u>를 이용한다.
④ 4층 진입 시 펌프차와 복식사다리의 병행에 의한 진입과 같은 방법으로 활용한다.

03 ④
저층 건물에서 농연의 흐름을 좌우하는 요소
① 화재로 인한 열
② 대류의 흐름
③ 연소 압력
④ 창문 등 개구부 개방을 통한 외부 바람
■ <u>고층건물</u>에서 농연은 이러한 요소에 더하여 굴뚝효과(연돌효과)와 공조시스템(공기조화 시스템, HVAC System)의 영향을 받는다.

04 ①
구조대상자 운반법(농연 중 구출) ▶ 암기 : 전등 모둬

■ 핵심
① 단거리 운반법 : 안아올려 / 전진 후퇴 / 양쪽겨드랑이 / 1인확보 / 등에 업고. ▶암기 : 안전 양쪽 1등
② 농연 중 구출 : 전진 후퇴 / 뒤로 옷깃을 끌어당겨 / 등에 업고 / 모포 등 이용. ▶암기 : 전등 모둬
③ ① 단거리 운반법 + ② 농연 중 구출 : 전진 또는 후퇴 포복 구출 / 등에 업고 포복 구출. ▶암기 : 전등
④ 허리 부상 피하는 구출 : 안아올려 / 끈 운반 / 메어서 / 1인확보
▶ 암기 : 안끈 메잎

05 ①
상업용 고층건물 화재 배연작전
사무실용 고층화재시 일반적으로 쓰이는 기본적 진입방법은 공조 시스템을 차단하고 배연작용 <u>없이</u> 화재를 진압하는 것이다. 배연작용 없이 화재를 진압하는 것은 예측할 수 없는 위험한 기류보다는 어떤 기류도 없는 것이 더 낫다는 믿음이다.

06 ③
도로터널화재 소방활동 상황
① 도로관리자 및 경찰기관으로부터 상하행선의 교통통제 상황 등을 확인하고 방재설비를 유효하게 활용한다.
② 화재종류에 따라 소방활동에 필요한 개인장비 등을 활동거점으로 집결하면서 활동한다.
③ 터널 내에 진입 시는 반드시 <u>엄호주수</u>로 안전을 확보하면서 활동한다.
④ 화재상황에 따라서는 풍하 측으로 무인방수탑차를 배치하여 인명구조활동에 활용한다.

07 ②
유리파괴의 일반적 유의사항
판유리의 파괴순서는 유리의 중량을 고려하여 <u>윗부분부터</u> 횡으로 파괴한다.

08 ④
지수밸브
① 지수밸브는 주 펌프의 <u>상부</u>에 설치되어 있다.
② 다이아프램이 불량이면 진공작용을 하지 못하고 방수 시 진공펌프를 통해 물이 나올 수 <u>있다</u>.
③ 진공펌프가 작동되면 펌프내부는 진공상태가 되어 이와 연결된 지수밸브 다이아프램이 아래쪽으로 내려가서 진공펌프와 주펌프실이 연결된 작은 통로가 <u>열린다</u>. - 이때 열린 통로로 주 펌프실 내부 공기가 진공펌프로 빨려 나가면서 주펌프 내부의 진공상태가 가속화 되면서 흡수관을 통한 외부의 물이 주 펌프 내부로 빨려 올라와 임팰러 날개를 통해 방수라인으로 방출하게 된다
④ 흡수가 완료되면 양수된 주 펌프실은 압력이 발생하고 이 압력으로 지수밸브의 다이아프램이 올려지면서 진공펌프로 통하는 통로가 막히고 주 펌프 물이 진공펌프로 가는 것을 막아준다

09 ③
간접공격법 효과와 판단
① 주수 중 실내에서 배출되는 연기, 증기량에서 다음과 같이 판단한다.
㉠ 제1단계 - 주수 초기 - 연기와 화염의 분출이 급격히 약해진다.
㉡ 제2단계 - 주수 중기 - 흑연에 백연이 섞여 점점 백연에 가깝다.
㉢ 제3단계 - <u>주수 종기</u> - 백연의 분출속도가 약한 것으로 일시 중지하여 내부 상황을 확인하고 작은 화점이 존재할 정도의 화세는 약하므로 서서히 내부에 진입하여 국소 주수로 수손방지에 유의하면서 잔화정리한다.

10 ③
선착대
소방대의 현장 도착시의 선착대 : 도착 순위가 통상 1~3착이 되거나 화재 접수로부터 5분 이내에 도착하는 출동대

11 ②
긴급자동차
"긴급자동차"란 다음 각 목의 자동차로서 그 본래의 긴급한 용도로 사용되고 있는 자동차를 말한다. (✪ 도로교통법 제2조 22번)
가. 소방차
나. 구급차
다. 혈액 공급차량
라. 그 밖에 대통령령으로 정하는 자동차(예 경찰용 자동차 중 범죄수사, 교통단속 등에 사용되는 자동차)

12 ④
백드래프트와 플래시오버의 비교
화재의 특수현상과 대처법에서 백드래프트에 관계된 내용으로 옳지 않은 것은? 상대적으로 산소공급 원활하지 <u>않다</u>.

13 ②
구조방법의 결정

| 구출방법의 결정 원칙 | ① 가장 안전하고 <u>신속</u>한 방법
② 상태의 <u>긴급성</u>에 맞는 방법
③ 현장의 상황 및 특성을 고려한 방법
④ 실패의 가능성이 가장 적은 방법
⑤ 재산 피해가 적은 방법
▶ 암기 : 가상현실제(▶ 골자 : 안신긴 현실제) |

14 ①
로프의 수명
로프는 <u>4년</u> 경과시부터 강도가 급속히 저하된다.

15 ②
공기톱
본체에 호스를 접속하고 용기 등 밸브를 전부 연다. 작업 시의 공기압력은 1Mpa(10kg/cm²) 이하를 준수한다. 적정압력은 0.7Mpa(7kg/cm²) 정도이다.

16 ②
수직맨홀 진입 및 탈출
탈출 시에는 진입의 역순으로 맨홀의 <u>내부</u>에서 호흡기 본체를 벗고 밖으로 나온 후에 면체를 벗는다.

17 ②
잠수복
일반적으로 수온이 13℃ 이하로 낮아지면 건식잠수복을 착용하고, 수온이 <u>24℃</u> 이하에서는 발포고무로 만든 습식잠수복을 착용하도록 한다.

18 ④
잠수용어 중 총잠수시간
총 잠수시간 : 재 잠수때에 적용할 잠수시간의 결정은 총잠수시간으로 전 잠수로 인해 줄어든 시간(잔류 질소시간)과 실제 재 잠수시간을 <u>합하여</u> 나타낸다.

19 ③
화재가 콘크리트에 미치는 영향
① 변색
  ❶ 230℃까지는 정상 (*^^ 연홍색➡ 붉은색➡ 회색➡ 황갈색 순)
    ▶ 연붉회황
  ❷ 290℃~590℃ : 연홍색이 붉은색(적색)으로 변색
  ❸ 590℃~900℃ : <u>붉은색이 회색으로 변색</u> (*^^ 59붉은회)
  ❹ 900℃ 이상 : 회색이 황갈색으로 변색(석회암은 흰색으로 변색)

20 ①
전염질환의 특징
① B형 간염(Hepatitis B) - B형 간염(HBV)은 간에 직접적인 영향을 미치는 치명적인 바이러스로 혈액 또는 체액에 의해 전파된다.
② 결핵(Tuberculosis) - 약에 대한 내성이 쉽게 생기며 몸이 약해지면 다시 재발하는 질병으로 가래나 기침에 의한 호흡기계 분비물(비말 등)로 <u>공기 전파된다.</u>
③ AIDS(Acquired Immune Deficiency Syndrome)
  피부접촉, 기침, 재채기, 식기도구의 공동사용으로는 <u>감염되지 않으나</u> 감염자의 혈액 또는 체액에 접촉 시 <u>감염될 수 있다.</u> - 정액을 포함한 성관계, 침, 혈액, 소변, 배설물(= 똥·오줌·땀 등)

21 ③
연성부목
진공부목은 내부를 진공상태로 만들면 특수소재가 견고하게 변하여 고정되는 부목으로, 심하게 각이 졌거나 구부러진 곳에서 효과적으로 <u>사용된다</u>.

22 ②
성인의 중증도 분류
① 원통형 화상, 전기화상 - 중증환자
② 체표면적 <u>2% 미만의 3도 화상인 모든 환자 - 경증환자</u>
③ 체표면적 10% 이상의 3도 화상인 모든 환자 - 중증환자
④ 체표면적 2% 이상 - 10% 미만의 3도 화상인 모든 화상 - 중등도환자
(※ 참고: "중등도"를 기준으로 숫자가 적으면 경증으로 기억한다)

23 ①
분리형 들것
다발성 외상환자처럼 환자 움직임을 최소화하여 이동 가능하며 긴척추고정판에 옮길 때 사용할 수 있는 것은 분리형 들것에 해당한다.

24 ④
변형된 트렌델렌버그 자세 (※ 트렌델렌버그 : 독일의 외과의사 이름.)
머리와 가슴은 수평 되게 유지 하고 다리를 45°로 올려주는 자세. - 혈액이 심장으로 돌아오는 정맥 귀환량을 증가시켜 심박 출력을 강화하는 데 효과가 있기 때문에 "쇼크자세"로 사용 된다.

25 ②
의식상태 평가에서의 분류
A - 환자가 <u>스스로 눈을 뜨고</u> 질문에 분명한 답변을 한다.
* 참고:
① A(Alert) : 의식명료(정상)
② V(Verbal stimuli) : 언어지시반응(신음소리도)
③ P(Pain stimuli) : 통증자극에만 반응
④ U(Unresponse) : 무반응(어떠한 자극에도)

제5회 소방법령 I

01	02	03	04	05	06	07	08	09	10	11	12	13	14	15	16	17	18	19	20	21	22	23	24	25
③	②	①	②	③	④	①	②	①	③	②	③	④	③	①	④	③	①	②	③	④	①	③	②	①

01 ③
① 맞음, 대통령은 소방공무원법 제6조 제3항에 따라 소방청과 그 소속기관의 소방정 및 소방령에 대한 임용권과 소방정인 지방소방학교장의 임용권을 소방청장에게 위임한다.
② 맞음, 시·도지사는 소방정인 지방소방학교장에 대한 휴직, 직위해제, 정직 및 복직에 관한 권한과 시·도 소속 소방경 이하의 소방공무원에 대한 임용권을 가진다.
③ 틀림, 시·도지사는 위임에 의해 소방준감인 서울종합방재센터장에 대한 임용권을 가진다.
  ㉠ 시·도지사는 대통령의 위임에 의해 소속 소방령 이상에 대한 신규채용, 승진, 강임, 파견, 면직, 해임, 파면의 임용권을 갖는다.
  ㉡ 시·도지사는 소방청장의 위임에 의해 소속 소방령 이상 소방준감 이하의 소방공무원에 대한 전보, 휴직, 직위해제, 강등, 정직 및 복직의 임용권을 갖는다.
④ 맞음, 소방서장은 소속 소방경 이하의 해당 기관 안에서의 전보권과 소속 소방위 이하 소방공무원에 대한 휴직·직위해제·정직 및 복직에 대한 임용권을 가진다.

02 ②
① 맞음, 소방공무원의 인사에 관한 중요사항에 대하여 소방청장의 자문에 응하게 하기 위하여 소방청에 소방공무원인사위원회를 둔다. 다만, 시·도지사가 임용권을 행사하는 경우에는 시·도에 인사위원회를 둔다. (법 제4조 제1항)
② 틀림, 소방공무원인사위원회는 위원장을 포함한 5명 이상 7명 이하의 위원으로 구성하며, 위원은 인사위원회가 설치된 기관의 장이 소속 소방정 이상 소방공무원 중에서 임명한다.
③ 맞음, 인사위원회에 간사 약간 인을 둔다. 간사는 인사위원회가 설치된 기관의 장이 소속 공무원 중에서 임명한다. 간사는 위원장의 명을 받아 인사위원회의 사무를 처리한다.(임용령 제11조)
④ 맞음, 인사위원회는 다음의 사항을 심의한다.(법 제5조)
  ㉠ 소방공무원의 인사행정에 관한 방침과 기준 및 기본계획에 관한 사항
  ㉡ 소방공무원의 인사에 관한 법령의 제정·개정 또는 폐지에 관한 사항
  ㉢ 그 밖에 소방청장 및 시·도지사가 인사위원회의 회의에 부치는 사항

03 ①
① 틀림, 5년 이내에 소방공무원으로 임용할 수 있다. 직위가 없어지거나 과원이 되어 퇴직한 소방공무원이나 신체·정신상의 장애로 장기 요양이 필요하여 휴직하였다가 휴직기간이 만료되어 퇴직한 소방공무원을 채용하는 경우에 퇴직한 날부터 3년(「공무원 재해보상법」에 따른 공무상 부상 또는 질병으로 인한 휴직의 경우에는 5년) 이내에 퇴직 시에 재직하였던 계급 또는 그에 상응하는 계급의 소방공무원으로 재임용할 수 있다.
② 맞음, 소방공무원 외의 공무원으로서 소방기관에서 특수기술부문에 근무한 경력이 2년 이상으로서 해당 임용예정계급에 상응하는 근무경력이 1년 이상인 사람을 소방령 이하로 임용할 수 있다.
③ 맞음, 경위 이하의 경찰공무원으로서 최근 5년 이내에 화재감식 또는 범죄수사업무에 종사한 경력 2년 이상인 사람을 소방위 이하로 임용할 수 있다.(임용령 제15조 제8항)
④ 맞음, 소방업무에 경험이 있는 의용소용대원을 소방사 계급의 소방공무원으로 임용하는 경우 그 지역에 소방서·119지역대 또는 119안전센터가 처음 설치된 날로부터 1년 이내에 그 지역의 소방공무원으로 임용할 수 있다. 이 경우 경력경쟁채용등을 할 수 있는 인원은 처음으로 설치되는 소방서·119지역대 또는 119안전센터의 공무원의 정원 중 소방사 정원의 3분의 10l내로 한다.

04 ②
① 맞음, 소방청장은 전문성이 특히 요구되는 직위를 「공무원임용령」 제43조의3에 따른 전문직위로 지정하여 관리할 수 있다.(소방공무원임용령 제27조의2 제1항, 신설 2022.4.5.)
② 틀림, 전문직위에 임용된 소방공무원은 3년의 범위에서 소방청장이 정하는 기간이 지나야 다른 직위로 전보할 수 있다. 다만, 직무수행에 필요한 능력·기술 및 경력 등의 직무수행요건이 같은 직위 간 전보 등 소방청장이 정하는 경우에는 기간에 관계없이 전보할 수 있다.
④ 맞음, 소방공무원을 전문직위로 전보하는 경우에는 1년 이내에 전보할 수 있다.(임용령 제28조 제1항 제4의2호)

05 ③
③ 틀림, 채용후보자로서 임용에 응하지 않은 경우는 채용후보자의 자격상실의 사유이다. 임용권자 또는 임용제청권자는 채용후보자가 다음의 하나에 해당하는 경우에는 채용후보자명부의 유효기간의 범위 안에서 기간을 정하여 임용 또는 임용제청을 유예할 수 있다.(임용령 제20조 1항)
  ㉠ 학업의 계속
  ㉡ 6월 이상의 장기요양을 요하는 질병이 있는 경우
  ㉢ 「병역법」에 따른 병역의무복무를 위하여 징집 또는 소집되는 경우
  ㉣ 임신하거나 출산한 경우
  ㉤ 그 밖에 임용 또는 임용제청의 유예가 부득이하다고 인정되는 경우

06 ④

① 맞음, 소방간부후보생이 소방위로 임용되기 전에 소방공무원교육훈련기관에서 받은 교육훈련기간은 시보임용기간에 포함하며, 소방위의 시보임용기간은 1년이므로 시보임용은 면제된다.
② 맞음, 임용권자 또는 임용제청권자는 시보임용기간 중의 소방공무원에 대하여 근무상황을 항상 지도·감독하여야 한다.(임용령 제22조 제1항)
③ 맞음, 시보임용 기간 중에 있는 소방공무원이 근무성적 또는 교육훈련성적이 불량할 때에는 면직시키거나 면직을 제청할 수 있다.(법 제10조 제4항)
④ 틀림, 임용권자 또는 임용제청권자는 시보소방공무원이 다음의 하나에 해당하여 정규소방공무원으로 임용함이 부적당하다고 인정되는 경우에는 22조의2에 따른 임용심사위원회의 의결을 거쳐 면직시키거나 면직을 제청할 수 있다.(임용령 제22조 제2항)
㉠ 교육훈련과정의 졸업요건을 갖추지 못한 경우
㉡ 교육훈련을 받는 중 질병, 병역복무 또는 그 밖에 교육훈련을 계속할 수 없는 불가피한 사정 외의 사유로 퇴교처분을 받은 경우
㉢ 근무성적 또는 교육훈련 성적이 매우 불량하여 성실한 근무수행을 기대하기 어렵다고 인정되는 경우
㉣ 소방공무원으로서 품위를 크게 손상하는 행위를 함으로써 소방공무원으로서의 직무를 수행하기 곤란하다고 인정되는 경우
㉤ 법 또는 법에 따른 명령을 위반하여 중징계 사유에 해당하는 비위를 저지른 경우
㉥ 법 또는 법에 따른 명령을 위반하여 경징계 사유에 해당하는 비위를 2회 이상 저지른 경우

07 ①

① 틀림, 임용권자는 파면·해임·면직된 자의 복귀 시에 해당 기관에 그에 해당하는 계급의 결원이 없는 경우에는 그 계급의 정원에 최초로 결원이 생길 때까지 해당 계급에 해당하는 소방공무원을 보직 없이 근무하게 할 수 있다.(임용령 제25조)
② 맞음, 임용권자는 소속 소방공무원을 연속하여 3회 이상 소방서장으로 보직해서는 안 된다. 다만, 인사운영상 필요한 경우에는 제외한다.
③ 맞음, 신규채용을 통해 소방사로 임용된 사람은 최하급 소방기관에 보직해야 한다. 다만 행정안전부령이 정하는 자격증소지자를 해당 자격 관련 부서에 보직하는 경우에는 그렇지 않다.
④ 맞음, 소방공무원법 제20조 제3항에 의하여 위탁교육훈련을 받은 소방공무원의 최초보직은 소방공무원교육훈련기관의 교수요원으로 하여야 한다. 위탁교육훈련이수자를 교수요원으로 보직할 수 없거나 곤란한 경우 교육훈련의 내용과 관계되는 직위에 보직하여야 한다.(임용령 제27조)

08 ②

② 틀림, 임용권자를 달리하는 기관간의 전보가 특례로 인정되는 것은 소방공무원의 일반적인 필수보직기간 1년에 대한 경우이며, 경력경쟁채용자의 경우는 적용되지 아니한다.

경채의 구분	필수보직기간	
퇴직공무원 재임용 5급 공채시험· 변호사시험 합격자	2년(다른 직위 또는 임용권자를 달리하는 기관 전보제한)	·최저단위 보조기관 내 ·기구개편 등 ·승진 또는 강임의 경우(직급에 맞는 직위로 전보) ·징계처분 받은 경우 ·형사사건 관련 수사기관 조사
연구·근무실적자 기술교육 이수자 자격증소지자 외국어 통역자 경찰공무원	5년(다른 직위 또는 임용권자를 달리하는 기관 전보제한)	
의용소방대원 경력자의 임용	5년(최초 임용기관 외의 다른 기관 전보 제한)	폐직 또는 과원으로 전보

09 ①

① 틀림, 다음의 사유로 소속 소방공무원(시·도지사가 임용권을 행사하는 소방공무원은 제외한다)을 파견하거나 그 파견기간을 연장하는 경우에는 인사혁신처장과 협의하여야 한다.(임용령 제30조 제4항)
㉠ 국제기구 등에서의 업무수행 및 능력개발을 위하여 필요한 경우
㉡ 다른 기관의 업무폭주로 인한 행정지원의 경우
㉢ 다른 국가기관 등에서의 국가적 사업을 수행하기 위하여 특히 필요한 경우
㉣ 관련기관간의 긴밀한 협조가 필요한 특수업무를 공동수행하기 위하여 필요한 경우
㉤ 국내 연구기관에서의 업무수행·능력개발 등을 위하여 필요한 경우

10 ③

③ 맞음, 임용령 제30조 제1항에 따른 1년 이상의 파견 또는 소방청과 그 소속기관 소속 공무원, 소방본부장 및 지방소방학교장에 대한 6개월 이상 교육훈련을 위한 파견으로 별도정원에 해당하여 결원을 보충하는 경우에 소방청장은 미리 행정안전부장관과 협의하여야 하며, 시·도지사는 행정안전부장관의 승인을 받아야 한다. 다만, 시·도지사가 임용권을 행사하는 소방령 이하의 소방공무원을 보충하는 경우에는 행정안전부장관의 승인을 받지 않고 보충할 수 있다.(임용령 제31조)

11 ②

② 틀림, 시·도 간 소방행정의 균형 있는 발전을 위한 인사교류는 시·도 소속 소방령 이상의 소방공무원을 교류하는 경우이다. 다음에 해당하는 경우 시·도 상호 간에 소방공무원의 인사교류계획을 수립하여 실시할 수 있다. 인사교류의 인원(소방공무원의 연고지배치를 위하여 실시하는 인원은 제외)은 필요한 최소한으로 하되, 소방청장이 시·도 간 교류 인원을 정할 때에는 미리 해당 시·도지사의 의견을 들어야 한다.(임용령 제29조 제1항 및 제2항)
1. 시·도 간 인력의 균형 있는 배치와 소방행정의 균형 있는 발전을 위하여 시·도 소속 소방령 이상의 소방공무원을 교류하는 경우
2. 시·도의 협조체제 증진 및 소방공무원의 능력발전을 위하여 시·도간 교류하는 경우
3. 시·도 소속 소방경 이하의 소방공무원의 연고지 배치를 위하여 필요한 경우

12 ③

① 맞음, 소방공무원은 성명·주소 기타 인사기록의 기록내용을 변경하여야 할 정당한 사유가 있는 때에는 그 사유가 발생한 날부터 30일 이내에 소속 인사기록관리자에게 신고해야 한다.(규칙 제14조)
② 맞음, 인사기록은 인사기록관리자, 인사기록관리담당자, 본인, 기타 소방공무원 인사자료의 보고 등을 위하여 필요한 자를 제외하고는 이를 열람할 수 없다.(규칙 제15조 제1항)
③ 틀림, 본인 및 인사자료의 보고 등을 위하여 필요한 자가 인사기록을 열람하는 경우에는 인사기록관리자의 허가를 받아 인사기록관리담당자의 참여하에 정해진 장소에서 열람하여야 한다.(규칙 제15조 제2항)
④ 맞음, 인사기록관리자는 다음에 해당하는 경우 인사기록을 재작성할 수 있다.(규칙 제12조 제5항)
㉠ 분실한 때
㉡ 파손 또는 심한 오손으로 사용할 수 없게 된 때
㉢ 정정부분이 많거나 기록이 명백하지 않아 착오를 일으킬 염려가 있는 때
㉣ 기타 인사기록관리자가 필요하다고 인정한 때

13 ④
  ④ 맞음, 소방위 이하 소방공무원의 의 승진소요최저근무연수가 1년이다. 최저근무연수는 다음과 같다.(시행, 24.9.30.)
    ㉠ 소방정 : 3년
    ㉡ 소방령·소방경 : 2년
    ㉢ 소방위·소방장·소방교·소방사 : 1년

14 ③
  ③ 맞음, 정직처분일로부터 26개월 동안 승진임용이 제한된다.
    1. 승진임용 제한기간 : 정직 2월의 징계처분을 받은 경우 정직 2월의 집행이 종료된 날로부터 기산하여 18개월 동안 승진임용이 제한된다.
    2. 승진임용 제한기간의 가산 : 금품 및 향응 수수, 예산 및 기금, 국고금·물품 등의 횡령·유용·절도, 소극행정, 음주운전, 성폭력, 성희롱 또는 성매매로 인한 강등, 정직, 감봉, 견책 등의 징계처분의 경우에는 6개월을 더하게 된다.
    3. 정직처분일부터 승진임용의 제한되는 기간을 계산하면 정직처분기간 2개월 + 승진임용 제한기간 18개월 + 소극행정, 음주운전 및 성희롱으로 인한 가산기간 6개월이므로 총 26개월이다.

15 ①
  ① 틀림, 소방공무원이 국외 파견 등 교육훈련으로 인하여 실제 근무기간이 1개월 미만인 경우에는 직무에 복귀한 후 첫 번째 정기평정을 하기 전까지 최근 2회의 근무성적평정결과의 평균을 해당 소방공무원의 평정으로 본다.(승진임용규정 제8조 제2항) 소방공무원이 휴직, 직위해제나 그 밖의 사유로 근무성적평정 대상기간 중 실제 근무기간이 1개월 미만인 경우에는 근무평정을 하지 아니한다.
  ② 맞음, 소방공무원이 6월 이상 국가기관·지방자치단체에 파견근무하는 경우에는 파견 받은 기관의 의견을 참작하여 근무성적을 평정하여야 한다.(승진임용규정 제8조 제3항)
  ③ 맞음, 정기평정이후에 신규채용 또는 승진임용된 소방공무원에 대하여는 2월이 경과한 후의 최초의 정기평정일에 평정해야 한다. 다만, 강임된 공무원이 승진임용된 경우에는 강임되기 전의 계급에서의 평정을 기준으로 하여 즉시 평정하여야 한다.(승진임용규정 제8조 제5항)
  ④ 맞음, 소방공무원이 소방청과 시·도 간 또는 시·도 상호 간에 인사교류된 경우에는 인사교류 전에 받은 근무성적평정을 해당 소방공무원의 평정으로 한다.(승진임용규정 제8조 제2항)

16 ④
  ① 맞음, 경력평정과 교육훈련성적평정을 하는 경우 평정자는 소속된 소방공무원 인사 담당 공무원이, 확인자는 평정자의 직근 상급 감독자가 된다.(규칙 제11조)
  ② 맞음, 경력평정대상기간의 산정기준은 승진소요최저근무연수 계산방법에 따른다. 다만, 승진임용제한기간 및 소방공무원으로 신규임용될 사람이 받은 교육훈련기간은 경력평정대상기간에 포함한다.(규칙 제10조 제1항)
  ④ 틀림, 기본경력과 초과경력의 평정대상기간이 같은 것은 소방경 계급의 경우이다.

	평정기간	기본경력	초과경력	총평정점
소방정	5	3	2	30점 (기본26+초과4)
소방령	7	3	4	
소방경	6	3	3	
소방위	5	2	3	25점 (기본22+초과3)
소방장	3	2	1	
소방교	2	1년 6개월	6개월	
소방사	2	1년 6개월	6개월	

17 ③
  ① 맞음, 보통승진심사위원회는 위원장을 포함하여 5명 이상 9명 이하의 위원으로 구성한다. 중앙승진심사위원회는 위원장을 포함하여 5명 이상 7명 이하의 위원으로 구성한다.
  ② 맞음, 보통승진심사위원회의 위원장 및 위원은 해당 보통승진심사위원회가 설치된 기관의 장이 다음 구분에 따른 사람 중에서 임명하거나 위촉한다.

소방청 및 시·도 보통승진심사위원회	승진심사대상자보다 상위 계급의 소방공무원 또는 외부전문가
기타 보통승진심사위원회	승진심사대상자보다 상위계급의 소방공무원

  ③ 틀림, 승진심사위원회는 승진심사위원회가 설치된 기관의 장이 필요하다고 인정할 때에 소집한다.(승진임용규정 제20조 제1항)
  ④ 맞음, 회의는 재적위원 3분의 2 이상의 출석과 출석위원 과반수의 찬성으로 의결한다. 승진심사위원회의 회의는 비공개로 한다.(승진임용규정 제20조 제1항 및 제2항)

18 ①
  ① 틀림, 대우공무원으로 선발되기 위해서는 소방공무원 승진임용규정의 승진소요최저근무연수를 경과한 소방정 이하 계급의 소방공무원으로서 해당 계급에서 다음의 구분에 따른 기간 동안 근무해야 한다.(개정 24.6.20.)
    ㉠ 소방정 및 소방령 : 7년 이상
    ㉡ 소방경, 소방위, 소방장, 소방교 및 소방사 : 4년 이상

19 ②
  ① 맞음, 순직자의 특별승진에 있어서는 승진임용 구분별 임용비율과 승진임용예정 인원수의 책정, 승진소요최저근무연수 및 승진임용의 제한규정을 적용하지 아니한다.(승진임용규정 제41조)
  ② 틀림, 직무수행능력 탁월 및 포상 유공자의 특별승진은 승진소요최저근무연수의 규정을 적용하지 않되, 승진임용이 제한되지 아니한 사람 중에서 실시한다.(개정 24.1.2.)
  ③ 맞음, 창안등급 동상 이상 받은 유공자 및 직무정려 유공자의 특별승진은 승진소요최저근무연수의 3분의2 이상이 되고, 승진임용이 제한되지 아니한 사람 중에서 실시한다.
  ④ 맞음, 명예퇴직 공적자의 특별승진은 승진임용이 제한되지 아니한 사람 중에서 행한다. 다만「소방공무원교육훈련규정」에 따른 신임교육과정을 졸업하지 못하거나 소방정책관리자교육과정 또는 관리역량교육을 수료하지 못한 사람에 해당하는 경우는 제외한다.(승진임용규정 제41조 제3항)

20 ③
  ① 맞음, 소방장을 소방위로 근속승진임용하려는 경우 해당 계급에서 6년 6개월 이상 근속하여야 한다. 소방사는 4년 이상, 소방교는 5년 이상, 소방위는 8년 이상 근속해야 한다.(법 제15조 제1항)
  ② 맞음, 근속승진 후보자는 승진대상자명부에 등재되어 있는 사람으로 한다.(승진임용규정 제6조의2 제4항)
  ③ 틀림, 임용권자는 소방경으로 근속승진임용을 위한 심사를 할 때에는 연도별로 합산하여 해당 기관의 근속승진 대상자의 100분의 50에 해당하는 인원수(소수점 이하가 있는 경우에는 1명을 가산한다)를 초과하여 근속승진임용할 수 없다.(승진임용규정 제6조의2 제5항, 개정 24.6.27.)
  ④ 맞음, 임용권자는 소방경 근속승진심사를 실시하려는 경우 근속승진임용일 20일 전까지 해당 기관의 근속승진 대상자 및 근속승진임용 예정 인원을 소방청장에게 보고해야 한다.

21 ④
- ㉠ 소방공무원은 휴무일이나 근무시간 외에 공무가 아닌 사유로 3시간 이내에 직무에 복귀하기 어려운 지역으로 여행하려는 경우에는 소속 소방기관의 장에게 신고하여야 한다. 다만, 비상근무 등 소방업무상 특별한 사정이 있어 소방기관의 장이 정하는 기간 중에는 소속 소방기관의 장의 허가를 받아야 한다.(소방공무원 복무규정 제4조)
- ㉡ 소방기관의 장은 근무성적이 뛰어나거나 다른 소방공무원의 모범이 될 공적이 있는 소방공무원에게 1회 10일 이내의 포상휴가를 줄 수 있다. 이 경우 포상휴가기간은 연가일수에 산입(算入)하지 아니한다.(소방공무원 복무규정 제9조)

22 ①
① 틀림, 소방청장은 매년 11월 30일까지 다음 연도의 소방공무원 교육훈련에 관한 기본정책 및 기본지침을 수립하여 시·도지사와 교육훈련기관의 장에게 통보해야 한다.
② 맞음, 교육훈련기관의 장은 기본정책 및 기본지침에 따라 다음 연도의 교육훈련계획을 수립하여 매년 12월 31일까지 소방청장에게 제출해야 하며, 교육훈련의 준비 및 교육훈련대상자의 선발을 위하여 지체 없이 관계 소방기관의 장에게 통보해야 한다.
③ 맞음, 소방기관장, 임용권자 또는 임용제청권자는 교육훈련계획에 따라 채용후보자명부 등재순위, 신규채용일 또는 승진임용일, 계급, 담당업무, 경력 및 건강상태 등을 고려하여 교육훈련과정별 목적에 적합한 사람을 교육훈련대상자로 선발해야 하며, 교육훈련 개시 10일 전까지 교육훈련대상자의 명단을 해당 교육훈련기관의 장에게 통보해야 한다.
④ 맞음, 교육훈련기관의 장은 교육을 받은 자의 교육훈련성적을 교육훈련 수료 또는 졸업 후 10일 이내에 그 소방기관장등에게 통보해야 한다.

23 ③
③ 틀림, ③은 소방교육훈련정책위원회의 심의·조정사항이다. 교육훈련기관의 장은 기본정책 및 기본지침에 따라 다음의 사항이 포함된 교육훈련계획을 수립해야 한다.(교육훈련규정 제14조)
1. 교육훈련의 기본방향
2. 교육훈련과정
3. 과정별 교육훈련의 목표·교수요목·기간·대상 및 인원
4. 교육훈련 수요조사의 결과 및 교육대상자의 선발계획
5. 교재 편찬계획
6. 교육훈련성적의 평가방법
7. 그 밖에 교육훈련기관의 장이 필요하다고 인정하는 사항

24 ②
① 맞음, 파면은 처분을 받은 날부터 5년간, 해임은 처분을 받은 날부터 3년간 공무원 임용 자격이 제한되는 배제징계이며, 중징계에 속한다.
② 틀림, 강등은 1계급 아래로 직급을 내리고 신분은 보유하나 3개월 간 직무에 종사하지 못하고, 보수는 전액을 감한다.
③ 맞음, 감봉은 1개월 이상 3개월 이하의 기간으로 하며, 직무에는 종사하나 보수의 3분의 1을 감한다.
④ 맞음, 금품 및 향응 수수, 공금의 횡령·유용 등의 징계처분과 성폭력, 성희롱 또는 성매매로 인한 징계처분의 경우 승진임용 제한기간은 6개월을 더한 기간으로 한다.(시행 18.7.17.)

25 ①
① 틀림, 징계위원회의 민간위원은 특정 성별의 인원이 민간위원 수의 10분의 6을 초과하지 않도록 해야 하며, 위촉되는 민간위원의 임기는 3년이며, 한 차례만 연임할 수 있다.
② 맞음, 대학에서 법률학·행정학 또는 소방 관련 학문을 담당하는 부교수로 재직 중인 사람은 시·도 및 소방서에 설치된 징계위원회의 민간위원의 자격이 있다.
③ 맞음, 징계의결등 요구를 받은 징계위원회는 그 요구서를 받은 날부터 30일 이내에 징계의결등을 해야 한다. 다만, 부득이한 사유가 있을 때에는 해당 징계위원회의 의결로 30일 이내의 범위에서 그 기한을 연기할 수 있다.(소방공무원징계령 제11조 제1항)
④ 맞음, 징계위원회는 위원 과반수(과반수가 3명 미만인 경우에는 3명 이상)의 출석으로 개의(開議)하고 출석위원 과반수의 찬성으로 의결한다.(소방공무원징계령 제14조)

제5회 소방법령 II

01	02	03	04	05	06	07	08	09	10	11	12	13	14	15	16	17	18	19	20	21	22	23	24	25
①	③	②	④	④	①	③	①	③	④	②	①	③	④	④	③	②	④	①	②	④	②	③	④	③

01 ①
① 틀림, 소방청장은 소방업무에 관한 종합계획을 관계 중앙행정기관의 장과의 협의를 거쳐 계획 시행 전년도 10월 31일까지 수립하여야 한다. (영 제1조의2 제1항)
②,③ 맞음, 재난·재해 환경 변화에 따른 소방업무에 필요한 대응 체계 마련과 장애인, 노인, 임산부, 영유아 및 어린이 등 이동이 어려운 사람을 대상으로 한 소방활동에 필요한 조치는 종합계획의 포함 내용으로 소방업무의 효율적 수행을 위하여 필요한 사항으로서 대통령령으로 정하는 사항이다.
④ 맞음, 시·도지사는 종합계획의 시행에 필요한 세부계획을 계획 시행 전년도 12월 31일까지 수립하여 소방청장에게 제출하여야 한다.

02 ③
③ 틀림, 체험실 중 생활안전분야에서 화재안전 체험실과 시설안전 체험실은 필수적인 체험실이며, 전기안전 체험실, 가스안전 체험실, 작업안전 체험실, 여가활동 체험실 및 노인안전 체험실은 선택적 체험실이다.
④ 맞음, 체험실별 체험교육을 총괄하는 교수요원은 소방공무원 중 다음에 해당하는 사람이어야 한다.
  ㉠ 소방 관련학과의 석사학위 이상을 취득한 사람
  ㉡ 소방안전교육사, 소방시설관리사, 국가기술자격법에 따른 소방기술사 또는 소방설비기사 자격을 취득한 사람
  ㉢ 간호사 또는 응급구조사 자격을 취득한 사람
  ㉣ 소방청장이 실시하는 인명구조사시험 또는 화재대응능력시험에 합격한 사람
  ㉤ 소방기본법 제16조 또는 제16조의3에 따른 소방활동이나 생활안전활동을 3년 이상 수행한 경력이 있는 사람
  ㉥ 5년 이상 근무한 소방공무원 중 시도지사가 체험실의 교수요원으로 적합하다고 인정하는 사람

03 ②
② 틀림, 흡수에 지장이 없도록 토사 및 쓰레기 등을 제거할 수 있는 설비를 갖추어야 한다. **저수조의 설치기준은 다음과 같다.**
  ㉠ 지면으로부터의 낙차가 4.5미터 이하일 것
  ㉡ 흡수부분의 수심이 0.5미터 이상일 것
  ㉢ 소방펌프자동차가 쉽게 접근할 수 있도록 할 것
  ㉣ 흡수에 지장이 없도록 토사 및 쓰레기 등을 제거할 수 있는 설비를 갖출 것
  ㉤ 흡수관의 투입구가 사각형의 경우에는 한 변의 길이가 60센티미터 이상, 원형의 경우에는 지름이 60센티미터 이상일 것
  ㉥ 저수조에 물을 공급하는 방법은 상수도에 연결하여 자동으로 급수되는 구조일 것

04 ④
① 맞음, 응급처치훈련은 구급업무를 담당하는 소방공무원, 의무소방원 및 의용소방대원을 대상으로 하며, 현장지휘훈련은 소방위, 소방경, 소방령, 소방정 계급의 소방공무원을 대상으로 한다.
② 맞음, 소방대원 등을 대상으로 하는 소방교육·훈련은 2년마다 1회 실시하며, 교육·훈련기간은 2주 이상으로 한다.
③ 맞음, 소방청장, 소방본부장 또는 소방서장은 화재를 예방하고 화재 발생 시 인명과 재산피해를 최소화하기 위하여 다음에 해당하는 사람을 대상으로 소방안전에 대한 교육과 훈련을 실시할 수 있다. 이 경우 소방청장, 소방본부장 또는 소방서장은 해당 어린이집·유치원·학교의 장 또는 장애인복지시설의 장과 교육일정 등에 관하여 협의하여야 한다.(법 제17조 제2항)
  ㉠ 「영유아보육법」 제2조에 따른 어린이집의 영유아
  ㉡ 「유아교육법」 제2조에 따른 유치원의 유아
  ㉢ 「초·중등교육법」 제2조에 따른 학교의 학생
  ㉣ 「장애인복지법」제58조에 따른 장애인복지시설에 거주하거나 해당 시설을 이용하는 장애인
④ 틀림, 소방청장은 소방안전교육훈련 운영계획의 작성에 필요한 지침을 정하여 소방본부장과 소방서장에게 매년 10월 31일까지 통보하여야 한다.(규칙 제9조 제4항)

05 ④
① 맞음, 청소년에게 소방안전에 관한 올바른 이해와 안전의식을 함양시키기 위하여 한국119청소년단을 설립한다.
③ 맞음, 한국119청소년단은 ③ 및 청소년단 활동과 관련된 학문·기술의 연구·교육 및 홍보, 단원의 교육·지도를 위한 전문인력 양성, 관련 기관·단체와의 자문 및 협력사업 등의 사업을 한다.
④ 틀림, 국가나 지방자치단체는 한국119청소년단에 그 조직 및 활동에 필요한 시설·장비를 지원할 수 있으며, 운영경비와 시설비 및 국내외 행사에 필요한 경비를 보조할 수 있다. 개인·법인 또는 단체는 한국119청소년단의 시설 및 운영 등을 지원하기 위하여 금전이나 그 밖의 재산을 기부할 수 있다.

06 ①
① 틀림, 「건축법」 제2조제2항제2호에 따른 공동주택 중 아래의 대통령령으로 정하는 공동주택의 건축주는 제16조제1항에 따른 소방활동의 원활한 수행을 위하여 공동주택에 소방자동차 전용구역을 설치하여야 한다. 다만, 하나의 대지에 하나의 동(棟)으로 구성되고 정차 또는 주차가 금지된 편도 2차선 이상의 도로에 직접 접하여 소방자동차가 도로에서 직접 소방활동이 가능한 공동주택은 제외한다.
  ㉠ 세대수가 100세대 이상인 아파트
  ㉡ 기숙사 중 3층 이상의 기숙사
② 맞음, 공동주택의 건축주는 소방자동차가 접근하기 쉽고 소방활동이 원활하게 수행될 수 있도록 각 동별 전면 또는 후면에 소방자동차 전용구역을 1개소 이상 설치하여야 한다. 다만, 하나의 전용구역에서 여러 동

에 접근하여 소방활동이 가능한 경우로서 소방청장이 정하는 경우에는 각 동별로 설치하지 아니할 수 있다.(영 제7조의13 제1항)
③ 맞음, 소방자동차 전용구역의 앞면, 뒷면 또는 양 측면에 물건 등을 쌓거나 주차하는 행위를 금지한다. 다만, 「주차장법」 제19조에 따른 부설주차장의 주차구획 내에 주차하는 경우는 제외한다.
④ 맞음, 법 제21조의2 제2항을 위반하여 소방자동차 전용구역에 차를 주차하거나 전용구역에의 진입을 가로막는 등의 방해행위를 한 자에게는 100만원 이하의 과태료를 부과한다.(법 제56조 제2항) 과태료 부과의 개별기준으로는 1회 위반은 50만원, 2회, 3회 이상 위반의 경우는 모두 100만원이다.

07 ③
③ 틀림, 소방활동 종사 명령에 따라 소방활동에 종사한 사람은 시·도지사로부터 소방활동의 비용을 지급받을 수 있으며, 손실보상에 대상은 아니다. 소방청장 또는 시·도지사는 다음의 어느 하나에 해당하는 자에게 제3항의 손실보상심의위원회의 심사·의결에 따라 정당한 보상을 하여야 한다.(법 제49조의2 제1항)
  ㉠ 제16조의3제1항(생활안전활동)에 따른 조치로 손실을 입은 자
  ㉡ 소방활동 종사로 인하여 사망하거나 부상을 입은 자
  ㉢ 주변 소방대상물과 주·정차된 차량에 대한 강제처분으로 인하여 손실을 입은 자. 다만, 법령을 위반하여 소방자동차의 통행과 소방활동에 방해가 된 경우는 제외한다.
  ㉣ 긴급조치로 인하여 손실을 입은 자
  ㉤ 그 밖에 소방기관 또는 소방대의 적법한 소방업무 또는 소방활동으로 인하여 손실을 입은 자

08 ①
① 틀림, 음주 또는 약물로 인한 심신장애 상태에서 출동한 소방대원에게 폭행 또는 협박을 행사하여 소방활동을 방해하는 경우 5년 이하의 징역 또는 5천만원 이하의 벌금에 처하며, 이 경우 심신장애로 인한 형법상 제10조 제1항 및 제2항의 감경규정을 적용하지 아니한다.(법 제54조의2)
② 맞음, 위반행위자가 화재 등 재난으로 재산에 현저한 손실이 발생한 경우 또는 사업의 부도·경매 또는 소송 계속 등 사업여건이 악화된 경우로서 과태료 부과권자가 자체위원회의 의결을 거쳐 감경하는 것이 타당하다고 인정하는 경우(위반행위자가 최근 1년 이내에 소방 관계 법령을 2회 이상 위반한 자는 제외)나 위반행위자가 위반행위로 인한 결과를 시정하거나 해소한 경우는 개별기준의 과태료 금액의 100분의 50의 범위에서 그 금액을 감경하여 부과할 수 있다.
③ 맞음, 500만원 이하 과태료 부과대상. 이 경우 화재 상황을 거짓으로 알린 사람은 1회 위반 200만원, 2회 위반 400만원, 3회 위반 500만원, 4회 이상 500만원이며, 정당한 사유 없이 화재, 재난, 그 밖의 위급한 상황을 소방서 등에 알리지 아니한 관계인은 위반횟수와 관계없이 500만원의 과태료를 부과한다.
④ 맞음, 둘 다 200만원 이하 과태료 부과대상이다. 과태료 부과의 개별기준은 한국119청소년단 또는 이와 유사한 명칭을 사용한 경우는 1회 위반 100만원, 2회 위반 150만원, 3회 이상 위반 200만원이며, 한국소방안전원 또는 이와 유사한 명칭을 사용한 경우는 위반 횟수와 관계없이 모두 200만원이다.

09 ③
③ 맞음, ㉡,㉢,㉤,㉥이 소화활동설비이다. ㉠은 소화용수설비이며, ㉣은 소화설비이다. 소화활동설비는 화재를 진압하거나 인명구조활동을 위하여 사용하는 설비로서 다음의 것이다.
  1. 제연설비   2. 연결송수관설비
  3. 연결살수설비   4. 비상콘센트설비
  5. 무선통신보조설비 6. 연소방지설비

10 ④
① 맞음, 같은 건축물에 해당 용도로 쓰는 바닥면적의 합계가 150제곱미터 미만인 단란주점은 근린생활시설이며, 150제곱미터 이상인 단란주점은 위락시설에 해당한다.
② 맞음, 이 경우 바닥면적의 합계가 300제곱미터 미만인 공연장 또는 종교집회장은 근린생활시설이며, 300제곱미터 이상인 문화 및 집회시설 또는 종교시설이다.
③ 맞음, 같은 건축물에 해당 용도로 쓰는 바닥면적의 합계가 500제곱미터 미만인 인터넷컴퓨터게임시설제공업은 근린생활시설이며, 500제곱미터 이상인 인터넷컴퓨터게임시설제공업은 판매시설 중 상점이다.
④ 틀림, 바닥면적의 합계가 500제곱미터 미만인 금융업소가 근린생활시설이다. 슈퍼마켓과 일용품(식품, 잡화, 의류, 완구, 서적, 건축자재, 의약품, 의료기기 등) 등의 소매점으로서 같은 건축물(하나의 대지에 두 동 이상의 건축물이 있는 경우에는 이를 같은 건축물로 본다)에 해당 용도로 쓰는 바닥면적의 합계가 1천㎡ 미만인 것과 의약품 판매소, 의료기기 판매소 및 자동차영업소로서 같은 건축물에 해당 용도로 쓰는 바닥면적의 합계가 1천㎡ 미만인 것이 근린생활시설이다.

11 ②
① 맞음, 소방청장, 소방본부장 또는 소방서장은 소방시설의 작동정보 등을 실시간으로 수집·분석할 수 있는 시스템(소방시설정보관리시스템)을 구축·운영할 수 있다. 소방청장, 소방본부장 또는 소방서장은 소방시설정보관리시스템을 통하여 소방시설의 고장 등 비정상적인 작동정보를 수집한 경우에는 해당 특정소방대상물의 관계인에게 그 사실을 알려주어야 한다.(법 제12조 제5항 및 규칙 제15조 제2항)
② 틀림, 교육연구시설과 운동시설은 대상이 아니다. 소방시설정보관리시스템을 구축·운영해야 하는 대상은 문화 및 집회시설, 종교시설, 판매시설, 의료시설, 노유자 시설, 숙박이 가능한 수련시설, 숙박시설, 업무시설, 공장, 창고시설, 위험물 저장 및 처리시설, 지하상가 및 지하구 등이다.(영 제12조 제1항)
③ 맞음, 내용연수를 설정하여야 하는 소방용품은 분말형태의 소화약제를 사용하는 소화기로 하며, 이에 따른 소방용품의 내용연수는 10년으로 한다.(영 제19조)
④ 맞음, 소방청장은 건축 환경 및 화재위험특성 변화사항을 효과적으로 반영할 수 있도록 소방시설 규정을 3년에 1회 이상 정비하여야 한다.(법 제14조 제2항)

12 ①
① 틀림, 연면적 10만제곱미터 이상인 특정소방대상물(아파트 제외)은 특급소방안전관리대상물이나 성능위주설계의 대상은 아니다. 연면적 20만제곱미터 이상 특정소방대상물(아파트 제외)을 신축하는 경우 성능위주설계의 대상이다.
③ 맞음, 소방청장 또는 소방본부장은 요청을 받은 날부터 20일 이내에 평가단의 심의·의결을 거쳐 성능위주설계를 검토·평가하고, 관할 소방서장에게 통보해야 한다.
④ 맞음, 평가단은 평가단장을 포함하여 50명 이내의 평가단원으로 성별을 고려하여 구성한다. 평가단의 회의는 평가단장과 평가단장이 회의마다 지명하는 6명 이상 8명 이하의 평가단원으로 구성·운영하며, 과반수의 출석으로 개의하고 출석 평가단원 과반수의 찬성으로 의결한다.(규칙 제11조)설이다.

13 ③
① 맞음, 근린생활시설로 사용하는 바닥면적 합계가 1천제곱미터 이상인 것은 모든 층과 의원, 치과의원 및 한의원으로서 입원실이 있는 시설에는 간이스프링클러설비를 설치해야 한다.

② 맞음, 연면적 3천 제곱미터 이상이거나 지하층·무창층·4층 이상인 층에서 바닥면적이 600제곱미터 이상의 층이 있는 특정소방대상물에는 옥내소화전설비를 설치해야 한다.
③ 틀림, 화재알림설비를 설치해야 하는 특정소방대상물은 판매시설 중 전통시장으로 한다.
④ 맞음, 지하층의 층수가 3층 이상이고 지하층의 바닥면적의 합계가 1천 제곱미터 이상인 것은 지하층의 모든 층에 연결송수관설비, 비상콘센트설비, 무선통신보조설비를 설치해야 한다.

14 ④
④ 틀림, 대통령령 또는 화재안전기준의 변경으로 강화된 기준을 적용하는 경우는 다음과 같다.
1. 소화기구, 비상경보설비, 자동화재탐지설비, 자동화재속보설비, 피난구조설비 등의 소방시설
2. 공동구와 전력 또는 통신사업용 지하구에 설치하는 소화기, 자동소화장치, 자동화재탐지설비, 통합감시시설, 유도등 및 연소방지설비
3. 의료시설에 설치하는 스프링클러설비, 간이스프링클러설비, 자동화재탐지설비 및 자동화재속보설비
4. 노유자시설에 설치하는 간이스프링클러설비, 자동화재탐지설비 및 단독경보형 감지기

15 ④
① 맞음, 간이스프링클러설비 또는 연소방지설비를 설치하여야 하는 특정소방대상물에 스프링클러설비, 물분무소화설비 또는 미분무소화설비를 화재안전기준에 적합하게 설치한 경우에는 그 설비의 유효범위에서 설치가 면제된다.
② 맞음, 비상경보설비를 설치하여야 할 특정소방대상물에 단독경보형 감지기를 2개 이상의 단독경보형 감지기와 연동하여 설치하는 경우에는 그 설비의 유효범위에서 설치가 면제된다.
③ 맞음, 화재알림설비를 설치해야 하는 특정소방대상물에 자동화재탐지설비를 화재안전기준에 적합하게 설치한 경우에는 그 설비의 유효범위에서 설치가 면제된다.
④ 틀림, 비상조명등을 설치하여야 하는 특정소방대상물에 피난구유도등 또는 통로유도등을 화재안전기준에 적합하게 설치한 경우에는 그 유도등의 유효범위에서 설치가 면제된다.

16 ③
㉠ 상업용 주방자동소화장치와 ㉢ 피난유도선은 형식승인 대상 소방용품이 아니다. 형식승인 대상 소방용품은 다음과 같다.
1. 소화설비를 구성하는 제품 또는 기기
   1) 소화기구(소화약제 외의 것을 이용한 간이소화용구는 제외한다)
   2) 자동소화장치 : 상업용 주방소화장치는 제외한다.
   3) 소화설비를 구성하는 소화전, 관창(菅槍), 소방호스, 스프링클러헤드, 기동용 수압개폐장치, 유수제어밸브 및 가스관선택밸브
2. 경보설비를 구성하는 제품 또는 기기
   1) 누전경보기 및 가스누설경보기
   2) 경보설비를 구성하는 발신기, 수신기, 중계기, 감지기 및 음향장치(경종만 해당)
   3) 피난구조설비를 구성하는 제품 또는 기기
3. 피난구조설비를 구성하는 제품 또는 기기
   1) 피난사다리, 구조대, 완강기(간이완강기 및 지지대를 포함한다)
   2) 공기호흡기(충전기를 포함한다)
   3) 피난구유도등, 통로유도등, 객석유도등 및 예비 전원이 내장된 비상조명등
4. 소화용으로 사용하는 제품 또는 기기

1) 소화약제 : 일부 자동소화장치와 소화설비만 해당한다.
2) 방염제(방염액·방염도료 및 방염성물질을 말한다)

17 ②
① 맞음, 이 경우 5년 이하의 징역 또는 5천만원 이하의 벌금에 처한다.
② 틀림, 소방용품의 형식승인을 받지 아니하고 소방용품을 제조하거나 수입한 자 또는 거짓이나 부정한 방법으로 형식승인을 받은 자는 3년 이하의 징역 또는 3천만원 이하의 벌금에 처하나 형식승인의 변경승인을 받지 아니한 자는 1년 이하의 징역 또는 1천만원 이하의 벌금에 처한다.
④ 맞음, 방염성능검사에 합격하지 아니한 물품에 합격표시를 하거나 합격표시를 위조하거나 변조한 자는 300만원 이하의 벌금에 처한다.

1년 이하 징역 또는 1천만원 이하 벌금	· 형식승인 또는 성능인증 후 제품검사에 합격하지 아니한 제품에 합격표시를 하거나 위조·변조하여 사용한 자 · 우수품질인증을 받지 아니한 제품에 우수품질인증 표시를 하거나 이를 위조·변조하여 사용한 자
300만원 이하 벌금	방염성능검사에 합격하지 아니한 물품에 합격표시를 하거나 합격표시를 위조·변조하여 사용한 자

18 ④
① 맞음, 소방관서장은 화재안전조사의 대상을 객관적이고 공정하게 선정하기 위하여 필요하면 화재안전조사위원회를 구성하여 조사의 대상을 선정할 수 있다.(법 제10조 제1항)
② 맞음, 화재안전조사위원회는 위원장 1명을 포함하여 7명 이내의 위원으로 성별을 고려하여 구성한다. 위원회의 위원장은 소방관서장이 된다. (영 제11조)
③ 맞음, 화재안전조사의 연기를 신청하려는 관계인은 조사 시작 3일 전까지 연기신청서를 소방관서장에게 제출해야 하며, 소방관서장은 3일 이내에 연기신청의 승인 여부를 결정하여 연기신청을 한 자에게 통지해야 한다.(규칙 제4조 제1항 및 제2항)
④ 틀림, 화재안전조사 결과를 공개하는 경우 다음의 전부 또는 일부를 30일 이상 해당 소방서 인터넷 홈페이지나 전산시스템을 통해 공개해야 한다.(법 제16조 및 영 제15조)
  ㉠ 소방대상물의 위치, 연면적, 용도 등 현황
  ㉡ 소방시설등의 설치 및 관리 현황
  ㉢ 피난시설, 방화구획 및 방화시설의 설치 및 관리 현황
  ㉣ 그 밖에 대통령령으로 정하는 사항 : 제조소등 설치 현황, 소방안전관리자 선임 현황, 화재예방안전진단 실시 결과

19 ①
① 틀림, '보일러'와 벽·천장 사이의 거리는 0.6미터 이상이어야 하나 '건조설비'와 벽·천장 사이의 거리는 0.5미터 이상이어야 한다.
② 맞음, '고체연료 보일러'의 연통의 배출구는 보일러 본체보다 2미터 이상 높게 설치하고 연통이 관통하는 벽면, 지붕 등은 불연재료로 처리하여야 한다. 고체연료는 보일러 본체와 수평거리 2미터 이상 간격을 두어 보관하거나 불연재료로 된 별도의 구획된 공간에 보관하여야 한다.
③ 맞음, '불꽃을 사용하는 용접·용단기구'의 용접 또는 용단 작업장 주변 반경 5미터 이내에 소화기를 갖추어 두어야 한다. 또한 용접 또는 용단 작업장 주변 반경 10미터 이내에는 가연물을 쌓아두거나 놓아두지 말아야 한다.
④ 맞음, '열을 발생하는 조리기구'는 반자 또는 선반으로부터 0.6미터 이상 떨어지게 하여야 한다.

20 ②
① 맞음, 면화류는 200킬로그램 이상, 나무껍질 및 대팻밥은 400킬로그램 이상, 넝마 및 종이부스러기, 사류, 볏짚류는 1,000킬로그램 이상, 가연성 고체류는 3,000킬로그램 이상, 석탄·목탄류는 10,000킬로그램 이상, 가연성 액체류는 2세제곱미터 이상, 목재가공품은 10세제곱미터 이상이면 특수가연물이다.
② 틀림, 석탄·목탄류는 코크스, 석탄가루를 물에 갠 것, 마세크탄(조개탄), 연탄, 석유코크스, 활성탄 및 이와 유사한 것을 포함하며, 고무류·프라스틱류(합성수지류)는 불연성 또는 난연성이 아닌 고체의 합성수지 제품, 합성수지반제품, 원료합성수지 및 합성수지 부스러기(불연성 또는 난연성이 아닌 고무제품, 고무반제품, 원료고무 및 고무 부스러기를 포함)를 말한다. 다만, 합성수지의 섬유·옷감·종이 및 실과 이들의 넝마와 부스러기를 제외한다.
③ 맞음, 인화점이 섭씨 40도 이상 100도 미만인 것과 인화점이 100도 이상 200도 미만이고, 연소열량이 1그램당 8킬로칼로리 이상인 것, 인화점이 200도 이상이고, 연소열량이 1그램당 8킬로칼로리 이상인 것으로서 녹는 점이 100도 미만인 것은 가연성 고체류이다.
④ 맞음, 특수가연물 표지는 한 변의 길이가 0.3미터 이상, 다른 한 변의 길이가 0.6미터 이상인 직사각형으로 한다. 특수가연물 표지의 바탕은 흰색으로, 문자는 검은색으로 하며, 특수가연물 표지 중 화기엄금 표시 부분의 바탕은 붉은색으로, 문자는 백색으로 하여야 한다.

21 ④
① 맞음, 소방본부장이나 소방서장은 제1항에 따른 소방시설이 화재안전기준에 따라 설치·관리되고 있지 아니할 때에는 해당 특정소방대상물의 관계인에게 필요한 조치를 명할 수 있다.(법 제12조 제2항)
③ 맞음. 소방청장은 화재발생 원인 및 연소과정을 조사·분석하는 등의 과정에서 법령이나 정책의 개선이 필요하다고 인정되는 경우 그 법령이나 정책에 대한 화재 위험성의 유발요인 및 완화 방안에 대한 평가(화재안전영향평가)를 실시할 수 있다.(법 제21조 제1항)
④ 틀림, 피난시설, 방화구획 및 방화시설의 관리에 관한 사항은 포함되지 않는다. 화재예방안전진단의 범위는 다음과 같다.(법 제41조 제2항)
 1. 화재위험요인의 조사에 관한 사항
 2. 소방계획 및 피난계획 수립에 관한 사항
 3. 소방시설등의 유지·관리에 관한 사항
 4. 비상대응조직 및 교육훈련에 관한 사항
 5. 화재 위험성 평가에 관한 사항
 6. **화재예방진단을 위하여 대통령령으로 정하는 사항** : 화재 등의 재난 발생 후 재발방지 대책의 수립 및 그 이행, 지진 등 외부 환경 위험요인 등에 대한 예방·대비·대응에 관한 사항 및 화재예방안전진단 결과 보수·보강 등 개선요구 사항 등에 대한 이행 여부

22 ②
① 맞음, 「문화유산의 보존 및 활용에 관한 법률」 제23조에 따라 보물 또는 국보로 지정된 목조건축물 등 2급 소방안전관리대상물은 1명 이상의 2급 소방안전관리자를 두어야 한다.
② 틀림, 300세대 이상 아파트와 공동주택 중 기숙사, 의료시설, 노유자시설, 수련시설 및 숙박시설(숙박시설로 사용되는 바닥면적의 합계가 1천 500제곱미터 미만이고 관계인이 24시간 상시 근무하고 있는 숙박시설은 제외)은 소방안전관리보조자 1명을 선임해야 한다.
③ 맞음, 관계인은 신축·증축으로 해당 특정소방대상물의 소방안전관리자를 신규로 선임해야 하는 경우 해당 특정소방대상물의 사용승인일부터 30일 이내 선임해야 한다.
④ 맞음, 소방안전관리대상물의 관계인이 소방안전관리자 등을 선임한 경우 소방안전관리대상물의 출입자가 쉽게 알 수 있도록 소방안전관리자의 성명과 행정안전부령으로 정하는 다음의 사항을 게시하여야 한다.(법 제26조 제1항)
 ㉠ 소방안전관리대상물의 명칭 및 등급
 ㉡ 소방안전관리자의 성명, 선임일자, 연락처 및 소방안전관리자의 근무 위치(화재 수신기 또는 종합방재실을 말한다)

23 ③
① 틀림, 화재예방안전진단 실시 결과 문제점이 다수 발견되었으나 대상물의 전반적인 화재안전에는 이상이 없으며 대상물에 대한 다수의 조치명령이 필요한 상태는 안전등급에서 보통(C)에 해당한다.
② 틀림, 안전등급이 양호·보통인 경우 안전등급을 통보받은 날부터 5년이 경과한 날이 속하는 해에 화재예방안전진단을 받아야 한다. 우수(A)인 경우에는 안전등급을 통보받은 날부터 6년, 미흡·불량인 경우에는 안전등급을 통보받은 날부터 4년이 경과한 날이 속하는 연도에 화재예방안전진단을 받아야 한다.
③ 맞음, 화재예방안전진단 신청을 받은 안전원 또는 진단기관은 위험요인 조사, 위험성 평가, 위험성 감소대책 수립의 절차에 따라 화재예방안전진단을 실시한다.
④ 틀림, 소방안전 특별관리시설물의 관계인은 「건축법」에 따른 사용승인 또는 「소방시설공사업법」에 따른 완공검사를 받은 날부터 5년이 경과한 날이 속하는 해에 최초의 화재예방안전진단을 받아야 한다

24 ④
④ 맞음, 피난유도 안내정보 제공 : 다음의 어느 하나의 방법으로 제공한다. 세부사항은 소방청장이 정하여 고시한다.(규칙 제35조)
 1. 연 2회 피난안내 교육을 실시하는 방법
 2. 분기별 1회 이상 피난안내방송을 실시하는 방법
 3. 피난안내도를 층마다 보기 쉬운 위치에 게시하는 방법
 4. 엘리베이터, 출입구 등 시청이 용이한 지역에 피난안내영상을 제공하는 방법

25 ③
①,② 맞음, 법 제43조 제1항 및 제3항의 규정이다.
③ 틀림, 소방안전관리자의 자격 정지처분은 청문의 대상이 아니다. 소방청장이 다음의 처분을 하려면 청문을 하여야 한다.(법 제46조)
 ㉠ 제31조제1항에 따른 소방안전관리자의 자격 취소
 ㉡ 제42조제2항에 따른 진단기관의 지정 취소
④ 맞음, 소방청장은 소방안전관리자 자격의 정지 및 취소에 관한 업무를 소방서장에게 위임한다.(영 제48조)

제5회 소방전술

01	02	03	04	05	06	07	08	09	10	11	12	13	14	15	16	17	18	19	20	21	22	23	24	25
④	①	④	④	②	③	②	③	③	②	②	①	②	④	②	①	①	③	③	④	④	②	①	①	①

01 ④
계단 등 수직피난계단 유도요령
① 옥상 직하 층의 피난자 등은 옥상을 일시 피난장소로 지정하도록 한다.
② 화점층 계단 출입구는 계단의 피난자들이 통과할 때까지 폐쇄하도록 한다.
③ 계단에서의 이동은 상층으로부터의 피난상황을 고려하여 계단 모서리 등으로 많은 사람이 혼잡하지 않도록 유입인원을 통제하도록 한다.
④ 피난에 사용하는 계단 등의 우선순위는 원칙으로 옥외계단, 피난교, 특별피난계단, 옥외피난용 사다리 및 피난계단의 순서로 한다.
▶ 암기 : 외교특사

02 ①
수직배연
① 배연이란? 연기와 유독가스를 지붕 등 윗 방향으로 배출되도록 지붕을 파괴하는 등 환기구를 만드는 것이다.
② 유의점
  ㉠ 부적절한 강제환기와 병행하면 자연환기는 효과가 감소한다.
  ㉡ 유리창의 과잉파괴가 행해지면 수직환기 효과는 감소한다.
  ㉢ 배연이 되고 있는 수직 환기구나 통로에서 주수를 하면 기류의 방향을 돌려놓는 결과로 주의한다.

03 ④
건물유형도 안전도 평가
조적조란 벽이 돌, 벽돌, 콘크리트 블록 등으로 쌓아 올려서 만드는 건축구조이다. / 바닥 층, 지붕, 보, 기둥 등은 나무와 같은 가연성 물질로 되어 있는 본 조적조 건물은 안전도 3등급 건물로 분류한다.

04 ④
화재실의 소화 주수에서 주수목표
① 화재실 주수목표는 ❶ 천장 ❷ 벽면 ❸ 수용물 ❹ 바닥면 등의 순서로 한다.

05 ②
자동화재탐지설비 활용요령 (* 2023년 3월 17일 개정사항)
① 발화지점의 위치확인은 수신기에서 화재표시등 및 지구표시등의 점등위치로 확인한다.
② 음향장치(지구경종, 비상방송설비 사이렌 등)가 정상적으로 송출되는지 확인하고, 송출되지 않을 경우 음향장치 조작스위치를 1회 눌러서 정상상태로 한다
③ 수신기의 전원이 차단되어 있는 경우 수신기 문을 열고 전원스위치를 확인한다.(OFF에서 ON상태로 전환)
④ 비상방송설비 및 소화설비, 제연설비 등의 감시제어반과 겸용하는 경우에는, 연동되는 설비의 작동상태를 확인한다.

06 ③
공격적 내부진압전술의 10가지 전술적 구성요소
엄호관창이 배치되기 전에 건물에 진입해서 화재 지점을 검색한다.

07 ②
소방전술의 유형 중 중점전술
화세에 비해 소방력이 부족하여 전체 화재현장을 모두 커버 할 수 없는 경우 사회적 경제적 혹은 소방상 중요한 시설 또는 대상물을 중점적으로 대응 또는 진압하는 전술형태를 말한다.

08 ③
잔화정리 요령
① 지휘자로부터 지정된 담당구역을 바깥에서 중심으로, 위층에서 아래층으로, 높은 장소에서 낮은 장소의 순으로 실시한다.
② 개구부를 개방하고 배연, 배열하고 활동환경을 정리해서 실시하는 것과 동시에 조명기구를 활용한다.

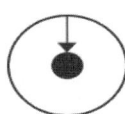

09 ③
진압우선 순위
RECEO원칙, 즉 인명구조(생명보호) → 외부 연소확대 방지 → 내부 연소확대 방지 → 화점 진압 → 정밀검색 및 잔화정리의 5가지 원칙으로 확장하여 이용되기도 한다.
(*^^ 인명구조 후 외부의 옆집부터 연소확대 방지 → 내부의 옆방 연소확대 방지로 생각하면 쉽다)

10 ②
소방호스 지지요령
충수된 소방호스의 중량은 65mm가 약 80kg, / 40mm가 50kg이다.

11 ②
플래시오버 지연방법
① 배연지연
② 냉각지연
③ 공기차단 지연에 해당한다. ▶ 암기 : 배냉공(배냇골)
 (* 측면공격은 배연, 급냉과 함께 백드래프트 대응전술이 된다.)

12 ①
소방용수 저수조 설치기준
저수조 설치기준은 흡수부분의 수심은 0.5m 이상이 되어야 한다.

13 ②
동력절단기
왼손으로 상단 손잡이를, 오른손으로 엑셀레이터 손잡이(스로틀레버)를 단단히 잡고 절단날을 회전시켜 대상물을 절단한다. - 대상물에 날을 먼저 댄 후에 절단 날을 회전시키지 않도록 한다.

14 ④
헬기하강
착지점 약 10m 상공에서 서서히 제동을 걸기 시작 지상 **약 3m** 위치에서는 반드시 정지할 수 있는 스피드까지 낮추어 지상에 천천히 착지한다.

15 ②
강화유리 파괴장비(센터펀치)
스프링이 장착된 펀치로 열처리 유리를 파괴할 때 사용한다. 유리창에 펀치 끝을 대고 누르면 안으로 눌려 들어갔다 튕겨 나오면서 순간적인 충격을 주어 유리창을 깨뜨리게 된다.

■ 센터펀치 ■

16 ①
질소마취
수중으로 깊이 내려갈수록 호흡하는 공기의 압력이 증가함에 따라서 공기 중의 <u>질소부분압도 증가</u>하게 되는데 이에 따라 고압의 질소가 인체에 마취작용을 일으킨다.

17 ①
잔해 터널의 형태
폭이 75cm정도, 높이가 90cm정도인 터널이 일반적으로 굴착과 구조활동에 적당한 크기이다.

18 ③
장비활용상 주의사항
① 장비는 숙달된 대원이 조작하도록 한다.
② 장비가 발휘할 수 있는 최대성능을 고려하여 안전작동 한계 내에서 활용한다.
③ 장비를 작동시키는 경우 현장 <u>전체의 상황</u>을 확인한다.
④ 장비의 작동에 의한 반작용에 주의를 한다.

19 ③
시행령 제18조 (항공기 운항 등)
① 항공구조구급대의 항공기는 조종사 2명이 탑승하되, 해상비행·계기비행 및 긴급 구조·구급 활동을 위하여 필요한 경우에는 정비사 1명을 추가로 탑승시킬 수 있다.
② 조종사의 비행시간은 1일 8시간을 초과할 수 없다. - 다만, 구조·구급 및 화재 진압 등을 위하여 필요한 경우로서 소방청장 또는 소방본부장이 비행시간의 연장을 승인한 경우에는 그러하지 아니하다.
③ 소방청장 및 소방본부장은 항공기의 안전운항을 위하여 운항통제관을 둔다.

20 ④
코삽입관
환자의 코에 삽입하는 2개의 돌출관을 통해 환자에게 산소를 공급하며 유량을 분당 1~6L로 조절하면 산소농도를 24~44%로 유지할 수 있다.
▶ 유량 암기 : 코 등이 1자처럼 내려와 콧구멍이 6자처럼 보인다.
① 주의사항
• 유량속도가 많아지면 두통이 야기될 수 있다.
• 장시간 이용 시 코 점막 건조를 예방하기 위해 가습산소를 공급한다.
• 비강 내 손상이 있는 환자에게는 사용을 억제하고 다른 기구를 사용한다.

■ 각 호흡유지장비 유량 및 산소농도 정리
① 코삽입관 : 1~6L, 24~44%
② 단순마스크 : 6~10L, 35~60%
③ 비재호흡마스크 : 10~15L, 85~100%
④ 백밸브마스크 10~15L, 40~60%(100%)

21 ④
골절부위 출혈
① 정강뼈와 종아리뼈의 단순 골절 500cc
  ▶ 정종이는 맥주500cc → 1잔
② 넙다리뼈 골절 1,000cc
  ▶ 넓다리는 1,000cc → 2잔(* 넙죽 2잔)
③ 골반 골절 1,500cc~3,000cc
  ▶ 골골이는 맥주 1500cc~3,000cc까지 → 3~6잔

22 ②
감염예방
소독- 병원균을 죽이는 것을 소독이라 하는데, <u>생물체가 아닌</u> 환경으로부터 세균의 아포(완강한 세균, 생식세포)를 제외한 미생물을 제거하는 과정이다.

23 ①
맥박
① 맥박은 뼈 위를 지나가며 피부표면 근처에 위치한 동맥에서 촉지할 수 있다. <u>완심실의 수축</u>으로 생기는 압력의 파장으로 생기며 주로 노동맥에서 촉지 된다.
② 노동맥에서 촉지되지 않는다면 목동맥을 촉지해야 한다.
③ 맥박수는 분당 맥박이 뛰는 횟수로 보통 30초간 측정하고 2를 곱해 기록한다. 맥박수는 환자의 나이, 흥분정도, 심장병, 약물복용 등 다양한 요인에 의해 영향을 받는다.

24 ①
주들 것
주 들것은 구급차에 환자를 안정적으로 옮겨 싣고 내리는데 필요하다.

25 ①
혈액(혈구, 혈장, 혈소판)

적혈구	산소를 운반하는 역할을 한다.
백혈구	인체 면역체계에서 중요한 역할을 한다.
혈소판	혈액응고에 필수요소이다. ▶ 종류**암기** : 적백소장
혈장	끈적거리는 노란색 액체로 조직과 세포에 필요한 당과 같은 영양성분을 포함한다.